praxis

Wirtschaft und Beruf 8/M8

Bayern

Autoren
Roland Dörfler
Andreas Gmelch
Josef Moser
Helmut Nicklas

westermann

Zum Schülerband erscheinen:
Materialien für Lehrerinnen und Lehrer, ISBN 978-3-14-116392-6

Vorbereiten. Organisieren. Durchführen.
BiBox ist das umfassende Digitalpaket zu diesem Lehrwerk
mit zahlreichen Materialien und dem digitalen Schulbuch.
Für Lehrkräfte und für Schülerinnen und Schüler sind verschiedene Lizenzen verfügbar. Nähere Informationen unter
www.bibox.schule

© 2019 Bildungshaus Schulbuchverlage Westermann Schroedel Diesterweg Schöningh Winklers GmbH,
Georg-Westermann-Allee 66, 38104 Braunschweig
www.westermann.de

Das Werk und seine Teile sind urheberrechtlich geschützt. Jede Nutzung in anderen als den gesetzlich zugelassenen bzw. vertraglich zugestandenen Fällen bedarf der vorherigen schriftlichen Einwilligung des Verlages. Wir behalten uns die Nutzung unserer Inhalte für Text und Data Mining im Sinne des UrhG ausdrücklich vor.

Druck A^4 / Jahr 2025
Alle Drucke der Serie A sind inhaltlich unverändert.

Redaktion: Michaela Ostendorf
Umschlaggestaltung/Layout: boje5 Grafik & Werbung, Braunschweig
Druck und Bindung: Westermann Druck GmbH, Georg-Westermann-Allee 66, 38104 Braunschweig

ISBN 978-3-14-**116386**-5

Wirtschaft 6

Wie arbeiten Betriebe, welche Ziele haben sie?	8
Was ist ein Betrieb?	8
Welche Ziele werden im Betrieb verfolgt?	8
Was muss ein Betrieb alles beschaffen, um arbeiten zu können?	9
Wie ist die Produktion organisiert?	10
Was gehört zum Absatz?	11
Wie wird die Ökologie im Betrieb beachtet?	12
Welchen Stellenwert haben die Arbeitsplätze in einem Betrieb?	13
Die Betriebserkundung – was ist das?	14
Welchen Betrieb werdet ihr erkunden?	15
Wie sollte die Betriebserkundung ablaufen?	16
⚙ Die Betriebserkundung (mit der Leittextmethode)	20
⚙ Die Ergebnisse präsentieren	22
Wie können wir ein Projekt am Markt erfolgreich durchführen?	23
Rückblick und Ausblick	23
Wie kommen wir zu einer Idee für unser Projekt?	26
Wir erstellen einen Fotokalender und bieten ihn am Markt an (Leittext)	27
Wir starten unser Projekt	28
Wir führen unser Projekt durch	29
Wie funktioniert der einfache Wirtschaftskreislauf?	34
Was bedeutet „Wirtschaft" und wer ist daran beteiligt?	34
Welche Ziele haben die Beteiligten im Wirtschaftskreislauf?	35
Wie funktioniert das Grundmodell des Wirtschaftskreislaufs?	36
Löhne und Gehälter sind unterschiedlich	38
Wovon hängt die Höhe des Lohns oder des Gehalts ab?	39
Wie wird Arbeit bewertet?	40
Ziele der Arbeitsbewertung	40
Grundlagen der Arbeitsbewertung	40
Welche Faktoren bilden die Grundlage für die Bewertung der Arbeit?	40
Lohnunterschiede zwischen Mann und Frau	42
Warum verdienen Frauen oft weniger als Männer?	43
Welche Lohnformen gibt es?	44
Welche besonderen Formen der Lohngestaltung und Arbeitszeit gibt es?	48
Was wird vom Lohn abgezogen?	50
Steuern	50
Sozialabgaben	51
Wie überprüfe ich meine zukünftige Lohnabrechnung?	52
Was sind Zulagen und Zuschläge?	52
Was ist der Unterschied zwischen Brutto und Netto?	53
Wie sieht eine Lohnabrechnung aus?	54
Welche Regeln gibt es für die Lohnabrechnung?	56
⚙ Wie führe ich eine Recherche durch?	57
Lernbilanz	58

Berufsorientierung 60

Wie weit bist du mit deiner Berufswahl?	62
Welche Wege in den Beruf gibt es für Mittelschüler?	64
Wie pflegst du dein Berufswahlportfolio?	67
Welche Anforderungen stellen Berufe?	69
Spezielle Anforderungen	70
⚙ Wie finde ich Informationen zu meinem Wunschberuf?	71
Passen deine persönlichen Voraussetzungen mit den Anforderungen deines Wunschberufs zusammen?	73
Wie gehst du an deine Berufswahl heran?	74
Mehmet: „Was muss ich als Dachdecker alles tun?"	75
Wie findest du einen Ausbildungsplatz?	76
Welche weiteren Hilfen kannst du für die Ausbildungsplatzsuche nutzen?	77
Nach der Ausbildung ausgelernt?	78
Anpassungsweiterbildung	78
Aufstiegsweiterbildung	78
Wie wird deine berufliche Zukunft aussehen?	79
Welche Medien der Berufsberatung nutzen wir?	80
Was machst du im BIZ?	82
Fragen, auf die du Antworten im BIZ bekommst	82
Was ist der BERUFE-Entdecker?	84
Wie hältst du die Ergebnisse der BIZ-Erkundung fest?	85
Wie kannst du dich auf das Gespräch bei der Berufsberatung vorbereiten?	86
Welche Angebote macht die Berufsberatung?	87
Schulbesprechung	87
Gruppenberatung	87
Einzelberatung	87
⚙ Wie gelingt ein Expertengespräch?	88
Wie bereitest du dich auf die Einzelberatung vor?	90
⚙ Eine Berufsinformationsveranstaltung organisieren	92
⚙ Besuch einer Ausbildungsmesse	94
Welche Erfahrungen gewinnst du im Betriebspraktikum?	96
Wie bereitest du dich auf das Betriebspraktikum vor?	97
Musst du dich um einen Praktikumsplatz bewerben?	100
Über welche Sicherheitsvorschriften musst du Bescheid wissen?	102
Wovor schützt dich das Jugendarbeitsschutzgesetz?	104
Was muss während des Betriebspraktikums erledigt werden?	106
Wie tauschen wir unsere Erfahrungen im Betriebspraktikum aus?	107
Die Praktikumsausstellung	108
Wie sieht dein Leben in 20 Jahren aus?	109
M Fantasiereise	109
Was musst du bei deiner Bewerbung beachten?	110
Das Bewerbungsschreiben	110
Der Lebenslauf	113
Wie gelingt das Vorstellungsgespräch?	114
Lernbilanz	116

Technik 118

Mit welchen technischen Verfahren werden Produkte hergestellt? .. **120**
- Was versteht man unter „technischen Verfahren" bei der Produktion? .120

Was sind Produktionsmittel? **121**
- Technische Mittel bei der Produktion von Waren. 121
- Technische Mittel bei der Produktion von Dienstleistungen 121

Wie unterscheiden sich technische Produktionsverfahren? **122**
- Die Einzelfertigung .... .122
- Die Werkstattfertigung. 124
- Die Fließfertigung 126
- Mischformen von Produktionsverfahren. 128

Ziele der Fertigungsverfahren im technischen Produktionsprozess . **129**

Wie erkunden wir Betriebe unter bestimmten Schwerpunkten? . . . **130**
- Welche Methoden wenden wir bei der Erkundung an? 131

Was kannst du bei Produktionsverfahren beobachten? **132**

Welchen Einfluss nimmt Technik auf den Arbeitsprozess? **134**
- Was versteht man unter Arbeitsprozess? 134
- Wie verändert die Digitalisierung Arbeitsplätze? 136
- Erkundung im „Kompetenzzentrum Digitales Handwerk". 137

Was bedeutet Ergonomie? **138**
- Ergonomie der Arbeit. 138
- Ergonomie des Arbeitsplatzes 140

Arbeitsschutz und Arbeitssicherheit am Arbeitsplatz **142**
- Was beinhaltet der Arbeitsschutz? 142
- Gesetzliche Regelungen für Arbeitsschutz und Arbeitssicherheit. . . .143

Arbeitsschutz und Prävention von Arbeitsunfällen. **144**
- Sozialer Arbeitsschutz 145
- **M** Vor- und Nachteile des Technikeinsatzes am Arbeitsplatz 146
- **M** Vor- und Nachteile des Technikeinsatzes am Arbeitsplatz (Leittext) . .147

Projekt Nistkasten 148
- Leittext für das Projekt 148
- Projektplanung 149
- Projektdurchführung 149
- Einzelfertigung 150
- Reihenfertigung 152
- Produktionsphase 153

Lernbilanz. 154

Glossar. 156
Stichwortverzeichnis 158
Bildquellenverzeichnis 159

Im Schülerband wird oft nur die männliche Form genannt, damit die Texte lesbarer sind. Männer und Frauen/Jungs und Mädchen sind natürlich gleichermaßen gemeint.

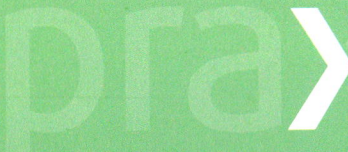

In diesem Kapitel lernt ihr:

› möglichst selbstständig die Grundbereiche eines Betriebs zu erkunden. Außerdem beurteilt ihr z. B. ökologisches Handeln im Betrieb,
› ein Geschäft auf einem Markt möglichst selbstständig zu planen und zu organisieren,
› eure Kenntnisse über die Zusammenhänge im einfachen Wirtschaftskreislauf auf eure eigenen wirtschaftlichen Handlungen zu übertragen,
› einen Überblick über verschiedene Formen von Entlohnung und Abgaben zu erstellen, diese miteinander zu vergleichen und sie aus der Sicht von Erwerbstätigen zu beurteilen. Ihr lernt, eine zukünftige eigene Lohnabrechnung auf Korrektheit und Vollständigkeit zu überprüfen.

WIRTSCHAFT

- Wie erkunden wir einen Betrieb?
- Wie funktioniert ein Betrieb eigentlich?
- Wie sieht es mit dem Thema Ökologie und den Arbeitsplätzen in einem Betrieb aus?
- Wie sieht eine Lohn- und Gehaltsabrechnung aus? Welche gesetzlichen und tariflichen Vorgaben gibt es dafür?
- Wie planen wir unser Projekt „Markt"? Was wollen wir verkaufen?
- Welche Formen von Entlohnung und Abgaben gibt es?
- Was ist eine Gewinn- und Verlustrechnung?
- Wie funktioniert der einfache Wirtschaftskreislauf und was können wir daraus für uns lernen?

Handwerksbetrieb

Industriebetrieb

Handelsbetrieb

Wie arbeiten Betriebe, welche Ziele haben sie?

Was ist ein Betrieb?

Wenn du ein Brot essen möchtest, kaufst du es dir beim Bäcker. Wenn du etwas zum Anziehen brauchst, kaufst du Kleidung, die zuvor in einer Textilfabrik hergestellt wurde. Das Auto, welches deine Eltern fahren, wurde in einer Autofabrik hergestellt.

In einem Betrieb werden Produkte hergestellt (wie zum Beispiel Lebensmittel, Kleidung, Maschinen, Autos usw.). Ein Betrieb kann auch eine Dienstleistung anbieten. Ein Reisebüro bucht zum Beispiel eine Reise für den Kunden. Mit den Produkten und Dienstleistungen, die Betriebe anbieten, werden die vielfältigen Wünsche der Bürger eines Landes erfüllt. Es gibt folgende Unterschiede:

Betriebe
- Landwirtschaft
- Handwerk
- Industrie
- Handel
- Dienstleistung

Textil bedeutet so viel wie gewebt; aus Stoff bestehend. Kleidung ist aus Stoff. In einer Textilfabrik wird also Kleidung hergestellt.

> **INFO**
> Ein Betrieb ist ein Ort, an dem Güter hergestellt oder Dienstleistungen angeboten werden.

Welche Ziele werden im Betrieb verfolgt?

Der Eigentümer des Betriebs möchte einen Gewinn erzielen und damit sein Einkommen sichern. Vielleicht möchte der Inhaber aber auch, dass sein Betrieb über die Jahre größer wird und wächst. Dadurch kann er noch mehr Gewinn erwirtschaften. Er möchte zudem, dass der Betrieb auch in Zukunft weiterhin besteht.

Das wollen natürlich auch die Mitarbeiter, denn ihr Arbeitsplatz hängt daran, und der soll sicher sein. Durch diesen erhalten sie ihren monatlichen Lohn.

Ein gutes Ansehen (= Image) des Betriebes ist sowohl den Mitarbeitern als auch den Eigentümern wichtig. Dazu gehören z. B. Umweltschutz und Sozialleistungen.

→ Starthilfe zu 2:
Befrage vielleicht auch einen Gemeindevertreter dazu.

1. Finde zu den verschiedenen Betriebsarten (Übersicht) jeweils drei Beispiele aus deinem Ort oder deiner Region.
2. Diskutiert, welche Gründe es für eine Gemeinde gibt, einen Betrieb vor Ort zu haben.

Das braucht ein Betrieb, um arbeiten zu können: Rohstoffe, Betriebsmittel und Mitarbeiter.

Was muss ein Betrieb alles beschaffen, um arbeiten zu können?

Ein Betrieb läuft grundsätzlich in den gleichen Schritten wie eure Projekte in den letzten Jahren in der Schule: Es muss eingekauft (= beschafft), hergestellt (= produziert) und verkauft werden. Man spricht dann von **Beschaffung, Produktion** und **Absatz**.

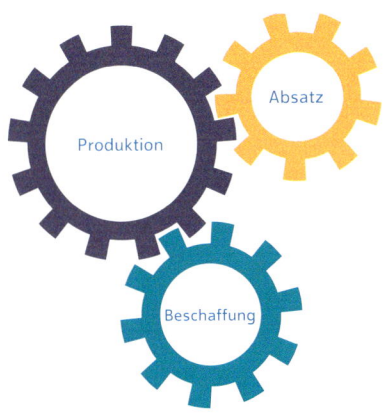

Damit zum Beispiel in einer Bäckerei die Waren hergestellt werden können, muss vieles beschafft werden:

Werkstoffe
Um Brötchen, Brote und sonstiges Gebäck herzustellen, müssen alle **Rohstoffe** wie Mehl, Zucker, Hefe, Butter, Eier und sonstiges einkauft werden.

Damit alle Maschinen in der Bäckerei gut laufen, braucht es auch **Betriebsstoffe**, vor allem Strom. Außerdem noch andere Mittel wie Öl für die Maschinen oder Kühlmittel. Mit Reinigungsmitteln muss am Ende des Tages alles sauber geputzt werden.

Betriebsmittel
Ein Bäcker, der versucht, alle Zutaten mit der Hand zu verarbeiten, wird schnell pleitegehen. Er braucht Maschinen, Geräte und Werkzeug zur schnellen und kostengünstigen Verarbeitung. Hinzu kommen noch andere Anschaffungen wie z. B. eine Verkaufstheke.

Mitarbeiter
In der Regel besteht ein Betrieb nicht nur aus einer Person. Damit in einer Bäckerei alles gut funktioniert, braucht es Bäcker, Fahrer, die die Waren in die Geschäfte fahren, Verkäufer und Bürokaufleute, die die Abrechnung machen. Alle diese Personen müssen erst gefunden, eingestellt oder aus- und weitergebildet werden.

Finanzmittel
Um Brötchen und Brote herzustellen, werden am Anfang also schon sehr viele Dinge gebraucht, ohne überhaupt etwas verdient zu haben. Man muss die Sachen ja erst herstellen und verkaufen. Dazu wird auch Geld benötigt, um dies alles zu beschaffen.

1. Überlege, was passiert, wenn von einem Bereich zu viel oder zu wenig vorhanden ist.
2. Finde weitere Beispiele zu Betriebsmitteln.

Die Produktion – der Kern aller Betriebe.

Wie ist die Produktion organisiert?

Wenn alles Notwendige beschafft ist, kann die Produktion beginnen. Dazu müssen aber noch viele Fragen geklärt werden:

Welche Produkte?
Ein Bäcker muss sich zum Beispiel genau überlegen, welche Produkte er anbieten möchte. Sollen es eher Körnerbrötchen, normales Brot, Kuchen, Torten oder anderes Gebäck sein?

Welche Menge?
Je nachdem, wo die Bäckerei ihre Waren verkauft, gibt es von den Kunden Vorlieben für bestimmte Produkte. Der Bäcker muss sich also entscheiden, wovon er wie viel herstellt.

Fertigungsverfahren?
In einer kleinen Bäckerei wird trotz einiger Maschinen Vieles per Hand erledigt. Wenn eher in größeren Stückzahlen gefertigt werden soll, muss eine Fließfertigung zum Einsatz kommen. In Backstraßen werden mehrere Arbeitsschritte zusammengefasst.

Brötchenbackmaschine

Zeitpunkt?
Zu welchem Zeitpunkt sollen die einzelnen Backwaren fertig sein? Wie muss der Bäcker seine verschiedenen Maschinen nutzen und einsetzen, damit alles reibungslos und zeitgerecht fertig wird?

Was ist sonst noch zu klären?
Es muss in der Produktion geklärt werden, wie man Abfälle vermeiden und die Umwelt schonen kann, zum Beispiel durch effizienten Einsatz von Strom. Außerdem müssen die Mitarbeiter richtig eingesetzt werden. Auch die Entsorgung von Abfällen gehört zur Planung in der Produktion.

Unter **effizient** versteht man, mit möglichst wenig Aufwand ein möglichst großes Ergebnis zu erzielen.

Bei der **Fließfertigung** sind die Arbeitsplätze und Maschinen so hintereinander angeordnet, dass das Produkt von Arbeitsplatz zu Arbeitsplatz wandert und immer weiterbearbeitet wird, bis es fertig ist.

---

1. Der Begriff „Produktion" bedeutet in jedem Betrieb etwas anderes. Nenne Beispiele für „Produktion" in folgenden Betrieben: Heizungsfirma, Reisebüro, Supermarkt.
2. Finde Beispiele für Produkte, die sich für eine Fließfertigung anbieten.
3. Diskutiert, welche Einflüsse die Fließfertigung auf die Menschen an ihrem Arbeitsplatz haben kann. Betrachtet dazu auch das Foto oben.

Verkaufsraum Bäckerei

Verkaufsraum Bekleidungsgeschäft

Was gehört zum Absatz?

Alle Waren und Produkte, die in der Produktion hergestellt wurden, müssen jetzt natürlich auch verkauft (= abgesetzt) werden. Auf diese Weise nimmt der Betrieb Geld ein. Ein guter Absatz ist für ihn also lebenswichtig.

Damit möglichst viele Kunden die Produkte kaufen und viel abgesetzt wird, muss der Betrieb die Wünsche der Kunden ziemlich gut treffen. Deshalb ist es sehr wichtig, sich zu diesem Bereich viele Gedanken zu machen. Dazu gehört zum Beispiel:

Welche Produkte kommen gut an?
Wenn der Betrieb Waren herstellt, die kaum einer braucht und nachfragt, wird es mit dem Verkauf schwierig. Der Betrieb muss genau die Wünsche der Kunden kennen. Welche Produkte werden bevorzugt? Dazu werden regelmäßig Kundenumfragen gemacht. Außerdem ist es wichtig zu wissen, welche Konkurrenten vorhanden sind. Gibt es einen Betrieb in der Nähe, der die gleichen Produkte anbietet?

Wie machen wir Werbung?
„Ohne Werbung kein Absatz." Dieser Spruch gilt für fast alle Betriebe. Nur wenn die Kunden die Produkte kennen, können sie diese kaufen. Die meisten Betriebe sind dabei sehr erfinderisch und setzen auf einen Marketingmix. Dazu gehört zum Beispiel, einen Verein zu sponsern, Anzeigen zu veröffentlichen, Flyer zu verteilen oder Gewinnspiele anzubieten.

Welchen Preis verlangen wir?
Eine genaue Kalkulation des Preises ist sehr wichtig. Verlangt der Betrieb zu wenig für seine Produkte, geht er pleite. Verlangt er zu viel, kaufen die Kunden woanders ein.

Wie gelangen die Produkte zum Kunden?
In einer Bäckerei ist diese Frage leicht zu beantworten. Der Bäcker beliefert seine Filialen oder nutzt Verkaufsfahrzeuge. Bei anderen Produkten muss sich der Betrieb genau überlegen, wie seine Waren zum Kunden kommen. Zum **Absatz** gehören alle Tätigkeiten, die mit dem Verkauf zusammenhängen.

> **Marketing** meint alle Maßnahmen die dazu dienen, Produkte und Dienstleistungen bekannt zu machen und zu verkaufen.
> Das Wort „Mix" bedeutet so viel wie Mischung.

> Eine **Kalkulation** ist eine Vorausberechnung von Kosten und Preisen.

> Eine **Filiale** ist eine weitere Verkaufsstelle des Betriebs.

1. Sammelt Beispiele, wie die Betriebe in eurer Region Werbung machen und vergleicht diese miteinander.
2. Erklärt, wie der Verkaufspreis zustande kommt. (→ Mathematik!)
M 3. Beurteile, warum es für einen Betrieb wichtig ist, den Markt genau zu beobachten und die Wünsche der Kunden zu kennen.
4. Influencer werden von Betrieben gezielt zur Werbung eingesetzt. Diskutiert, warum dies bei Kindern und Jugendlichen besonders gut funktioniert.

Wie wird die Ökologie im Betrieb beachtet?

Die drei Grundfunktionen Beschaffung, Produktion und Absatz stehen bei allen Betrieben klar im Zentrum. Nur durch die Produktion der richtigen Waren und Güter sowie der nachgefragten Dienstleistungen verdient ein Betrieb Geld.

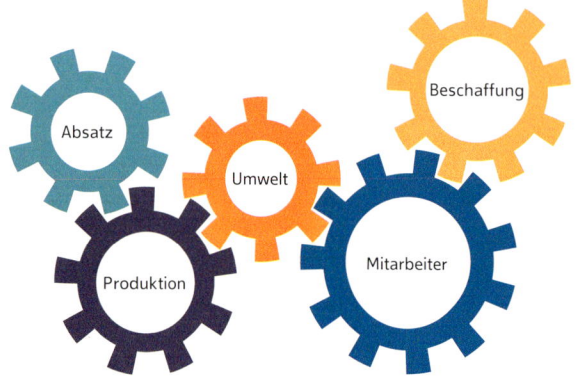

Grundfunktionen eines Betriebs

Für die Unternehmen gilt es aber auch, ökologisch zu handeln, also an die Umwelt zu denken. Warum?

Umweltbewusstes Handeln heißt zum einen, Maschinen, Werkzeuge und Werkstoffe schonend zu behandeln. Wenn die Mitarbeiter unsachgemäß mit den Maschinen umgehen, gehen sie schneller kaputt.

Die Anschaffung neuer Geräte ist nicht nur sehr teuer, sondern auch umweltbelastend. Deshalb sollten alle Geräte pfleglich behandelt und regelmäßig gewartet werden.

Umweltbewusstes Handeln heißt im Betrieb aber auch, alle anfallenden Abfälle und den Müll zu sammeln und entsprechend zu recyceln. Vieles kann wiederverwendet werden; dadurch werden Rohstoffe gespart.
Wenn Betriebe umweltfreundlich arbeiten, können sie damit auch Werbung machen. Gerade in den letzten Jahren wird dieser Weg von einigen Unternehmen eingeschlagen. Man kann dies an den verschiedenen Umweltzeichen erkennen, die auf Produkten zu sehen sind (Beispiele siehe Randspalte).
Wenn sich Betriebe umweltfreundlich geben, geschieht dies aber nicht nur aus Liebe zur Umwelt. Eine Umfrage ergab Folgendes:.

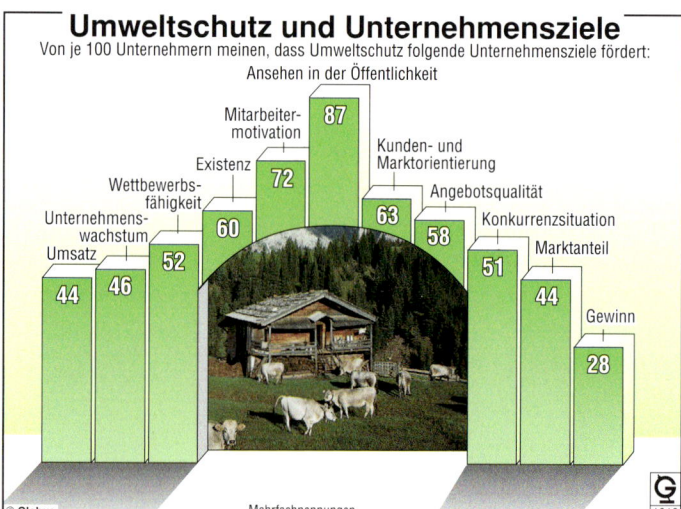

Recycling ist die Aufbereitung und Wiederverwendung von bereits gebrauchten Rohstoffen.

1. Wie achtet ihr zu Hause (in der Schule) auf den Umweltschutz? Sammle Beispiele.
2. Erklärt die einzelnen Punkte aus der Grafik mit eigenen Worten.
3. Gibt es Betriebe in der Region, die damit werben, dass sie insgesamt umweltbewusst arbeiten? Erkläre, woran du dies erkennst.

Welchen Stellenwert haben die Arbeitsplätze in einem Betrieb?

Der Erfolg eines Betriebs hängt in erster Linie von den Mitarbeitern ab. Motivierte Arbeitskräfte, die jeden Tag gerne ihren Job machen, zahlen sich für den Betrieb aus:
- Sie arbeiten gewissenhafter und genauer,
- erbringen mehr Leistung und
- sind seltener krank, fallen also seltener aus.

Dies hat zur Folge, dass die Qualität der Produkte höher ist und die Personalkosten gesenkt werden können. Der Betrieb kann sich dadurch vielleicht besser gegenüber anderen Betrieben durchsetzen. Er wird wettbewerbsfähiger.

Jede Leitung eines Betriebs muss also ein Interesse daran haben, dass die Motivation der Mitarbeiter hoch ist. Sie muss dafür sorgen, dass die Arbeitsbelastung gering und der Arbeitsschutz hoch sind. Die Arbeitnehmer sollten durch die Arbeit nicht körperlich oder seelisch beeinträchtigt werden.

Zur Motivation der Mitarbeiter trägt auch bei, dass sie die Möglichkeit haben, sich weiterzubilden und mit der Zeit mehr Verantwortung übernehmen zu können. Eine höhere Position bedeutet auch meist einen höheren Lohn.

Mitarbeiter prägen zudem einen Betrieb und sind ein Gesicht nach außen. Die Zufriedenheit der Mitarbeiter wird für das Image des Betriebs immer wichtiger, weil die Arbeit immer mehr von Maschinen und Technik erledigt wird.

- Wie bin ich im Betrieb vor Gefahren geschützt?
- Habe ich Aufstiegs- und Karrierechancen?
- Mitarbeiter bedeuten auch immer Lohnkosten.
- Nette Kollegen fördern die Motivation.
- Wie beeinflusst ein Mitspracherecht der Mitarbeiter den Betrieb?
- Fördert mich der Betrieb? Gibt es Fortbildungen?
- Welchen Belastungen bin ich im Betrieb ausgesetzt (Lärm, Hitze, Kundenkontakt, Stress, Zeitdruck, ...)?
- Bringt eine Mitarbeitervertretung einen Vorteil für den Betrieb?
- Ist der Arbeitsplatz sicher?
- Habe ich Entscheidungsmöglichkeiten? Darf ich in bestimmten Bereichen mitreden?

1. Erläutere, was für dich als zukünftiger Arbeitnehmer besonders wichtig ist.
2. **M** Suche Beispiele für Maßnahmen, mit denen das Image eines Unternehmens durch die Mitarbeiter geprägt werden kann.
3. Rund um das Bild findest du viele Aussagen aus einem Betrieb. Überlegt, welche wohl von Mitarbeitern, welche vom Inhaber des Betriebs stammen.
4. Betriebe achten darauf, dass ihre Mitarbeiter über Schlüsselqualifikationen verfügen. Was bedeutet dies? Informiere dich und erläutere vor der Klasse.

7. Klasse: Arbeitsplätze erkunden

8. Klasse: Betriebe und Abläufe erkunden

Die Betriebserkundung – was ist das?

In den Klassen 5, 6 und 7 hast du jeweils Arbeitsplätze erkundet. In der 5. Klasse waren es Arbeitsplätze in der Schule, die ihr euch genauer angeschaut habt; in der 6. Klasse waren es Arbeitsplätze im Haushalt und in der 7. Klasse Arbeitsplätze in einem Betrieb. Es standen jeweils die Arbeitsplatzmerkmale im Vordergrund.

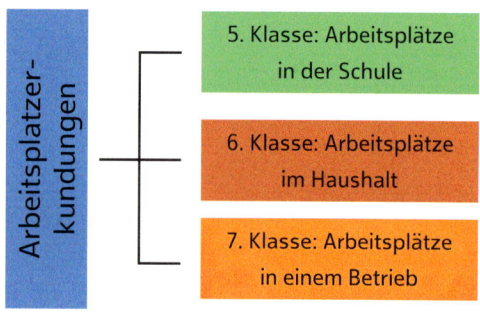

Nachdem du bereits viel über Betriebe erfahren hast, wirst du dieses Gelernte jetzt in der Praxis überprüfen. Du wirst mit deiner Klasse im Rahmen einer Betriebserkundung einen Betrieb genauer erforschen.

Bei einer Betriebserkundung geht es also nicht so sehr um einzelne Personen und ihre Arbeitsplätze, sondern um die Erkundung der Abläufe in einem Betrieb, also um die Bereiche Beschaffung, Produktion und Absatz. Auf einen dieser Bereiche sollt ihr den Schwerpunkt setzen.

Die Betriebserkundung in der 8. Klasse wird also viel umfassender als die Zugangserkundung in der 7. Klasse. Ihr müsst gemeinsam Folgendes herausfinden:
- Welche Waren werden hergestellt? Welche Dienstleistungen werden angeboten?
- Welche Planungen sind im Bereich Beschaffung notwendig?
- Welche Fertigungsverfahren werden in der Produktion eingesetzt?
- Wie hoch ist die Auslastung der eingesetzten Maschinen?
- Woher bekommt der Betrieb seine Rohstoffe und auf welchem Weg?
- Wie ist der Verkauf organisiert?
- Wie qualifiziert sind die Mitarbeiter?
- Wie sind die Arbeitsbedingungen?

> **INFO**
>
> Die **Betriebserkundung** ist eine Untersuchung der Betriebswirklichkeit durch Schüler mithilfe selbst entwickelter Arbeitsaufträge. Es sollte ein Gespräch zwischen Schülern und Betriebsmitarbeitern zu einem bestimmten Bereich zustande kommen.

1. Nenne Vorteile, die Erkundungen gegenüber Unterricht im Klassenzimmer haben.
2. Wiederhole, was du durch die Arbeitsplatzerkundungen in den Klassen 5, 6 und 7 gelernt hast.

Erster Sektor: Fisch fangen

Zweiter Sektor: Fisch verarbeiten

Dritter Sektor: Fisch verkaufen

Welchen Betrieb werdet ihr erkunden?

In der 7. Klasse habt ihr zahlreiche Formen von Arbeit kennengelernt:
- geistige oder körperliche Arbeit
- Dienste leistende, verwaltende sowie Waren produzierende Arbeiten

Menschen arbeiten dabei in unterschiedlichen Wirtschaftsbereichen, man sagt auch Wirtschaftssektoren. Man unterscheidet drei verschiedene Bereiche:

Primärer (= erster) Sektor
Im ersten, der auch primärer Sektor oder Urproduktion genannt wird, werden Rohstoffe aus der Natur gewonnen. Der Landwirt sät und erntet zum Beispiel Getreide. Im Bergbau werden zum Beispiel bestimmte Erze in Minen abgearbeitet. In der Fischerei werden Fische gefangen oder gezüchtet. Der Forstarbeiter pflegt und bewirtschaftet den Wald.

Sekundärer (= zweiter) Sektor
Im zweiten Sektor werden die Rohstoffe verarbeitet bzw. es werden daraus neue Güter produziert. Ein Beispiel: Das Getreide, welches der Landwirt im ersten Sektor (Urproduktion) erntet, wird in einer Mühle zu Mehl verarbeitet. Daraus werden in einer Bäckerei oder Backfabrik Brot und Brötchen produziert. Die Mühle, die Bäckerei und auch die Backfabrik gehören alle zum sekundären Sektor.

Tertiärer (= dritter) Sektor
Zum dritten Sektor gehören alle Dienstleistungsbetriebe. Dazu zählt zum Beispiel die Spedition, die das Mehl von der Mühle zu den Bäckereien oder zum Supermarkt bringt. Auch die Geschäfte, die vom Bäcker hergestellte Backwaren verkaufen, zählen zum tertiären Sektor.

> Eine **Spedition** ist ein Betrieb, welcher Güter mit Fahrzeugen befördert.

1. Schau dir das Beispiel mit dem Fisch ganz oben an. Finde weitere Beispiele oder Produkte, an denen du die drei Wirtschaftssektoren erklären kannst.
2. Macht euch in der Klasse Gedanken darüber, aus welchem Sektor ihr einen Betrieb erkunden wollt. Begründet eure Entscheidung.
3. Wählt einen Bereich der betrieblichen Grundfunktionen (Beschaffung – Produktion – Absatz) als Schwerpunkt eurer Erkundung aus. Begründet eure Entscheidung.

Wie sollte die Betriebserkundung ablaufen?

Je besser ihr die Erkundung in einem Betrieb vorbereitet, desto reibungsloser und gewinnbringender wird sie verlaufen.

Inhaltliche Vorbereitung

Ihr habt in diesem Kapitel viel über Betriebe und über die betrieblichen Grundfunktionen Beschaffung, Produktion und Absatz erfahren. Außerdem habt ihr gesehen, dass sich Betriebe auch Gedanken über den Umweltschutz und über ihre Mitarbeiter machen müssen.

Der erste Schritt bei der Betriebserkundung ist also, sich **eine** der betrieblichen Grundfunktionen als Erkundungsschwerpunkt auszusuchen. Dazu überlegt ihr euch Fragen (Beispiele siehe Grafik unten).

Zusätzlich zu eurem Schwerpunkt untersucht und beurteilt ihr weitere Gesichtspunkte im Betrieb: z. B. Umweltschutz oder Menschen am Arbeitsplatz.

Um geeignete Fragen zum Betrieb zu finden, ist es auch wichtig, sich über den Betrieb vor der Erkundung ausführlich (zum Beispiel im Internet) zu informieren.

Schülerinnen informieren sich über einen Betrieb.

Beschaffung
- Wo werden die Rohstoffe eingekauft?
- Wie teuer war die Anschaffung der Geräte?
- …

Produktion
- Welche Produktionsverfahren kommen zum Einsatz?
- Werden täglich die gleichen Waren produziert?
- …

Absatz
- Wie ist die Preiskalkulation?
- Wie viele Filialen (Zweigstellen) gibt es?
- Wie erfolgt die Werbung?
- …

Umwelt
- Wie werden Abfälle recycelt?
- Gibt es Umweltzertifikate?
- Gibt es Energiesparmaßnahmen?
- …

Mitarbeiter
- Welchen Belastungen sind die Mitarbeiter ausgesetzt?
- Wie werden Mitarbeiter motiviert?
- …

1. Teilt euch in Gruppen auf.

   a) Informiert euch in eurer Gruppe über den gewählten Betrieb (z. B. im Internet). Was könnt ihr zu eurem Schwerpunkt schon herausfinden? Sammelt die Informationen auf einem Plakat.

   b) Erstellt Fragen: Was könnte euch in dem Betrieb zu diesem Schwerpunkt interessieren? Die bisherigen Seiten dieses Kapitels helfen euch dabei.

Organisatorische Vorbereitung

Organisatorische Vorbereitung

Neben der inhaltlichen Vorbereitung müssen aber noch viele andere Dinge geklärt und vorbereitet werden. Dazu gehört eine Reihe von organisatorischen Fragen wie zum Beispiel:
- Wo befindet sich der Betrieb?
- Wie kommen wir dort hin?
- Ist der Betrieb mit öffentlichen Verkehrsmitteln gut erreichbar?
- Wer ist unser Ansprechpartner im Betrieb?
- Wer aus der Klasse nimmt Kontakt mit dem Betrieb auf und in welcher Form (Anruf, Brief, Mail)?
- Welche Termine könnten für die Durchführung der Betriebserkundung in Frage kommen?
- Dürfen wir bei der Erkundung im Betrieb filmen oder Fotos machen?

Es ist klar, dass nicht alle organisatorischen Fragen von einem Schüler alleine erledigt werden können. Die Klasse kann sich dazu auch in Gruppen aufteilen. Jede Gruppe übernimmt bestimmte Einzelaufgaben.

Zur organisatorischen Vorbereitung gehört auch, sich rechtzeitig um die benötigte Ausrüstung für die Erkundung zu kümmern. Außerdem ist es hilfreich, sich einen Erkundungsbogen anzulegen. Dieser dient dazu, dass ihr keine Fragen vergesst, eure Notizen übersichtlich festhaltet und eure Fragen in einer sinnvollen Reihenfolge stellt.

Methodische Vorbereitung

Bei der Befragung eines (fremden) Erwachsenen ist der eine oder andere sicherlich nervös. Schließlich macht man dies nicht alle Tage. Vielleicht fallen dir vor Ort aber auch spontan noch Fragen ein oder der Mitarbeiter antwortet ganz anderes, als du es erwartet hast. Dann bist du vielleicht unsicher. Das Interview solltet ihr in der Schule üben, zum Beispiel im Deutschunterricht.
Auch Filmen, Fotografieren und Notieren von Ergebnissen müssen trainiert werden.

2. Entwickelt einen Telefonzettel für den Telefonkontakt (Gesprächsdatum, Name des Gesprächspartners, Telefonnummer, Terminvorschläge, sonstige Fragen).

3. Legt in der Gruppe einen Erkundungsbogen an. Ihr habt einen Schwerpunkt bei den betrieblichen Grundfunktionen ausgewählt und zahlreiche Fragen dazu gestellt. Formuliert aber auch zu den beiden anderen Bereichen jeweils drei wichtige Fragen.

4. Übt im Deutschunterricht, zum Beispiel in einem Rollenspiel, die Befragung, das Notieren und das Fotografieren.

Betriebserkundung in der Konditorei

Betriebserkundung in einer Autowerkstatt

Durchführung der Erkundung

Eure Erkundung ist für den Betrieb eine Belastung, weil der normale Arbeitsablauf gestört wird. Die Mitarbeiter müssen die Besucher, also euch, durch den Betrieb begleiten und können in dieser Zeit nicht ihrer gewohnten Beschäftigung nachgehen. Daran solltet ihr immer denken.

Trotzdem sind zahlreiche Betriebe bereit, Schülern Gelegenheit zu einer Betriebserkundung zu geben. Allerdings erwartet der Betrieb dafür von euch, dass ihr motiviert und gut vorbereitet in die Erkundung geht. Dazu solltet ihr die Aufgaben zur inhaltlichen und organisatorischen Vorbereitung alle erledigt haben. Damit diese Arbeit nicht durch falsches Verhalten kaputt gemacht wird, müsst ihr euch also gründlich überlegen, was höfliches und rücksichtsvolles Verhalten bedeutet. Gesprächsregeln sind nicht nur im Klassenzimmer wichtig!

Das ist umso wichtiger, falls ihr euch im Betrieb aufteilt oder selbstständig in verschiedene Betriebe geht. Übrigens: Die Gruppen können auch verschiedene Schwerpunkte setzen.

Wichtig bei eurer Erkundung ist, dass ihr keinen Punkt und keine Frage auf eurem Erkundungsbogen vergesst. Entscheidend bei der Erkundung ist jetzt ...

- **Fragen stellen**: Du stellst dem Mitarbeiter deine vorbereiteten Fragen. Vielleicht fallen dir auch noch spontan Fragen ein.
- **Beobachten**: Du beobachtest alle Vorgänge im Betrieb sehr genau und fragst nach, wenn dir etwas unklar ist.
- **Erleben**: Du nimmst Arbeitsbedingungen wahr (Lärm, Temperatur, Hektik, Schmutz usw.) und fragst nach Schutzmaßnahmen.
- **Notieren**: Du schreibst alle Antworten auf und machst dir auch Notizen über die Beobachtungen.

Wichtige Techniken zur Informationsgewinnung

1. Wie solltet ihr euch bei der Betriebserkundung verhalten? Schreibt Regeln auf.
2. Überlegt euch den Ablauf: Wer begrüßt? Wer stellt welche Fragen? Wer fotografiert? Wer beobachtet? Wer macht Notizen? Wer bedankt sich am Ende der Erkundung?

Homepage der Schule   Lokalzeitung   Jahresbericht

Auswertung der Erkundung

Jede Erkundung verliert an Wert, wenn sie nicht richtig ausgewertet wird. Du weißt, dass jede Erkundung anders verläuft, aber folgende Schritte sind für den Lerneffekt immer hilfreich:

1. Schritt: Eindrücke formulieren
Was waren eure Eindrücke, welche Erfahrungen habt ihr gemacht? Jeder in der Klasse hat vielleicht andere Erlebnisse als besonders wertvoll abgespeichert.

2. Schritt: Ergebnisse sammeln
Alle Schülergruppen tragen gemäß der Aufgabenverteilung bei der Erkundung ihre Informationen vor. Was wollten wir wissen – welche Antworten haben wir bekommen?

3. Schritt: Ergebnisse zusammenfassen
Die Resultate werden in der Klasse intensiv besprochen. Zum besseren Verständnis ist es vielleicht hilfreich, wenn das Wichtigste auf einem Plakat, der Tafel oder einem Flipchart zusammengefasst wird.

4. Schritt: Ergebnisse darstellen
Wenn alle Informationen besprochen sind, gilt es zu überlegen, wie die Ergebnisse präsentiert werden können. Ein Bericht für die Lokalzeitung, die Schülerzeitung, den Jahresbericht oder die Homepage der Schule wäre eine gute Möglichkeit.

5. Schritt: Erkundungsschritte bewerten
Nach der inhaltlichen Auswertung solltet ihr euch Gedanken machen, was bei der Erkundung gut gelaufen ist und was ihr hättet besser machen können. Schließlich sollten bestimmte Fehler bei der nächsten Erkundung nicht nochmals gemacht werden.

6. Schritt: Sich beim Betrieb bedanken
Jeder Betrieb freut sich, wenn er einen Dankesbrief von euch bekommt. Darin solltet ihr auch die gewonnenen Erfahrungen schildern und euch für die in Anspruch genommene Zeit bedanken. Ein Foto von der Erkundung wäre auch sehr gut.

1. Was war für dich bei der Erkundung besonders wichtig? Was hast du gelernt? Erzähle über deine Erfahrungen.
2. Seht euch die Präsentationsmöglichkeiten ganz oben an. Vielleicht fallen euch auch noch weitere ein. Entscheidet euch für eine und legt los.
3. Schreibe einen Dankesbrief an den Betrieb.

Die Betriebserkundung (mit der Leittextmethode)

M

Unter **erkunden** versteht man, dass du etwas beobachtest und Menschen befragst, um Informationen einzuholen. Dazu bereitest du dich möglichst selbstständig vor.

Die Leittextmethode kennst du bereits aus den Klassen 5–7. Es geht darum, mithilfe eines Textes etwas durchzuführen. Der Text leitet dich dabei.

Du hast bereits viel über Betriebe erfahren und sollst nun möglichst selbstständig in der Gruppe eine **Erkundung** in einem Betrieb deiner Wahl durchführen. Dabei solltet ihr Informationen über die betrieblichen Grundfunktionen Beschaffung, Produktion und Absatz in einem Betrieb erhalten. Auch zu den Themen „ökologisches Handeln" oder „der Mensch am Arbeitsplatz" solltet ihr Fragen stellen und dazu den Betrieb unter die Lupe nehmen.

Vor der Erkundung

– Zuerst besprecht ihr in der Gruppe, welchen Betrieb ihr gerne erkunden möchtet. Er sollte nicht zu weit entfernt sein. Verständigt euch, wer aus eurer Gruppe beim Betrieb anfragt und organisatorische Fragen klärt (Termin, Ansprechpartner, Ablauf).
– Danach entscheidet ihr in der Gruppe, welcher Bereich euch interessiert: Beschaffung, Produktion, Absatz, Umweltthemen im Betrieb oder „der Mensch am Arbeitsplatz".
– Anschließend solltet ihr Fragen zu eurem Bereich finden, die euch dazu interessieren. Die Seiten 9–13 dieses Kapitels geben euch nochmals einen Überblick über die Bereiche und helfen euch vielleicht, Fragen zu finden.
– Legt nun einen Erkundungsbogen für eure Gruppe an. Es sollten auf dem Erkundungsbogen alle Fragen notiert sein. Außerdem solltet ihr festlegen, ...

a) wer welche Frage stellt und
b) wer die Antworten notiert.

Überlegt auch, ob ihr zum Beispiel mit dem Smartphone ein Bild macht oder die Interviews aufzeichnet. Natürlich muss das vorher mit dem Betrieb abgesprochen werden.

Während der Erkundung

– Jetzt geht ihr zum vereinbarten Termin in den Betrieb. (*Nicht vergessen*: Begrüßung, Vorstellung und am Ende Verabschiedung und Dank.)
– Stellt eure Fragen an den Ansprechpartner des Betriebs und die Mitarbeiter. Beobachtet dabei genau die Abläufe, die Arbeitsvorgänge sowie die Handlungen der Mitarbeiter. Haltet dabei möglichst vieles fest, indem ihr euch Notizen und Fotos macht.

Die Betriebserkundung durchführen

Befragung der Mitarbeiter

Nach der Erkundung

Zurück in der Schule sammelt ihr eure Ergebnisse in der Gruppe nach dem Muster
- Was wollten wir wissen? ↔ Welche Antworten haben wir bekommen?
- Sind alle unsere Fragen beantwortet worden? Sind noch Fragen offen?
- Können wir bestimmte Antworten zu verschiedenen Bereichen zusammenfassen?
- Was haben wir gelernt? Was wussten wir vorher noch nicht zu diesem Thema?

Anschließend überlegt ihr euch in der Gruppe, wie ihr eure Ergebnisse den Mitschülern aus eurer Klasse präsentiert. Dazu gibt es verschiedene Fragen:
a) Wie präsentieren wir unsere Ergebnisse? (Plakat, Handzettel, Fotoshow, kurzes Video, alle aus der Gruppe oder nur einer)
b) Wie viel Zeit planen wir dafür ein? Gibt es eine Zeitvorgabe von der Lehrkraft?
c) Wer könnte uns bei der Plakatgestaltung helfen? (Klassenleiter, Fachlehrer Wirtschaft, Kunstlehrer, Fachleute außerhalb der Schule)

Bereitet nun eure Präsentation vor.

Die Ergebnisse präsentieren

Danach präsentiert ihr eure Ergebnisse euren Mitschülern in der Klasse.
Zum Schluss reflektiert ihr nochmals eure Arbeit zum Thema „Betriebserkundung".

Überlegt, was vom Anfang bis zum Ende gut gelaufen ist.

Sammelt danach auch Punkte, die nicht gut waren oder die ihr beim nächsten Mal besser machen müsst. Legt euch dazu eine kleine Tabelle an:

→ Starthilfe:
Die Seiten 22 und 23 geben dir nochmals Tipps, wie ihr eure Ergebnisse präsentieren könnt.

Das Wort „reflektieren" bedeutet, dass man nochmals über etwas nachdenkt. Man überlegt und prüft etwas, was man getan hat. Was war gut, was war schlecht, was kann ich daraus lernen?

Die Betriebserkundung auswerten

Reflektieren der Erkundung

Die Ergebnisse präsentieren

Durch die Darstellung (= Präsentation) der Ergebnisse eurer Betriebserkundung verfolgt ihr wichtige Ziele:

- **Zusammenfassung**: Es werden nochmals alle Fragen und Antworten durchgegangen und sortiert. Was gehört zusammen, was war besonders wichtig?
- **Wiederholung**: Ihr wiederholt und vertieft die einzelnen Schritte eurer Erkundung. Dadurch bleiben die wichtigen Informationen besser in eurem Gedächtnis. Euer Lernerfolg ist dadurch größer.
- **Überprüfung der Ziele**: Anhand eurer Präsentation und Dokumentation könnt ihr überprüfen, inwieweit ihr die gesteckten Ziele der Betriebserkundung erreicht habt. Ihr erkennt vielleicht auch anhand der Präsentation, was nicht so gut war.
- **Information**: Durch eure Präsentation informiert ihr auch Außenstehende über eure Arbeit. Eltern, Mitschüler und Betriebe wissen durch eure Präsentation, was ihr gemacht und geleistet habt. Das Ansehen eurer Schule in der Öffentlichkeit steigt vielleicht.

- **Wen** wollen wir mit unserer Präsentation erreichen? Die eigene Klasse, die Parallelklasse, unsere Eltern, Betriebe oder die breite Öffentlichkeit?
- **Wie** können wir unsere Präsentation unterstützen? Nutzen wir das Internet oder bestimmte Computerprogramme?
- **Wer** aus unserer Gruppe kann mit den vorhandenen Hilfsmitteln sicher umgehen? Bilder in ein Programm einfügen oder einen Film schneiden muss man können.
- Sind unsere Ergebnisse so interessant aufbereitet, dass jemand anderes sie sich gerne ansieht?

→ Die Auswahl einer oder mehrerer Präsentationsformen müsst ihr also selbst treffen. Die folgende Übersicht stellt nur Anregungen dar:

Es gibt viele Möglichkeiten, die Ergebnisse eurer Betriebserkundung zu dokumentieren und zu präsentieren. Welches Mittel ihr auswählt, hängt von verschiedenen Gesichtspunkten ab. Ihr müsst vor der Auswahl folgende Fragen beantworten:

Videofilm
Einen kurzen Videofilm mit Videokamera oder Handy drehen:

+ motivierende Präsentation, vielseitig einsetzbar
− relativ großer Zeitaufwand bei der Erstellung des Films (filmen, schneiden, …)

Wandzeitung
Zu einem bestimmten Thema zusammengestelltes Plakat mit Fotos und Artikeln:

+ einfache Erstellung; es können alle in der Gruppe mitarbeiten
− ist nur geeignet für das Klassenzimmer oder das Schulhaus; keine so große Außenwirkung

Bericht für die Zeitung
Ein in der Lokalzeitung veröffentlichter Bericht (per Mail an die Zeitung plus Foto):

+ große Außenwirkung; im Deutschunterricht gut vorzubereiten
− vielleicht wird der Bericht auch nicht gedruckt; nicht alle lesen die Zeitung

Bericht in Buchform
Verschiedene Artikel und Fotos aus eurer Klasse zu einem Buch heften:

+ kostenlose Verteilung in der Schule und bei den Eltern; bleibende Erinnerung
− relativ großer Aufwand bei der Erstellung des Buches

Bericht für die Schulhomepage
Kurzer Bericht und Bilder zur Betriebserkundung auf eurer Homepage:

+ relativ große Außenwirkung, schnell zu realisieren
− nur kurz aktuell, da die Berichte immer wieder aktualisiert werden

Fotoserie für den Aula-Bildschirm
Vorführung als Fotoserie in Dauerschleife auf dem Bildschirm in der Aula:

+ sehen alle Schüler und Besucher der Schule; schnell zu realisieren
− bei der Erstellung sind nur wenige Schüler beteiligt; Software notwendig

Gruppen-Referat im Klassenzimmer
Präsentation der Ergebnisse jeder Gruppe im Rahmen eines Referats:

+ jeder Schüler ist beteiligt; relativ einfache und schnelle Erstellung
− keine Außenwirkung; evtl. Software notwendig

Beitrag für den Jahresbericht
Kurzer Text mit Bildern für den Jahresbericht der Schule:

+ relativ große Außenwirkung (Schüler, Eltern, Betriebe, Freundeskreis)
− muss in das Format des Jahresberichts gebracht werden

Ausstellung in der Schule
Kleine Ausstellung mithilfe von Pinnwänden in der Schule organisieren:

+ alle Schüler und Besucher der Schule können es sehen
− relativer Aufwand für die Erstellung; Platzbedarf in der Aula

Präsentation in der Vollversammlung
Viele Schulen veranstalten regelmäßig Vollversammlungen mit allen Schülern:

+ große Aufmerksamkeit in der Schulgemeinschaft; relativ rasche Erstellung
− es sind nicht alle Schüler der Klasse bei der Durchführung eingebunden

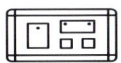

Projektarbeit heißt Kooperation mit Ernährung und Soziales oder Technik oder Wirtschaft und Kommunikation

Wie können wir ein Projekt am Markt erfolgreich durchführen?

Rückblick und Ausblick

Markt
(wirtschaftlicher Fachbegriff: hier treffen sich Angebot und Nachfrage)
Für euer Projekt kann der Markt
– eure Klasse,
– eure Schule,
– euer Schulort,
– ein Schulfest,
– der Weihnachtsmarkt o. Ä. sein.
Ihr bietet etwas an und die Kunden fragen danach.

In der letzten Klasse habt ihr bereits ein Projekt durchgeführt. Auch in diesem Schuljahr sollt ihr wieder mithilfe des Projekts wirtschaftliche Zusammenhänge durch eigenes Tun kennenlernen und erfahren. Dazu ist wieder die Zusammenarbeit im Lernfeld Berufsorientierung nötig. Bei manchen Sachverhalten erfordert es die Kooperation mit weiteren Fächern:

Ihr sollt etwas herstellen oder eine Dienstleistung erbringen, die ihr auf einem Markt anbietet. Dabei nutzt ihr eure Erfahrungen und Kenntnisse aus der Betriebserkundung. Ihr wisst, dass Betriebe drei Hauptaufgaben haben:

Genau diese Aufgaben müsst ihr gemeinsam im Projekt erledigen. Dies erfordert aber vorher genaue Planung. Nach dem Projekt müsst ihr eure Arbeit auch präsentieren. Dafür gibt es verschiedene Möglichkeiten, z. B.:
– Computerpräsentation
– Plakatausstellung
– Referat
– Fotoshow
– Videovorführung

Reflexion
= überlegte Rückschau:
Ihr überlegt, was gut gelungen ist, wo es Schwierigkeiten und Probleme gab und was ihr beim nächsten Mal besser machen könnt.

Schließlich müsst ihr als letzten Schritt eine Reflexion eures Projekts durchführen.

Nur, wenn ihr alle Schritte durchlauft, ist euer Lernerfolg möglich. Die Fachleute sprechen von einer vollständigen Handlung. Die folgende Grafik zeigt euch die Schritte im Projekt noch einmal im Überblick:

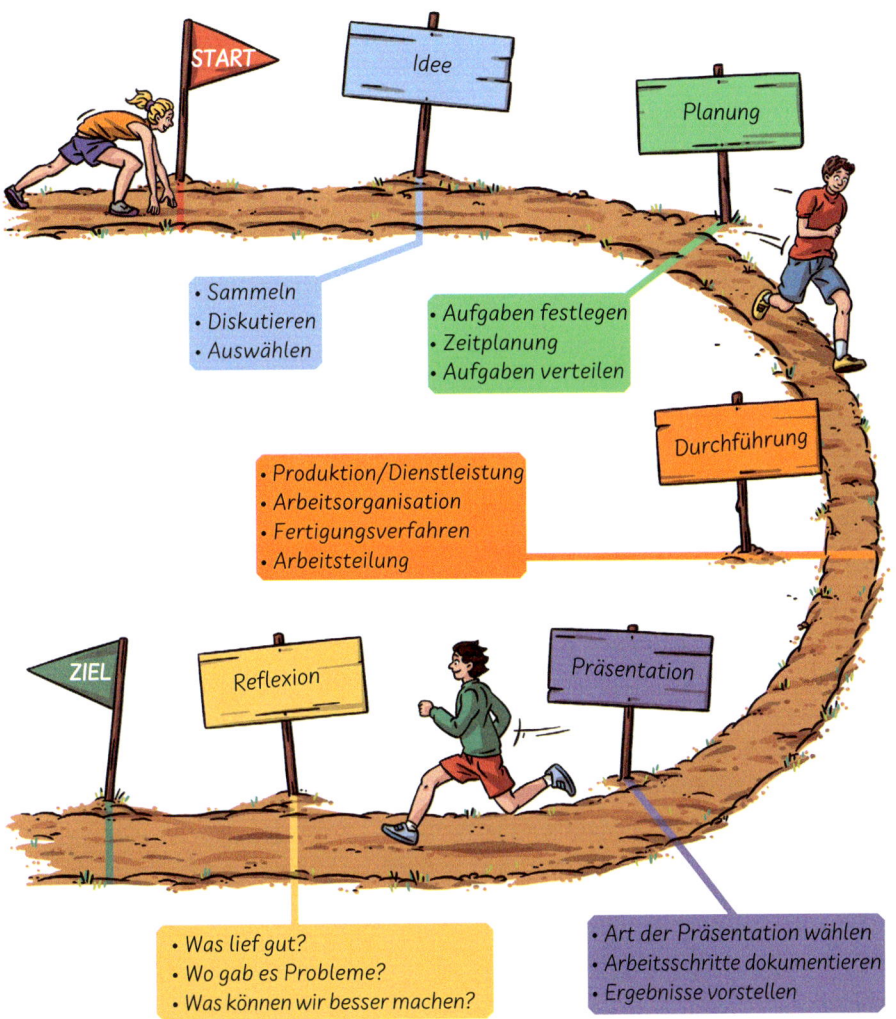

Bis zum Ende des Projekts muss dieser Parcours bewältigt werden. Euer Projekt wird dann erfolgreich sein, wenn ihr jede Station gut organisiert, plant und durchführt. Dabei kommt es auch darauf an, dass alle Gruppenmitglieder sich gleichermaßen in die Arbeit einbringen.

Projektarbeit ist Teamarbeit! Wahrscheinlich konntet ihr im letzten Jahr schon feststellen, dass ein Projekt dann besser vorankommt und gelingt, wenn in der Gruppe gemeinsam gearbeitet wird. Da darf sich keiner herausnehmen und denken, die anderen würden es schon gut machen. Auf jeden einzelnen muss sich das ganze Team verlassen können.

Die Klasse diskutiert Projektideen und trifft Entscheidungen.

Wie kommen wir zu einer Idee für unser Projekt?

Die Klassenleiterin Frau Steiger erklärt ihren Schülern, dass auch in der 8. Jahrgangsstufe ein Projekt durchgeführt werden soll. Dies dient zum einen als Übung für die in der 9. Klasse im Quali geforderte Projektprüfung.

Zum anderen dient es auch dazu, die Kenntnisse über die betrieblichen Grundfunktionen, die in den letzten WiB-Stunden erarbeitet wurden und bei der Betriebserkundung erlebt wurden, zu festigen.

Schnell sind ihre Schüler mit Begeisterung dabei, denn sie erinnern sich gern an das Projekt des letzten Jahres zurück. Sie nennen verschiedenste Ideen und sammeln diese an der Pinnwand im Klassenzimmer. Dazu nutzen sie die **Kartenabfrage**, die ihr sicher aus den letzten Schuljahren schon kennt.

Die Ideen von zwei Schülern, die das Fach WiK belegen, erhalten bei der Abstimmung die meisten Stimmen:

– Die Schüler der berufsorientierenden Wahlpflichtfächer Technik bzw. Ernährung und Soziales haben geringere Kenntnisse am Computer. Die WiK-Schüler bieten ihnen Hilfe an bei der Erstellung von Präsentationen und Schriftstücken am PC.

– Viele Schüler des berufsorientierenden Wahlpflichtfachs WiK sind auch in der AG Fotografie aktiv. Mit guten Fotos stellen die Schüler einen Kalender für das kommende Jahr her.

Weil Frau Steiger erwähnt, dass mit dem Projekt ein Geschäft auf einem Markt durchgeführt werden soll, entscheiden sich die WiK-Schüler für den zweiten Vorschlag.

→ Starthilfe zur Kartenabfrage:
- jeder erhält z. B. drei Karten
- nur eine Aussage pro Karte
- so groß schreiben, dass es aus 3 m lesbar ist
- max. 7 Wörter
- max. 3 Zeilen
- jeder stellt seine Karte vor
- Karten mit gleicher Aussage nach Oberbegriffen sortieren (clustern)

1. Überlegt für euer Projekt und haltet eure Ergebnisse fest:
    a) Findet ihr ein Projektthema, das zu allen berufsorientierenden Wahlpflichtfächern passt?
    b) Auf welchem Markt könnt ihr euer Produkt bzw. eure Dienstleistung anbieten?
    c) Gibt es an eurer Schule besondere AGs, mit denen ein Projekt möglich ist?

In der nächsten WiB-Stunde legt Frau Steiger ihrer Klasse die Leittexte vor, die sie gemeinsam mit den Fachlehrkräften der berufsorientierenden Wahlpflichtfächer entworfen hat.

Für das berufsorientierende Wahlpflichtfach Wirtschaft und Kommunikation (WiK) sieht der Leittext so aus:

Wir erstellen einen Fotokalender und bieten ihn am Markt an (Leittext)

Fotografieren wird immer einfacher und problemloser. Viele von euch nutzen zum Fotografieren das Handy, einige sind in der Foto-AG aktiv und fotografieren auch mit Digitalkameras. Ihr sollt euer betriebswirtschaftliches Wissen auf einem Markt erproben. Dafür bietet sich die Zusammenarbeit mit der Foto-AG an. Ihr gestaltet einen Fotokalender und bietet ihn auf dem Markt an.

Das müsst ihr tun:
1. Erstellt eine Ideensammlung für einen möglichen Fotokalender, bei der jedes Gruppenmitglied seine Vorschläge einbringen kann.
2. Einigt euch in der Gruppe auf einen Entwurf, der gemeinsam von euch hergestellt werden muss. Begründet eure Entscheidung.
3. Überlegt gemeinsam, auf welchem Markt ihr den Kalender anbieten wollt und führt eine Marktanalyse durch.
4. Jetzt erstellt ihr gemeinsam einen Organisations- und Zeitplan, aus dem die Aufteilung eurer Arbeiten und der notwendigen „Meilensteine" (Was muss bis wann, von wem, wie erledigt werden?) hervorgeht.
5. Plant eine Expertenbefragung zum Fotografieren und zum Kalenderdruck und führt sie durch.
6. Jede/r entwirft einen Werbeflyer für den Fotokalender. Im Team einigt ihr euch auf eine Variante. Begründet eure Entscheidung.
7. Dann stellt ihr in der Gruppe die Flyer her und dokumentiert eure Arbeit in geeigneter Weise.
8. In den festgelegten WiK-Stunden erstellt ihr gemäß eurer Absprachen den Fotokalender.
9. In der Gruppe entscheidet ihr euch für eine gemeinsame Präsentation eurer Arbeit. Jeder übernimmt Teile der Präsentation.
10. Letzter Auftrag im Projekt: Reflexion der eigenen Arbeit und der Arbeit in der Gruppe

Jedes Gruppenmitglied erstellt eine Projektmappe mit folgendem Inhalt:
Deckblatt
Inhaltsverzeichnis
Arbeitsbericht mit
- Ideensammlung für das Motto des Kalenders; eigener Entwurf, gewählter Entwurf (mit Begründung)
- Wahl des Marktes, auf dem der Kalender angeboten wird; Marktanalyse
- Aufgabenverteilung und Zeitplanung (mit „Meilensteinen")
- eigener Entwurf zur Gestaltung des Kalenders, gewählter Entwurf (mit Begründung)
- alle geforderten Unterlagen aus der Planungs- und Durchführungsphase eures Projekts
- Ergebnis der Expertenbefragung
eigener Begleittext zur Präsentation (persönlicher Teil)
Reflexion der eigenen Arbeit und der Arbeit in der Gruppe.

Schüler in der Gruppe beraten über Motto, Format und Marktanalyse des Kalenders.

Wir starten unser Projekt

Die Gruppenbildung für die Projektarbeit ist schnell erledigt, denn die Klasse ist wechselnde Zusammensetzung der Gruppen gewöhnt. Frau Steiger beobachtet die einzelnen Teams bei ihrer Startphase im Projekt. Sie suchen Mottos für den Kalender. Frau Steiger hört verschiedene Vorschläge aus den Gruppen:

Wir stellen unsere Schule vor:
- Welche besonderen AGs gibt es an unserer Schule?
- Die Veranstaltungen an unserer Schule im Lauf des Jahres
- Die Natur im Umfeld unserer Schule im Jahreslauf
- Unsere Schule ist im Sport erfolgreich.
- Wir dokumentieren Projekte aus den berufsorientierenden Wahlpflichtfächern an unserer Schule.

Die Gruppen beraten, welches **Format** der Kalender haben soll:
- Querformat oder Hochformat
- Größe der Kalenderblätter
- Anordnung der Fotos und des Kalendariums
- Klebebindung oder Spiralheftung

Vom Format hängen nicht zuletzt der Preis des Kalenders und die Absatzchancen ab. Deshalb überlegen die Gruppen auch, wie sie herausfinden, wie gut sie ihren Kalender vermarkten können.

Für diese Marktanalyse stellen sie sich wesentliche Fragen:
- Was kosten Fotokalender in Geschäften?
- In welchem Format werden sie angeboten?
- Wie finden wir heraus, wer unseren Kalender kaufen wird?
- Wie und wo werben wir dafür?
- Bei wem werben wir dafür?
- Wie viele Kalender können wir verkaufen?

Wenn diese Fragen geklärt sind, erstellt die Gruppe gemeinsam ihren Organisations- und Zeitplan. Es ist nötig, die „Meilensteine" für die Teilaufgaben festzulegen.

Die Gruppen notieren also, wer was bis wann zu erledigen hat, damit das Produkt zum richtigen Zeitpunkt fertiggestellt ist. Während der Projektarbeit wird laufend überprüft, ob dieser Plan eingehalten wird. Bei Verzögerungen muss das Team reagieren.

Was gibt es zu tun?	Wer erledigt es?	Bis wann?
Auswahl treffen Papier	alle	…
Format festlegen	alle	…
Fotos auswählen	alle	…
Papier kaufen	Max, Luisa, Yusuf	…
Fotos ausdrucken	Helin, Lina, Jakob	…
…	…	…

Schüler erledigen arbeitsteilig die Aufgaben im Projekt: Informationen einholen, Flyer verteilen, Fotos auswählen

Wir führen unser Projekt durch

Jede Gruppe hat ihre ersten Entscheidungen getroffen. Motto und Gestaltung des Kalenders stehen fest. Nun brauchen sie geeignete Fotos für ihren Kalender. Die Foto-AG stellt Arbeiten aus ihrem Bestand zur Verfügung, die zum jeweiligen Motto passen. Weil zum gewählten Motto die Anzahl vorhandener Fotos nicht ausreicht, müssen die Gruppen weitere Quellen nutzen. Sie recherchieren bei Eltern, Verwandten und Bekannten und erstellen auch eigene Fotos zum gewählten Thema. Zur professionellen Herstellung des Kalenders brauchen die Gruppen Experten für Fotografie und Fotodruck, die sie befragen. Dazu erstellen sie einen Interviewbogen mit ihren Fragen.

Was muss beschafft werden?

Für den Kalender wollen die Schüler nicht normales Druckerpapier verwenden. Sie recherchieren deshalb bei mehreren Anbietern, welches Papier geeignet ist und zu welchen Preisen sie es erwerben können.

Für die Marktanalyse und zur Werbung für das Produkt entwerfen die Schüler einen Werbeflyer. Dieser Flyer kann z.B. folgende Fragen beinhalten:
– Welches Thema interessiert euch am meisten?
– Welches Format findet ihr am besten?
– Wie viel würdet ihr für unseren Kalender bezahlen?
– Für wen würdet ihr diesen Kalender kaufen?

Im Team legen sie fest, welchen Flyer sie einsetzen werden. Mit diesem Flyer informieren sie die vorher gewählten Zielgruppen für ihr Produkt. So können sie die ungefähre Anzahl zu erwartender Käufer abschätzen. Danach richtet sich auch, wie viel Papier sie beschaffen müssen.

Durchführen der Expertenbefragung

Sämtliche erhaltene Fotos speichern die Schüler auf einem Stick. Schließlich müssen sie für die zwölf Kalenderblätter und das Deckblatt im Team die geeigneten Fotos auswählen.

Die Gruppen dürfen ihre Kalender an der Schule drucken. Auch die Maschine zur Spiralheftung stellt die Schule zur Verfügung. So entfallen die Kosten für Tinte, Drucker und Spirale. Diese Ausgaben müssten sie sonst in die Preiskalkulation einbeziehen.

Welchen Preis können wir verlangen?

Kalender in der Größe DIN A4 kosten in den Geschäften ab etwa 12 Euro. Nach oben gibt es keine Grenze; das hängt ab von den Motiven und von den Künstlern, die die Bilder liefern.

Die Schüler recherchieren den Preis für qualitativ hochwertiges Fotopapier mit dem Papiergewicht von 200 g/m² (übliches Druckerpapier wiegt 80 g/m²). Sie wählen Papier mit matter Oberfläche, denn auf dieser Papierart sind die Fingerabdrücke weniger sichtbar. Für 100 Blatt müssen sie mit ca. 20 Euro rechnen. Sie berechnen mit einem Kalkulationsprogramm am PC die Kosten für einen Kalender, der mit Deckblatt 13 Seiten umfasst.

100	Blatt	20,00 €
1	Blatt	0,20 €
13	Blatt	2,60 €

In der Marktanalyse haben sie ermittelt, dass sie etwa 50 Exemplare ihres Kalenders absetzen können. Sie berechnen wieder am PC, wie viel Blatt Fotopapier sie beschaffen müssen:

1	Kalender	13	Blatt
50	Kalender	650	Blatt

Da der Preis für 100er-Packungen gilt, kaufen sie insgesamt 700 Blatt. Also müssen sie dafür 140 Euro bezahlen. So haben sie auch eine Reserve für eventuelle Fehldrucke.

Würde die Herstellung der Kalender in einem echten Betrieb erfolgen, müssten die Schüler folgende Kosten einberechnen:
- für die Spiralbindung,
- für den Toner des Druckers,
- für den Verschleiß des Druckers,
- für den Strom von Computern und Drucker,
- anteilig für das Produktionsgebäude,
- für Lohn und Gehalt der Mitarbeiter,
- für die Sozialabgaben.

Der Betriebsinhaber muss bei der Kalkulation außerdem eine Gewinnspanne einrechnen. Der erzielte Gewinn dient ihm als Einkommen, als Altersvorsorge und für den Betrieb als Rücklage für Neuanschaffungen.

Weil diese betrieblichen Kosten bei den Schülern nicht anfallen, können sie ihre Kalender sehr preisgünstig anbieten. Sie wollen natürlich auch einen Gewinn erzielen und verlangen deshalb pro Kalender 5 Euro.

Wenn sie alle Kalender absetzen können, würden sie pro Kalender einen Gewinn von 2,40 Euro erzielen, bei 50 verkauften Exemplaren ergäbe dies 120 Euro. Dies ist eine sehr optimistische Annahme, denn trotz der Marktanalyse gibt es keine Garantie, dass sie alle 50 Kalender auch losbringen. Außerdem könnten zusätzliche Kosten entstehen, wenn es zu Fehldrucken kommt.

Die Schüler interessiert es, wie viele Exemplare sie mindestens verkaufen müssen, um ihre Beschaffungskosten von 140 Euro zu decken.

5,00 €	für	1	Kalender
1,00 €	für	0,2	Kalender
140,00 €	für	28	Kalender

Sie müssten also **mindestens** 28 Kalender verkaufen.

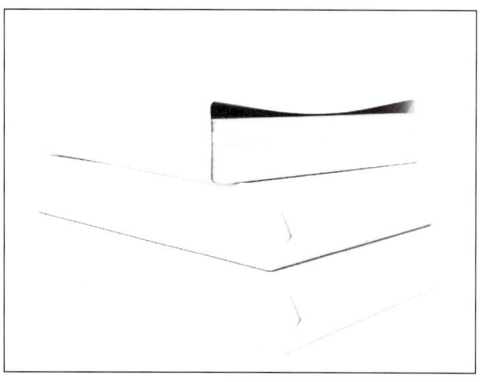

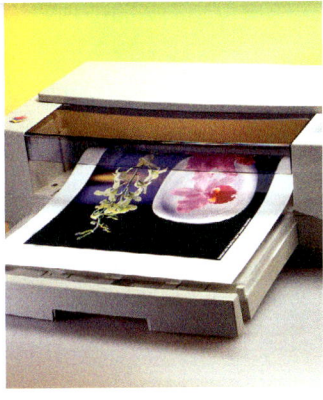

Herstellung der Kalender

Die Kalender werden hergestellt

Frau Steiger stellt bei der Beobachtung der Gruppenarbeit für die Gestaltung der Kalender fest, dass jede Gruppe ein anderes Kalenderformat gewählt hat. Alle haben sich für die Formatgröße DIN A4 entschieden. Aber einige wählten Hochformat, andere Querformat. Bei der Anordnung des Kalendariums wurden unterschiedliche Lösungen gewählt.

Beispiel DIN A4 Hochformat

Juni

Mo	Di	Mi	Do	Fr	Sa	So
27	28	29	30	31	1	2
3	4	5	6	7	8	9
10	11	12	13	14	15	16
17	18	19	20	21	22	23
24	25	26	27	28	29	30

Beispiele DIN A4 Querformat

Juni

Sa	So	Mo	Di	Mi	Do	Fr	Sa	So	Mo	Di	Mi	Do	Fr	Sa	So
1	2	3	4	5	6	7	8	9	10	11	12	13	14	15	16
15	16	17	18	19	20	21	22	23	24	25	26	27	28	29	30

Juni

Sa	So	Mo	Di	Mi	Do	Fr
1	2	3	4	5	6	7
8	9	10	11	12	13	14
15	16	17	18	19	20	21
22	23	24	25	26	27	28
29	30					

Wie können wir die Kalender verkaufen?

Bereits bei der Marktanalyse und bei der Preiskalkulation haben die Schüler diskutiert, wie sie die Beschaffungskosten aufbringen können.

Die Gruppen fanden unterschiedliche Lösungen:

Die erste Gruppe hat die eigenen Ersparnisse für den Kauf des Fotopapiers eingesetzt. Sie hatte das größte persönliche Risiko.

Die zweite und die dritte Gruppe hatten die Idee, bereits während der Marktanalyse eine Anzahlung zu erbitten. So konnten sie davon ihr Material einkaufen.

Die vierte Gruppe konnte die Schulleitung als Sponsor gewinnen, der die Anschaffungskosten vorfinanzierte und sich zusichern ließ, dass er das Geld zurückbekommt, wenn die Gruppe einen Gewinn erzielt.

Die Gruppen hatten also unterschiedliche Verkaufsstrategien. Am sichersten handelten die beiden Gruppen, die sich eine Anzahlung erbeten hatten. Sie taten sich aber mit weiteren Exemplaren zum Verkauf schwer.

Die beiden anderen Gruppen nutzten für den Absatz (Verkauf) ihrer Produkte den Pausenverkauf und den an der Schule stattfindenden Weihnachtsmarkt.

Gewinn oder Verlust?

Am Ende des Projekts wollen die Schüler wissen, wie erfolgreich sie als Geschäftsleute waren. Deshalb erstellen sie eine einfache Gewinn- und Verlustrechnung. Sie enthält in einer Tabelle alle Ausgaben und Kosten; in einer zweiten Tabelle werden die Einnahmen aus dem Verkauf festgehalten. Schließlich werden die beiden Endsummen miteinander verglichen. Dadurch können sie feststellen, ob sie einen Gewinn erzielt haben oder ob sie Verlust gemacht haben.

Ausgaben				
Datum	Bezeichnung	Anzahl	Preis pro Einheit	Gesamtpreis
15.11.20xx	Fotopapier (100 Blatt)	7	19,95 €	139,65 €
22.11.20xx	Fotopapier (100 Blatt) Nachkauf wegen Fehldruck	1	21,50 €	21,50 €
			Summe	161,15 €

Einnahmen				
Datum	Bezeichnung	Anzahl	Preis pro Einheit	Gesamtpreis
25.11.20xx	Anzahlungen	24	2,00 €	48,00 €
02.12.20xx	Pausenverkauf	13	5,00 €	65,00 €
04.12.20xx	Auslieferung der Vorbestellung	24	3,00 €	72,00 €
12.12.20xx	Weihnachtsmarkt	10	5,00 €	50,00 €
			Summe	235,00 €

Einnahmen - Ausgaben (Gewinn oder Verlust?)	
Summe der Einnahmen	235,00 €
Summe der Ausgaben	161,15 €
Gewinn oder Verlust	73,85 €

Dokumentation und Präsentation des Projekts

Nachstellen des Expertengesprächs

Warum brauchen wir eine Projektmappe?

Das gesamte Projekt, von der Planung der Einzelschritte über die Durchführung bis hin zu Dokumentation und Reflexion, wird in der Projektmappe festgehalten. Nur dadurch ist der Lernerfolg gesichert.

Aus dem Leittext kannst du entnehmen, was in der Projektmappe enthalten sein soll. Gestalte alle Seiten im gleichen Stil. Kontrolliere, ob das Inhaltsverzeichnis zur Reihenfolge deiner Beiträge passt und ob deine Mappe auch vollständig ist. Die Beiträge, die ihr im Team erarbeitet habt, dürfen gleich sein. Alles was von dir in Einzelarbeit verlangt wurde, muss aber als deine persönliche Leistung zu erkennen sein.

Dies gilt vor allem bei deinem Anteil der Präsentation. Dein Begleittext zu den Teilen der Präsentation, für die du in deiner Gruppe verantwortlich bist, muss in der Projektmappe enthalten sein. Die Texte der anderen Gruppenmitglieder haben in deiner Mappe nichts verloren.

So sollte deine Projektmappe aussehen:

Präsentation

Ihr sollt euer Projekt präsentieren. Dies könnt ihr vor unterschiedlichem Publikum tun, z.B. vor eurer Klasse, vor anderen Klassen, vor den Eltern, vor Vertretern der Gemeinde.

Eure Präsentation muss nicht am Computer erfolgen. Denkbar sind auch eine Plakatausstellung, eine Dia-Schau oder sogar eine Videovorführung. Gut geeignet ist eine szenische Darstellung bestimmter Aufgaben, wie Expertengespräch, Werbemaßnahme oder Verkaufssituation.

Die Präsentation ist die Darstellung eurer gesamten Projektarbeit, nicht nur des Produkts. Ihr sollt also die Stufen des Projekts von der Planung bis zur Reflexion vorstellen.

Reflexion

Sowohl für deine persönliche Arbeit im Projekt, als auch für die Arbeit im Team musst du folgende Fragen schriftlich beantworten:
- Was lief gut? Was ist gelungen?
- Wobei gab es Probleme?
- Was können wir beim nächsten Mal besser machen?
- Was vermeide ich in Zukunft?

schmaler Schnellhefter	Ordner mit breitem Rücken
Papier, evtl. Trennblätter	Klarsichthüllen
sauber, ordentlich	zerknitterte Blätter

Betriebe produzieren.

Haushalte kaufen ein.

Banken bieten Kredite an.

Wie funktioniert der einfache Wirtschaftskreislauf?

Was bedeutet „Wirtschaft" und wer ist daran beteiligt?

Jeder von uns hat täglich verschiedenste Bedürfnisse: Wir wollen alle etwas zum Essen und Trinken, wir wollen Kleidung, wir wollen mit öffentlichen Bussen in die Schule fahren, wir holen uns vom Geldautomaten der Bank Geld zum Bezahlen, wir gehen ins Kino und schauen uns den neuesten Film an. Dies alles sind Wünsche und Bedürfnisse, die erfüllt werden müssen.

Dafür gibt es viele Betriebe, die Güter des täglichen Lebens herstellen, wie zum Beispiel Brot. Es gibt auch Betriebe, die Dienste anbieten, wie zum Beispiel das Kino. Auch der Staat bietet manche Dienstleistungen an, wie zum Beispiel die Schule, die Polizei oder Krankenhäuser. Damit Betriebe die Produkte auch produzieren und anbieten können, brauchen sie uns Kunden (= Verbraucher). Man nennt sie auch private Haushalte. Wir alle sind Personen, die etwas arbeiten. Die Betriebe brauchen die Arbeitskraft der privaten Haushalte. Als Erwerbstätige erhalten wir Lohn für unsere Arbeitskraft. Dafür können wir uns wieder Sachgüter kaufen oder Dienstleistungen nachfragen.

Die Banken und Sparkassen sorgen dafür, dass genügend Geld im Umlauf ist, denn manchmal braucht man auch einen Kredit, um sich etwas leisten zu können. Außerdem braucht man auch einen Ort, um sein Geld sparen und anlegen zu können.

> **INFO**
>
> Die **Wirtschaft** ist die Gesamtheit aller Einrichtungen, Personen und Handlungen, die sich auf Produktion und Konsum von Wirtschaftsgütern beziehen. Die Beteiligten sind dabei u. a. **Betriebe, Banken, der Staat** und die **privaten Haushalte**.

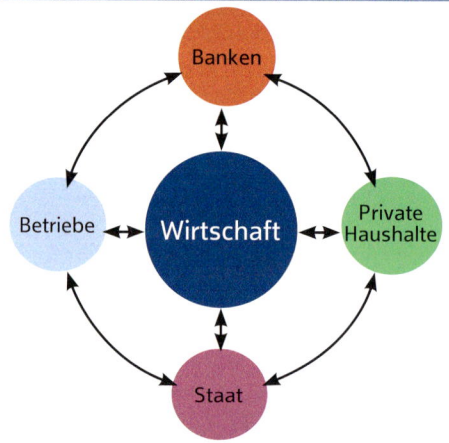

Als „Wirtschaft" bezeichnet man also das Zusammenspiel aller dieser Beteiligten.

*Ein **Kredit** ist ein Geldbetrag, den man sich meist von einer Bank oder Sparkasse gegen Zinsen leiht.*

*Der **Staat** sind alle Bürger des Landes und seine Einrichtungen (z. B. Ämter).*

---

1. Gib den obigen Text mit eigenen Worten wieder.
2. Suche ein Beispiel, bei dem Betriebe, private Haushalte, Banken oder der Staat Beteiligte an einem Wirtschaftsvorgang sind.

Welche Ziele haben die Beteiligten im Wirtschaftskreislauf?

Im Kreislauf der Wirtschaft hat jeder Beteiligte seine eigenen Interessen:

- **Die Unternehmen** möchten so viele Waren und Dienstleistungen verkaufen wie möglich. Damit verdienen sie viel Geld und machen Gewinn. Im Gegensatz dazu wollen sie natürlich für ihre Arbeitnehmer möglichst wenig Lohn zahlen.

- **Die privaten Haushalte** möchten möglichst viele Waren und Dienstleistungen erhalten. Dafür wollen sie möglichst wenig Geld ausgeben. Ihr Ziel ist es, dass ihre Arbeit in einem ausgewogenen Verhältnis zum Verdienst steht.

- **Die Banken** sorgen nicht nur dafür, dass Geld im Umlauf ist und wir damit zahlen können. Auch die Banken sind nichts anderes als Betriebe, die Geld verdienen möchten. Sie bieten uns Kredite und Sparpläne an, durch die sie selbst etwas verdienen.

- **Der Staat** verfolgt das Interesse, dass es im Wirtschaftsgeschehen möglichst gerecht zugeht und alle Regeln eingehalten werden. Dafür handeln die Politiker Gesetze und Regeln aus, die von der Polizei und den Gerichten überwacht werden.

Du siehst also, dass im Wirtschaftsprozess jeder Beteiligte einen Kompromiss eingehen muss. Wenn du etwas einkaufst, musst du dafür etwas hergeben, nämlich Geld. Um Geld zu bekommen, musst du wieder etwas hergeben, nämlich deine Arbeitskraft im Beruf. Letztlich ist alles ein Tauschprozess.

Ein **Kompromiss** ist eine Lösung zwischen zwei oder mehreren Personen, bei der jeder Beteiligte ein Zugeständnis machen muss.

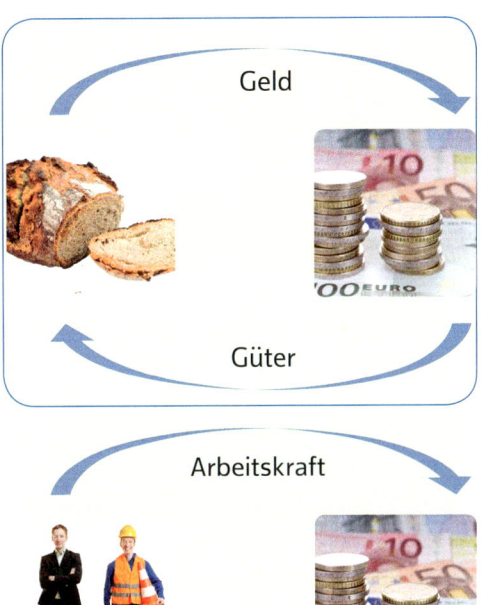

---

3. Welche Tauschprozesse tätigst du oder deine Familie jeden Tag?

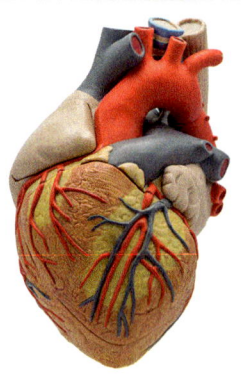  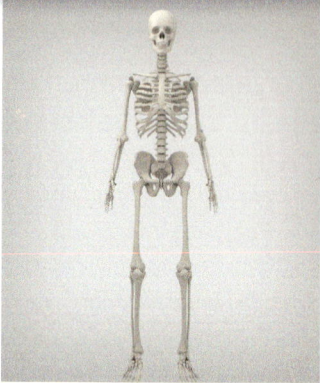

Modell eines Herzens   Modell eines Flugzeugs   Modell eines Skeletts

Wie funktioniert das Grundmodell des Wirtschaftskreislaufs?

In unserem Land leben viele Millionen Menschen, die jeden Tag einen Tauschprozess durchführen: verkaufen, einkaufen, produzieren, Einkommen erzielen, Kredite anbieten, Geld anlegen, usw.
Das bedeutet, dass jeden Tag millionenfach wirtschaftliche Vorgänge ablaufen. Diese Vielfalt kann für den einen oder anderen ziemlich verwirrend sein. Deshalb entwerfen wir nun ein Modell, um die wirtschaftlichen Vorgänge leichter zu verstehen.

Modelle kennst du schon aus anderen Schulfächern. Im Biologieunterricht baut ihr zum Beispiel ein Modell eines Herzens auseinander und wieder zusammen, um es besser zu verstehen.

Um also die wirtschaftlichen Vorgänge besser verstehen zu können, verwenden wir im Fach „Wirtschaft und Beruf" das Grundmodell des einfachen Wirtschaftskreislaufs (siehe Bild rechte Seite). Dieses Grundmodell besteht nur aus zwei Beteiligten: Unternehmen und privaten Haushalten. Alle anderen Beteiligten, wie Banken und der Staat, werden an dieser Stelle nicht mit einbezogen.

Was machen diese zwei Beteiligten?

– Unternehmen stellen Güter her, wie zum Beispiel Maschinen, Lebensmittel, Bekleidung, Autos. Oder sie bieten Dienstleistungen an, wie zum Beispiel der Friseur oder eine Reinigung. Alle Unternehmen in Deutschland fasst man in dem Modell zum Bereich „**Unternehmen**" zusammen.

– Die vielen Menschen kaufen nicht nur Güter oder Dienstleistungen ein, sondern stellen auch ihre Arbeitskraft sowie Kapital zur Verfügung. Alle Menschen in Deutschland fasst man unter dem Bereich „**private Haushalte**" zusammen.

Für die Arbeitskraft, die private Haushalte den Unternehmen zur Verfügung stellen, erhalten sie Löhne. Dieses Einkommen fließt als Geldstrom in die privaten Haushalte.
Mit diesem Geld kaufen die privaten Haushalte bei den Unternehmen Waren und Dienstleistungen. Dadurch fließt also der Geldstrom auch wieder zurück zu den Unternehmen. So entsteht ein Kreislauf mit Geld, Waren und Arbeitskraft. Wir nennen ihn den einfachen Wirtschaftskreislauf.

Wir erkennen bei dem einfachen Wirtschaftskreislauf also den **Geldstrom (rot)** und den **Güterstrom (blau)**.

1. Modelle finden sich in verschiedenen Lebensbereichen. Nenne Beispiele aus deinem Alltag, wo du Modelle nutzt.
2. Modelle haben Vorteile, aber auch Nachteile. Erkläre dies kurz.

Ein privater Haushalt konsumiert.

Ein Unternehmen stellt Waren her.

Mithilfe des einfachen Wirtschaftskreislaufs lassen sich wirtschaftliche Tauschprozesse übersichtlich und verständlich darstellen.

Er zeigt die wichtigsten Tauschbeziehungen zwischen Unternehmen und privaten Haushalten.

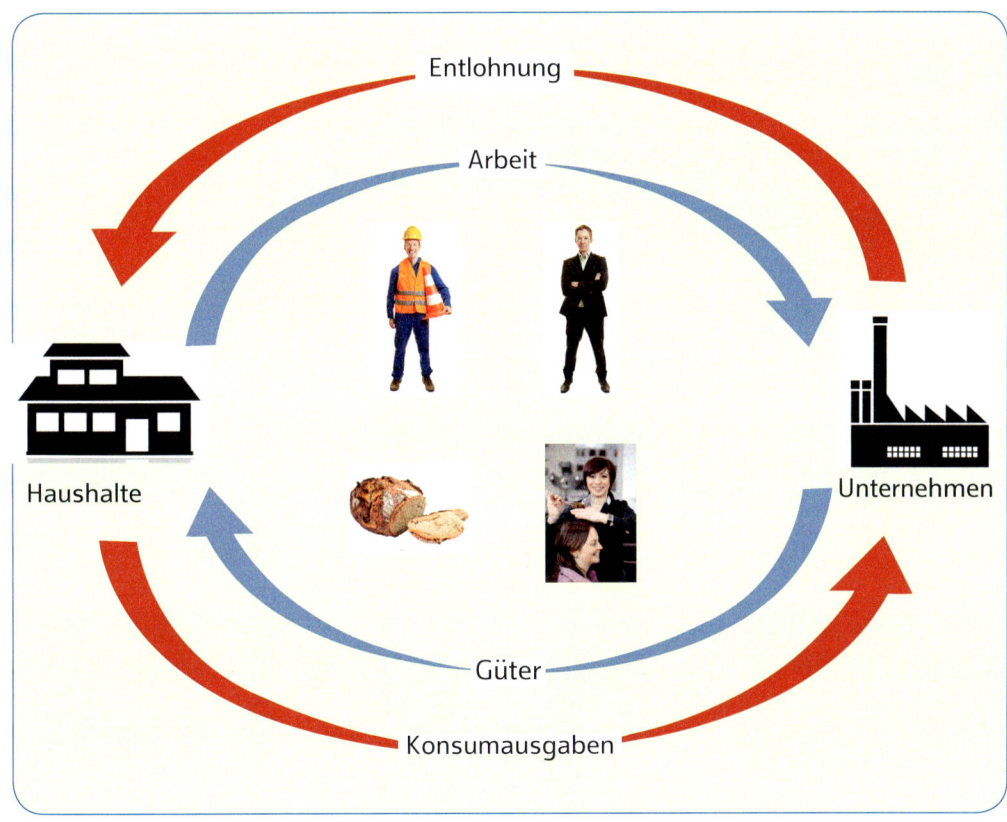

Konsum ist ein anderes Wort für Verbrauch. Wenn du etwas einkaufst, willst du es verbrauchen.

3. Erkläre den Unterschied zwischen Geld- und Güterstrom.
4. Erkläre den einfachen Wirtschaftskreislauf mit eigenen Worten.
M 5. Der einfache Wirtschaftskreislauf stellt die Wirklichkeit sehr vereinfacht dar. Was passiert, wenn der Staat (oder Banken) noch eingreift?
M 6. Was passiert, wenn ausländische Betriebe Waren anbieten?

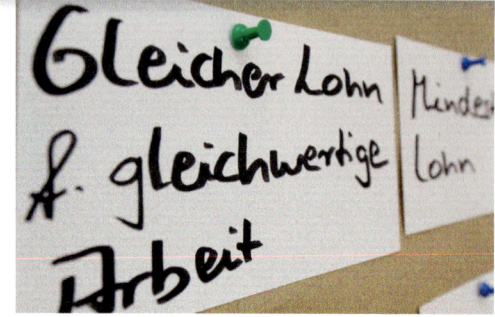

Forderungen für Mindestlohn und Lohngerechtigkeit von Sozialverbänden

Löhne und Gehälter sind unterschiedlich

Um ihr Taschengeld aufzubessern, tragen Tom und Andrej Werbezeitungen aus. Sie haben zwei Firmen zur Auswahl. Firma A bezahlt nach Stunden, Firma B nach der Anzahl der ausgetragenen Zeitungen. Überschlägig stellen sie fest, dass der Verdienst etwa gleich ist. Sie wählen Firma B, weil sie durch zügiges Austragen Zeit sparen und dadurch mehr verdienen.

Woran orientieren sich Lohn und Gehalt?

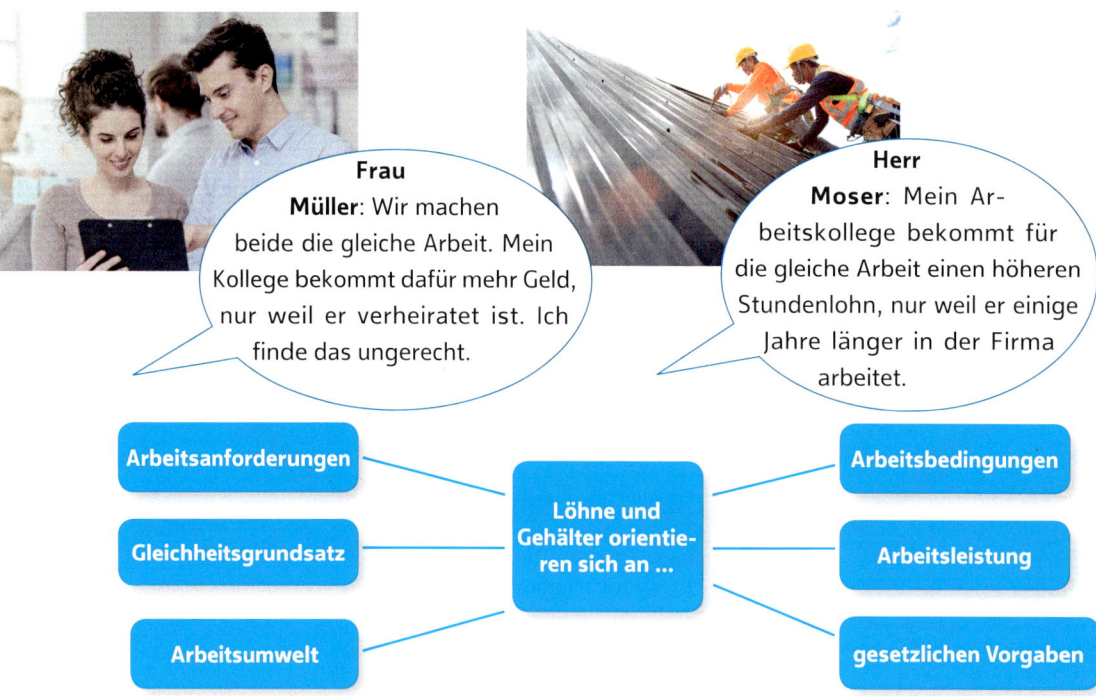

Frau **Müller**: Wir machen beide die gleiche Arbeit. Mein Kollege bekommt dafür mehr Geld, nur weil er verheiratet ist. Ich finde das ungerecht.

Herr **Moser**: Mein Arbeitskollege bekommt für die gleiche Arbeit einen höheren Stundenlohn, nur weil er einige Jahre länger in der Firma arbeitet.

Löhne und Gehälter orientieren sich an …
- Arbeitsanforderungen
- Gleichheitsgrundsatz
- Arbeitsumwelt
- Arbeitsbedingungen
- Arbeitsleistung
- gesetzlichen Vorgaben

1. Erstellt eine ausgedachte Vergleichsrechnung Firma A und B für Tom und Andrej.
2. Führt zu den Aussagen der Arbeitskollegen eine Pro-und-Kontra-Debatte.
3. **M** Informiert euch über den Begriff „Gleichheitsgrundsatz". Recherchiert dazu z. B. im Internet, bei Gewerkschaften oder bei Gleichstellungsbeauftragten.

Facharbeiter in der Bauwirtschaft

Spezialisten beim Stromleitungsbau

Wovon hängt die Höhe des Lohns oder des Gehalts ab?

Wie Arbeit bewertet wird, welchen Lohn oder welches Gehalt der Arbeitnehmer erhält, ist von verschiedenen Faktoren abhängig, die je nach Betrieb unterschiedlich sein können. Auch der Arbeitsmarkt, die Kaufkraft der Menschen, die Arbeitsmarktpolitik eines Landes, die wirtschaftliche und die geografische Lage des Betriebs, die Weltwirtschaftslage und die Gewerkschaften usw. beeinflussen Löhne und Gehälter.

Faktoren in diesem Zusammenhang bedeutet so viel wie Kennzeichen bzw. Einflüsse, die sich auf die Höhe des Lohns oder Gehalts auswirken.

Lohn ist arbeitsspezifisch bestimmt

Arbeit
- Art der Arbeit
- Anforderungen (körperlich ...)
- Belastungen (Gefährlichkeit ...)
- Verantwortung
- Arbeitsort (Stadt, Land)
- Arbeitszeit (Schichtarbeit ...)
- Umwelteinflüsse

Lohn ist vom Unternehmen abhängig

Unternehmen
- Branche (Autoindustrie)
- Ertragssituation
- Standortfaktoren
- Unternehmens-, Betriebsgröße
- Industrie- bzw. Handwerksbetrieb
- Anzahl der Beschäftigten
- Arbeitsproduktivität

Lohn wird von der Marktsituation bestimmt

Marktsituation
- Wirtschaftslage (global, Land)
- Konjunktur (steigende Nachfrage)
- Auftragslage
- Konkurrenz (Billigimporte)
- Rohstoff- und Energiepreise
- Arbeitskräfteangebot
- Steuer- und Abgabenbelastung

Lohn ist vom Arbeitnehmer abhängig

Arbeitnehmer
- Ausbildung und Qualifikation
- Verantwortung und Position
- Berufserfahrung
- Leiharbeiter und Mindestlohn
- Leistungsbereitschaft
- Zugehörigkeit zum Betrieb

global (lat. globus die Kugel): In diesem Zusammenhang bedeutet global die weltweit umfassende Wirtschaftslage auf dem Globus; gemeint ist die Erdkugel als Wirtschaftsraum mit all seinen wirtschaftlichen Verflechtungen.

Die Höhe des Lohns oder Gehalts hängt insbesondere von der Person des Arbeitnehmers, vom Betrieb, von der Markt- und Wirtschaftslage und von der Art der Arbeit ab.

4. Finde zu den Punkten in den Kästen auf dieser Seite Beispiele.

Erschwerte Arbeitsbedingungen

Verantwortungsvolle Arbeitsaufgabe

Wie wird Arbeit bewertet?

Lohn oder Gehalt für die geleistete Arbeit werden vom Arbeitnehmer oft als ungerecht empfunden. Die Höhe des Lohns und Gehalts ist von verschiedenen Faktoren abhängig. Die Diskussion um Mindestlohn und Leiharbeit zeigt, dass in manchen Branchen der Lohn so gering ist, dass er kaum für den Lebensunterhalt reicht.

Ziele der Arbeitsbewertung

Ziel der Arbeitsbewertung ist die Ermittlung eines möglichst gerechten Lohns für den jeweiligen Arbeitnehmer an seinem Arbeitsplatz. In jedem Betrieb werden Arbeiten ausgeführt, die besondere Kenntnisse, Fähig- und Fertigkeiten oder eine besondere Ausbildung erfordern. Andere Arbeiten können von Ungelernten ohne besondere Fachkenntnisse übernommen werden. Bestimmte Arbeitsplätze erfordern ein hohes Maß an Verantwortung oder eine langjährige berufliche Erfahrung. Diese und weitere betriebsspezifische Kriterien werden bei der Ermittlung des „gerechten Lohns oder Gehalts" berücksichtigt.

Grundlagen der Arbeitsbewertung

Grundlage für einen gerechten Lohn und eine gerechte Bewertung der Arbeit sind:
- Wie wird die erbrachte Arbeit bewertet?
- Liegen z. B. außergewöhnliche Belastungen (erschwerte Arbeitsbedingungen) vor?
- Welchen Tarifvertrag haben die Tarifpartner (Gewerkschaften und Arbeitnehmerverbände) vereinbart?

Deshalb werden die im Betrieb anfallenden Arbeitsaufgaben genau beschrieben, miteinander verglichen und bewertet.

Welche Faktoren bilden die Grundlage für die Bewertung der Arbeit?

Arbeit muss gerecht bewertet werden. Dazu beraten Arbeitnehmervertreter (Gewerkschaften), Arbeitgeber (Arbeitgeberverbände) und Arbeitswissenschaftler über die Schwerpunkte der Arbeit und legen gemeinsame Bewertungsfaktoren für die Arbeit fest.

Arbeitsbedingungen
Arbeitsort, gesundheitliche Belastungen usw.

Qualifikation
Schul- und Berufsabschlüsse, Weiterbildungen, besondere Zusatzausbildungen usw.

Maurer

Maurerpolier

Bauleiterin

Arbeitsinhalte
Vielfalt der Aufgabenbereiche und Tätigkeiten, Terminarbeiten usw.

Verantwortung
Vorarbeiter, Baustellenleiter, Schichtführer, Lokführer, Fluglotse usw.

Art der Arbeit
Körperliche Belastung: Dachdecker, Fliesenleger, Bergwerksarbeiter usw.; Psychische Belastung: Krankenpfleger, Polizeibeamte usw.

Berufserfahrung
Berufsjahre, wechselnde Aufgabenbereiche, vielseitige Einsetzbarkeit usw.

Sonstige Leistungen
Bei der Festsetzung des Lohns oder Gehalts können zusätzlich freiwillige Leistungen des Betriebes einfließen zum Beispiel:

Betriebszugehörigkeit, Arbeitszeitmodelle, Familienstand, Lebensalter, betriebliche Sonderleistungen wie Akkordzuschläge usw.

Arbeitsorganisation
Zusammenarbeit, betriebliche Aufgabenteilung, Schulung von Mitarbeitern usw.

> **INFO**
> Löhne und Gehälter müssen gerecht sein. Die Faktoren der Arbeitsbewertung bilden die Grundlage für eine gerechte Beurteilung der Arbeit. Sie sind ein Maßstab für die Arbeitsleistung und damit für die Höhe eines gerechten Lohns.

Erkläre die Faktoren anhand der genannten Beispiele. Ergänze sie durch eigene Beispiele und Erfahrungen aus Betriebspraktikum und Betriebserkundungen.

Lohnunterschiede zwischen Mann und Frau

Lohnunterschied Mann und Frau

Forderung nach Gleichbehandlung beim Lohn

Heute ist es selbstverständlich, dass viele Frauen einen qualifizierten Beruf erlernen. Sie behaupten sich in früher typischen Männerberufen, im gewerblichen Bereich. Sie beweisen sich in Führungspositionen und als Unternehmerinnen. Viele kehren nach der Elternzeit in den Beruf zurück, haben allerdings Nachteile durch die Arbeitspause, z. B.:
- alter Arbeitsplatz besetzt
- Verdiensteinbußen
- verminderte Karrierechancen usw.

Gender Pay Gap beschreibt den geschlechtsspezifischen prozentualen Lohnunterschied beim Stundenlohn.

Dazu kommt, dass Frauen in verschiedenen Berufen im Vergleich zu ihren männlichen Kollegen schlechter bezahlt werden, wie die Statistik (Gender Pay Gap) zeigt.

Was sagen die Gesetze?

Bayerische Verfassung Art. 168, Abs. 1
„Jede ehrliche Arbeit hat den gleichen sittlichen Wert und Anspruch auf angemessenes Entgelt. Männer und Frauen erhalten für die gleiche Arbeit den gleichen Lohn."

Grundgesetz Art. 3, Abs. 2
„Männer und Frauen sind gleichberechtigt. Der Staat fördert die tatsächliche Durchsetzung der Gleichberechtigung von Frauen und Männern und wirkt auf die Beseitigung bestehender Nachteile hin."

Entgelttransparenzgesetz
„Das Gesetz verbietet bei gleicher oder gleichwertiger Arbeit ausdrücklich die unmittelbare oder mittelbare Benachteiligung wegen des Geschlechts im Hinblick auf sämtliche Entgeltbestandteile und Entgeltbedingungen. Es beinhaltet den Auskunftsanspruch zum Verdienst des Kollegen, der Kollegin in Betrieben mit mehr als 200 Beschäftigten." (Von 2017)

> **INFO**
> Laut Gesetz müssen bei gleicher Ausbildung, gleicher Arbeit, gleicher Arbeitsleistung und gleichen Arbeitsbedingungen die Frauen den gleichen Lohn erhalten wie ihre männlichen Arbeitskollegen.

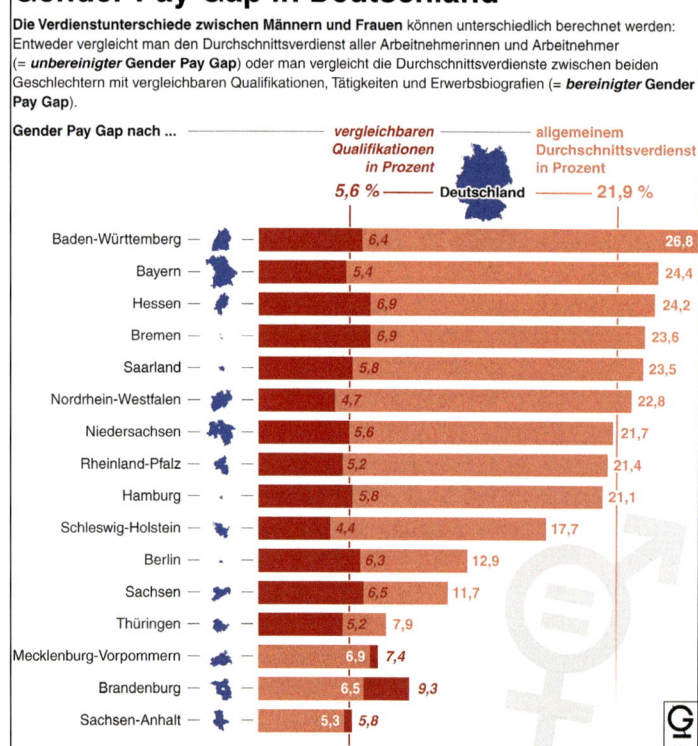

Gender Pay Gap in Deutschland

Die Verdienstunterschiede zwischen Männern und Frauen können unterschiedlich berechnet werden: Entweder vergleicht man den Durchschnittsverdienst aller Arbeitnehmerinnen und Arbeitnehmer (= *unbereinigter* Gender Pay Gap) oder man vergleicht die Durchschnittsverdienste zwischen beiden Geschlechtern mit vergleichbaren Qualifikationen, Tätigkeiten und Erwerbsbiografien (= *bereinigter* Gender Pay Gap).

Gender Pay Gap nach ...	vergleichbaren Qualifikationen in Prozent	allgemeinem Durchschnittsverdienst in Prozent
Deutschland	5,6 %	21,9 %
Baden-Württemberg	6,4	26,8
Bayern	5,4	24,4
Hessen	6,9	24,2
Bremen	6,9	23,6
Saarland	5,8	23,5
Nordrhein-Westfalen	4,7	22,8
Niedersachsen	5,6	21,7
Rheinland-Pfalz	5,2	21,4
Hamburg	5,8	21,1
Schleswig-Holstein	4,4	17,7
Berlin	6,3	12,9
Sachsen	6,5	11,7
Thüringen	5,2	7,9
Mecklenburg-Vorpommern	6,9	7,4
Brandenburg	6,5	9,3
Sachsen-Anhalt	5,3	5,8

Quelle: Statistisches Bundesamt/WISTA (August 2018) © Globus 12677

M 1. Recherchiert, was das Gleichberechtigungsgesetz (GleichberG) von 1957 und die letzte Änderung von 2006 zur Gleichberechtigung von Mann und Frau feststellen.

Warum verdienen Frauen oft weniger als Männer?

Obwohl die Gesetze eindeutig sind, verdienen Frauen im Vergleich zu Männern weniger, auch wenn sie gleichqualifiziert in der vergleichbaren Tätigkeit arbeiten. Im Durchschnitt (Erhebung 2018) sind es 21 Prozent weniger Lohn.

Unterschiedliche Faktoren können dafür verantwortlich sein:

- Frauen arbeiten überwiegend in schlechter bezahlten Berufen.
- Vielfach sind Frauen in Fabriken im Bereich des Niedriglohnsektors beschäftigt.
- Frauen haben aufgrund von Kindererziehungszeiten eine geringere Anzahl von Berufsjahren.
- Frauen werden in „typischen Männerberufen" weniger akzeptiert.
- Frauen arbeiten oft im Pflegebereich und werden nicht leistungsgerecht entlohnt.
- Frauen arbeiten aufgrund der Doppelbelastung von Familie und Beruf häufig in Teilzeitjobs.
- Frauen sind durch länder- und kulturspezifische Frauenbilder im Nachteil.
- Frauen haben zum Teil ein geringeres Karrierestreben als Männer.
- Aufstiegschancen in manchen „Frauenberufen" sind gering.

Lohnunterschiede in europäischen Ländern

Lohnunterschiede gibt es in allen Ländern im Bereich der Europäischen Union. Im Amsterdamer Vertrag der EU vom 01.05.1999 wurde zur Verbesserung der Chancengleichheit von Mann und Frau eine eigene Rechtsgrundlage geschaffen und durch die Richtlinie 2006/54 zur Entgeltgleichheit ergänzt.

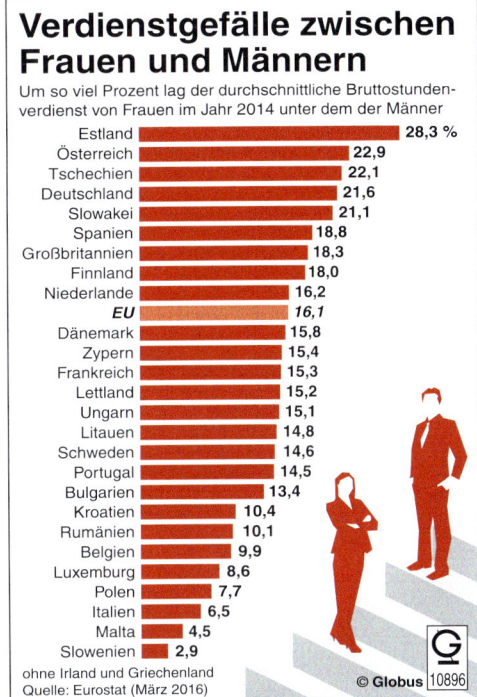

INFO

In Deutschland und den meisten hoch entwickelten Staaten hat sich das Selbstverständnis der Gleichberechtigung von Mann und Frau grundlegend gewandelt. Die Ungleichbehandlung durch Lohnunterschiede ist allerdings noch vorhanden.

M 2. Informiert euch über die Inhalte im Amsterdamer Vertrag und aktuelle Richtlinien der EU zur Chancen- und Lohngleichheit von Mann und Frau in der Europäischen Union.

3. Beschreibe das Schaubild „Verdienstgefälle ..." und werte es aus.

M 4. Suche Gründe für die Lohnunterschiede in den einzelnen Ländern.

Wie wirst du für deine Arbeit später bezahlt? Stundenlohn - Leistungslohn - Beteiligungslohn

Welche Lohnformen gibt es?

So unterschiedlich wie die Berufe und ihre Tätigkeiten sind, so verschieden sind auch ihre Formen der Entlohnung. Grundsätzlich gibt es hiervon drei verschiedene Formen:

 – Du wirst nach der Zeit bezahlt, die du arbeitest. Dann nennt man das **Zeitlohn**.

 – Du wirst nach der Leistung bezahlt, die du erbringst. Dann nennt man das **Leistungslohn**.

 – Du erhältst einen Anteil am Gewinn der Firma. Dann nennt man das **Beteiligungslohn**.

Der Zeitlohn und der Leistungslohn sind die beiden Formen, die am häufigsten in der Praxis vorkommen. Letztendlich hängt die Bezahlung davon ab, wie die Leistung in der Firma gemessen wird.

Jede Lohnform hat ihre Vor- und Nachteile. Was die drei Lohnformen genau bedeuten, wird im Folgenden näher beschrieben. An Beispielen aus der Praxis verstehst du das leichter. In der Praxis werden manchmal auch verschiedene Lohnformen vermischt. Zum Beispiel Monatslohn plus Anteile am Gewinn.

Was bedeutet Zeitlohn?

Beim Zeitlohn wird die Höhe des Einkommens nach der erbrachten Arbeitszeit bestimmt. Dabei gibt es wieder drei Möglichkeiten:

Monatslohn

Es gibt bestimmte Berufe, bei denen jeden Monat die gleiche Summe ausbezahlt wird. Gleichgültig, ob man in dem Monat mehr oder weniger gearbeitet hat.

> Frau Peters z. B. arbeitet als Kundenberaterin. Sie erhält jeden Monat den gleichen Betrag. In manchen Monaten muss sie einige Überstunden machen. In anderen Monaten kann sie auch früher gehen. Trotzdem erhält sie in diesen Monaten das gleiche Geld.

In Bezug auf den Lohn gibt es weniger Leistungsdruck und dadurch möglicherweise weniger Stress. Zudem kann der Arbeitnehmer mit einem festen Monatsgehalt planen. Die Qualität der Arbeit wird möglicherweise besser, weil sich der Beschäftigte in der Regel mehr Zeit lassen kann. Natürlich bleiben die Nachteile nicht aus: Arbeiter, die nicht so schnell und ordentlich arbeiten, werden grundsätzlich genauso bezahlt wie alle anderen. Deshalb kann es dazu kommen, dass die Motivation, mehr und schneller zu arbeiten, abnimmt. Umgekehrt kann es sein, dass Arbeiter, die schnell und ordentlich arbeiten, auf Dauer vielleicht unzufrieden werden, weil alle den gleichen Lohn erhalten.

Frau Fischer erhält einen Stundenlohn.

Saisonarbeitskräfte erhalten Tagelohn.

Stundenlohn

In manchen Berufen wird der Lohn pro Arbeitsstunde berechnet. Je mehr Stunden jemand arbeitet, desto mehr Lohn erhält er.

Frau Fischer z. B. arbeitet zwei Mal die Woche in einem Buchgeschäft. Dort hilft sie mittwochs und samstags jeweils für vier Stunden aus. Pro Stunde Arbeitszeit erhält sie 21 Euro. Am Ende des Monats hat sie also 32 Stunden gearbeitet.
Dafür erhält sie 32 x 21 Euro = 672 Euro.

In dem Beispiel siehst du: Je mehr Stunden gearbeitet werden, desto mehr Lohn wird ausbezahlt. Gegenüber dem Monatslohn hat dies den Vorteil, dass wirklich jede Arbeitsstunde bezahlt wird.

Der Stundenlohn kommt zum Beispiel immer dann zum Einsatz, wenn die Leistung nicht genau messbar ist. Man kann Frau Fischer aus dem Beispiel ja nicht nach verkauften Büchern bezahlen. Darauf hat Frau Fischer gar keinen Einfluss. Oft berät sie Kunden einfach nur, die dann aber kein Buch kaufen. Außerdem muss sie die Bücher auch auspacken, sortieren und mit Preisetiketten beschriften.

Tagelohn

Bekommt jemand einen Tagelohn, dann hat er meist kein festes Arbeitsverhältnis bei einem Betrieb, sondern arbeitet immer nur kurzfristig. Das heißt, er oder sie ist nur ein paar Tage beschäftigt. Dies ist zum Beispiel bei Saisonarbeitern auf Feldern der Fall. Im digitalen Zeitalter gibt es über das Internet ebenfalls Tätigkeiten, für die man nur wenige Tage bezahlt wird.

INFO

In der Bundesrepublik gibt es seit dem 1. Januar 2015 den gesetzlich festgelegten Mindestlohn. Dieser Mindestlohn schützt Arbeitnehmerinnen und Arbeitnehmer in Deutschland vor unangemessen niedrigen Löhnen. Denn es darf nicht sein, dass jemand 40 Stunden pro Woche arbeitet und von dem Lohn, den er dafür erhält, nicht leben kann.

Jeweils zum 1. Januar eines Jahres prüft eine unabhängige Kommission der Tarifpartner die Höhe des Mindestlohns und passt sie entsprechend an. Bei der Einführung betrug der Mindestlohn 8,50 €, im Jahr 2020 9,35 € pro Stunde.

1. Finde weitere Berufe, die für einen Stundenlohn in Frage kommen.
2. Um die genauen Arbeitsstunden zu erfassen, gibt es in manchen Betrieben sogenannte „Stechuhren". Erkundigt euch in eurer Familie oder eurem Bekanntenkreis, wo Zeiterfassungssysteme zum Einsatz kommen und wie sie funktionieren.

Herr Gast als Raumausstatter bei der Arbeit

Zeitakkord in der Automobilindustrie

Was bedeutet Leistungslohn? Welche Unterschiede gibt es dabei?

Beim Leistungslohn werden die Arbeitnehmer nach ihrer tatsächlich erbrachten Leistung entlohnt. Der Grundgedanke, der dahintersteckt, lautet: Wer mehr leistet, verdient mehr! Beim Leistungslohn gibt es, genau wie beim Zeitlohn, drei verschiedene Möglichkeiten: den Akkordlohn, den Auftragslohn sowie den Prämienlohn.

Akkordlohn

Das Wort „Akkord" bedeutet, dass jemand nach der Stückzahl bezahlt wird, die er erzeugt.

Im Arbeitsleben sieht das so aus, dass jemand einen gewissen Grundlohn erhält und zusätzlich einen Akkordzuschlag. Je mehr Arbeitsleistung er schafft, desto mehr Geld erhält er zusätzlich zu seinem Grundlohn.

Herr Gast z. B. arbeitet als Raumausstatter und muss dabei manchmal auch Fußböden verlegen. Eine Familie bestellt für alle Wohnräume ihrer Wohnung einen neuen Parkettboden. Er soll 3 m² Fußboden pro Stunde verlegen. Dafür erhält er einen Lohn von 15 Euro die Stunde. Erledigt er mehr Fußboden pro Stunde, erhält er auch mehr Lohn. Er bekommt dann noch einen Akkordzuschlag von 20 %. Schafft er also sogar 4 m² pro Stunde, kann er seinen Lohn auf 18 Euro pro Stunde steigern.

Wie kann der Verdienst aus dem Beispiel berechnet werden? Folgende Formel hilft dir:

$$\frac{Grundlohn}{Normalleistung\ pro\ Stunde} \times Leistung \times Arbeitszeit = Lohn$$

Wie sieht die Rechnung nun konkret für Herrn Gast pro Arbeitswoche aus? Setzen wir mal die tatsächlichen Zahlen in die Formel ein:

$$\frac{15\ Euro}{3\ m^2} \times 4\ m^2 \times 38\ Studen = 760\ Euro$$

Wenn sich Herr Gast beeilt, kann er pro Woche also bis zu 760 Euro verdienen.
Beim Beispiel von Herrn Gast konnte die erbrachte Leistung in m² Fußboden gemessen werden. Je nachdem, um welchen Beruf es sich handelt, kann die Leistung auch in Länge (z. B. Meter Stoff), Gewicht oder einer Volumeneinheit gemessen werden.

Man kann die Leistung sogar in Zeit messen: Wenn in einer Autofabrik ein Mitarbeiter nur eine bestimmte Zeit zur Verfügung hat, um eine Schraube am Auto festzudrehen, dann spricht man vom Zeitakkord.

Der Zeitakkord wird manchmal auch Stückzeitakkord genannt. Zur Bestimmung einer bestimmten Leistung wird eine Vorgabezeit ermittelt (Zeitmessung). Zum Beispiel dürfen zur Befestigung eines Werkstücks am Auto nur 30 Sekunden verwendet werden. Der Arbeitnehmer ist also immer unter Zeitdruck.

Kundengespräch in der Schreinerei

Prämienlohn

War der Arbeitnehmer bei einer Arbeit besonders schnell oder hat die Arbeit besonders gut erfüllt, erhält er für diese besondere Leistung eine Prämie (= Zuschlag). Die Zuschläge sind Ergänzungen zum Akkord- oder Zeitlohn. Durch diese Prämien soll der Arbeitnehmer motiviert werden, besonders gut oder schnell zu arbeiten. Welche besonderen Leistungen können dies sein?

Beispiele für Gründe für Prämien

Auftragslohn

Beim Auftragslohn wird für eine gewisse Arbeit ein festgelegter Preis bezahlt.

Ein Kunde bestellt z. B. bei einem Schreiner einen Wohnzimmerschrank. Es wird ein exakter Preis festgelegt. Dem Kunden ist es nun gleichgültig, wie viel Zeit und Material der Schreiner dafür benötigt.

Was bedeutet Beteiligungslohn?

Der Beteiligungslohn wird zusätzlich zum Lohn ausbezahlt und ist meist ein Teil des Gewinns.

Die Automobilfirma Meyer z. B. hat im letzten Jahr sehr viele Autos verkauft und einen hohen Gewinn gemacht. Der Firmenchef möchte, dass die Arbeitnehmer einen Teil von diesem Gewinn erhalten. Er teilt also die Hälfte des Gewinns auf alle Arbeitnehmer auf. Diese Beteiligung am Gewinn erhält jeder Arbeitnehmer einmalig zusätzlich zum Lohn ausbezahlt.

Beim Beteiligungslohn gibt es grundsätzlich zwei Möglichkeiten:
a) Beteiligung am Gewinn (wie im Beispiel).
b) Kapitalbeteiligung: Der Arbeitnehmer erhält kein Geld, sondern eine Aktie der Firma. Eine Aktie ist ein Anteil an der Firma.

Der Beteiligungslohn wird bei Unternehmen immer beliebter. Zum einen fördert er die Motivation bei den Arbeitnehmern. Jeder möchte im nächsten Jahr natürlich wieder eine Gewinnbeteiligung ausbezahlt bekommen. Zum anderen bindet der Beteiligungslohn die Arbeitnehmer stärker an die Firma.

Findet Vor- und Nachteile zu den Formen des Leistungslohns und bewertet sie.

Typischer 450-Euro-Job: Auffüllen von Regalen

Teilzeit? Oft wegen der Kinder.

Welche besonderen Formen der Lohngestaltung und Arbeitszeit gibt es?

Die Arbeitswelt ist in einem ständigen Wandel. Die Formen der Lohngestaltung und der Arbeitszeit haben sich in den letzten 30 Jahren stark verändert. Heutzutage werden Handys in China produziert und auf der ganzen Welt verkauft, auch in Deutschland. Andersherum werden Autos in Deutschland produziert und in die ganze Welt exportiert. Man nennt dies Globalisierung (global = weltweit). Es werden dadurch immer neue Formen der Lohngestaltung und der Arbeitszeit notwendig.

Der Normalfall wäre, dass jemand bei einer Firma fest angestellt ist. Dies ist jedoch immer seltener der Fall. Die Zahl der Teilzeitarbeiter, Zeitarbeiter, befristeten Beschäftigten und „Mini-Jobbern" nimmt zu. Man spricht dann von atypischer Beschäftigung.

Nachfolgend findest du jeweils eine kurze Erklärung zu den verschiedenen Formen der Lohngestaltung und Arbeitszeit:

Atypisch heißt so viel wie nicht normal; eine atypische Beschäftigung unterscheidet sich vom Normalarbeitsverhältnis in mindestens einem der folgenden Punkte: unbefristet – befristet, festes Arbeitsverhältnis – Leiharbeitsverhältnis; Vollzeit - Teilzeit

Befristete Beschäftigung
Man ist nur für eine bestimmte Zeit bei der Firma angestellt.
Beispiel für eine befristete Beschäftigung ist die Schwangerschaftsvertretung für ein Jahr.

Zeitarbeit
Man ist bei einer Zeitarbeitsfirma angestellt und wird dann für eine bestimmte *Zeit* an andere Firmen „*verliehen*". Deshalb wird diese Form auch Leiharbeit genannt.

Teilzeit
Von Teilzeit spricht man, wenn jemand zwar fest bei einer Firma angestellt ist, aber im Gegensatz zu den anderen Arbeitnehmern nicht die volle Arbeitszeit anwesend ist. Teilzeitarbeiter sind oft Frauen, weil sie nachmittags bei den Kindern zu Hause sind.

Telearbeit
Durch Computer, Tablets und Smartphones kann viel Arbeit oft von zu Hause (Homeoffice) oder von unterwegs erledigt werden.

Geringfügige Beschäftigung
Das sind Arbeiten, bei denen man nicht mehr als 450 Euro pro Monat verdient. Man spricht auch von *Mini-Jobs*. Bei diesen 450-Euro-Jobs hat man keine Abzüge. Den Beitrag an die Sozialversicherung übernimmt der Betrieb.

Diese atypischen Beschäftigungen haben manchmal Vorteile, vor allem oft aber Nachteile für die Arbeitenden. Warum? – Hier eine kurze Erklärung der wichtigsten Nachteile:

– **Man verdient zu wenig Lohn.**
Man verdient nicht genug Geld, um sein Leben zu bestreiten. Manche haben dann sogar zwei Jobs, um die Familien zu versorgen.

Wenn der Lohn nicht reicht, um die Lebensgrundlage zu sichern, spricht man auch von prekärer Beschäftigung.

– **Die Zukunft ist ungewiss.**
Wenn man nur für eine gewisse Zeit einen Arbeitsvertrag hat, kann man nicht in die Zukunft planen. Man kann sich schlecht ein Haus leisten, das man oft über 30 Jahre abbezahlt. Auch sonst kann man wenig vorausplanen, weil man nicht weiß, ob man nächstes Jahr noch einen Job hat.

– **Keine soziale Absicherung**
Bei geringfügiger und befristeter Beschäftigung fehlt oft die soziale Absicherung. Das bedeutet, dass man z. B. gegen Krankheit oder Arbeitslosigkeit zu wenig abgesichert ist.

– **Fehlende Zugehörigkeit, fehlende soziale Integration**
Dadurch, dass man bei manchen Beschäftigungsverhältnissen nur kurz oder vorübergehend in einem Betrieb ist, kann sich das Gefühl „Ich gehöre auch dazu" viel schlechter entwickeln.

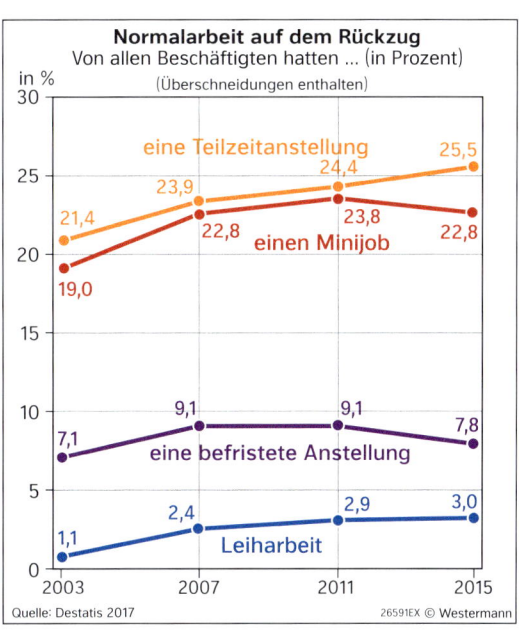

Prekär (frz.) heißt heikel, unsicher oder bedenklich.

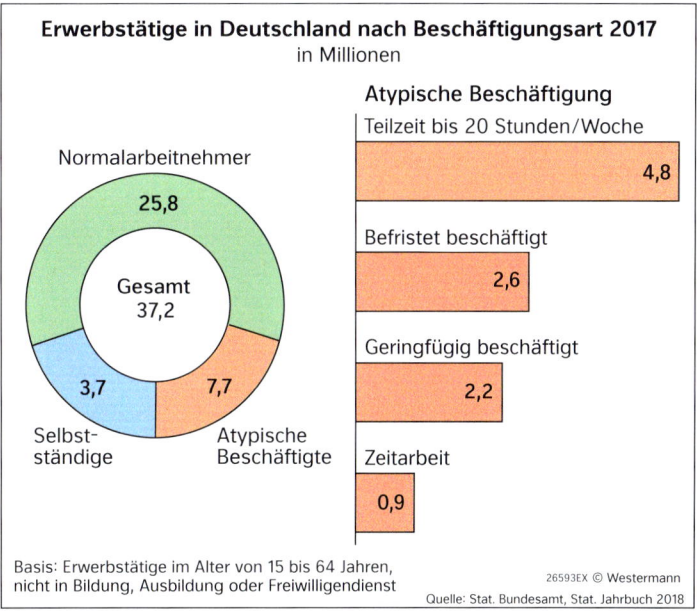

1. Recherchiert weiter zu den hier genannten Themen sowie zu den Begriffen: Midi-Job, Solo-Selbstständigkeit, prekäre Beschäftigung. Berichtet in der Klasse.

2. Beschreibe und erkläre die beiden Grafiken. Wie hat sich die Zahl der atypischen Beschäftigungsverhältnisse entwickelt? Wie ist die aktuelle Lage hierbei?

M 3. Welche Vorteile gibt es bei diesen atypischen Beschäftigungen für die Arbeitnehmer und die Arbeitgeber? Erstelle eine Tabelle.

4. Ladet euch einen Experten zu diesem Thema in die Klasse ein.

 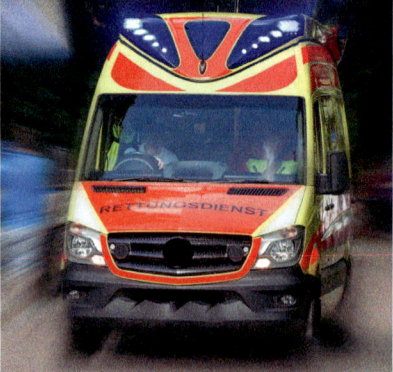 

Gemeinschaftsaufgaben, für die alle Bürger Steuern zahlen müssen

Was wird vom Lohn abgezogen?

Wenn du später einmal deinen ersten Lohn und die Abrechnung dazu erhältst, stellst du fest, dass dir etwas abgezogen wurde. Dabei gibt es zwei große Bereiche, für die Geld von deinem Lohn abgezogen wird:
- Steuern
- Sozialabgaben

Steuern

Mit den Steuern, die jeder Arbeitnehmer abgezogen bekommt, werden viele Aufgaben für die Gemeinschaft bezahlt: Schulen, Straßen, Schwimmbäder, Polizei, Theater, Krankenhäuser, Altenheime, öffentliche Verkehrsbetriebe wie Busse und Bahnen usw.
Es ist also absolut notwendig, dass jeder Steuern zahlt. Die wichtigsten Steuern werden direkt vom Lohn abgezogen. Diese werden nun kurz erklärt:

Lohnsteuer

Je nachdem, ob du verheiratet oder alleine bist, ob du ein Kind hast oder nicht, wird dir unterschiedlich viel Lohnsteuer abgezogen. Dafür gibt es eigene Steuerklassen (siehe Tabelle unten).

Die Lohnsteuer ist also nicht für alle gleich. Grundsätzlich kann man sagen: Je mehr du verdienst, desto höher ist die Lohnsteuer.

Solidaritätszuschlag

Dieser Zuschlag wird abgekürzt nur „Soli" genannt. Er wurde 1991 eingeführt, um die Kosten der deutschen Wiedervereinigung zu bezahlen. Er wurde aber nie abgeschafft. Auch wenn er „Zuschlag" heißt, wird er vom Lohn abgezogen. Für diese Sondersteuer musst du 5,5 % von deiner Lohnsteuer nochmal zusätzlich hergeben.

Kirchensteuer

Die Kirchensteuer wird dir natürlich nur abgezogen, wenn du Mitglied einer Kirche bist. Sie beträgt in Bayern 8 % von der Lohnsteuer.

Lohnsteuer, Solidaritätszuschlag und Kirchensteuer sind also direkte Steuern, die dir die Firma, bei der du arbeitest, direkt vom Lohn abzieht. Das Geld wird an das Finanzamt überwiesen.
Die Kirchensteuer wird dann an die jeweilige Religionsgemeinschaft weitergegeben.

Steuerklasse 1	Steuerklasse 2	Steuerklasse 3	Steuerklasse 4	Steuerklasse 5	Steuerklasse 6
• Ledige • Geschiedene • Alleinverdiener	• Alleinerziehende	• Verheiratete (Partner mit höherem Einkommen)	• Verheiratete (beide haben gleiches Einkommen)	• Verheiratete (Partner mit geringerem Einkommen)	• bei weiteren Arbeitsverhältnissen

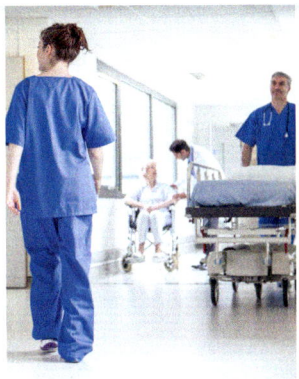   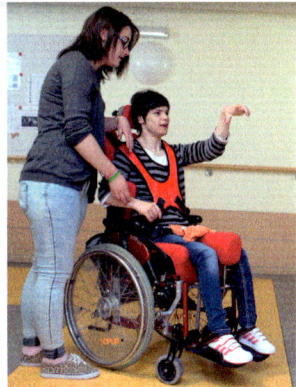

Sozialabgaben dienen der Vorsorge bei Krankheit, im Alter oder bei Arbeitslosigkeit.

Sozialabgaben

Im Krankheitsfall braucht man einen Arzt. Die Rechnung dafür muss bezahlt werden. Wer in Rente geht, erhält Geld, um sein Leben bestreiten zu können.

Wenn man seine Arbeit verliert und arbeitslos ist, hat man keinen Lohn mehr. Man braucht trotzdem Geld für sein Leben.
Wenn ich Pflege brauche, muss auch dies bezahlt werden.

Dies alles sind Beispiele, wo Geld notwendig ist. Damit dies im Ernstfall auch bezahlt werden kann, wird dir vom Lohn dafür etwas abgezogen. Dies nennt man Sozialabgaben. Sie dienen der Vorsorge ...
- bei Krankheit (Krankenversicherung),
- im Alter (Rentenversicherung),
- bei Arbeitslosigkeit (Arbeitslosenversicherung)
- im Pflegefall (Pflegeversicherung).

Die Beiträge zu Krankenversicherung, Arbeitslosenversicherung, Rentenversicherung und Pflegeversicherung musst du aber nicht alleine bezahlen. Du zahlst jeweils nur die Hälfte. Dein Arbeitgeber zahlt die andere Hälfte. Diese Kosten für den Arbeitgeber nennt man auch Lohnnebenkosten.

Wie viel wird dir für diese Pflichtversicherungen von deinem Lohn abgezogen?
Die Antwort verrät dir folgende Grafik:

So viel für die Sozialversicherung
Rechenbeispiel für einen Arbeitnehmer mit einem Bruttogehalt von **2 500 Euro** pro Monat

davon für die		insgesamt	Das zahlt der **Arbeitnehmer**	Das zahlt der **Arbeitgeber**
			519,38 €	485,63 €
Rentenversicherung	18,7 %		233,75 Euro — 9,35 %	233,75 Euro — 9,35 %
Krankenversicherung	15,7 %		210,00 — 8,4	182,50 — 7,3
Arbeitslosenvers.	3,0 %		37,50 — 1,5	37,50 — 1,5
Pflegeversicherung*	2,8 %		38,13 — 1,525**	31,88 — 1,275

*abweichende Regelung im Freistaat Sachsen
**einschl. Kinderlosenbeitrag zur Pflegeversicherung von 0,25 %
Stand Mitte 2017
Quelle: Dt. Rentenversicherung
© Globus 11923

---

1. Informiere dich, ob die Prozentsätze bei den Sozialabgaben in der Grafik noch aktuell sind.

2. a) Beschreibe und erkläre die Grafik.
   b) Berechne die einzelnen Sozialabgaben für andere Monatsgehälter als Beispiele.

Starthilfe zu 2b):
Im Internet gibt es freie „Gehaltsrechner vom Brutto- zum Nettolohn". Die können dir hier helfen.

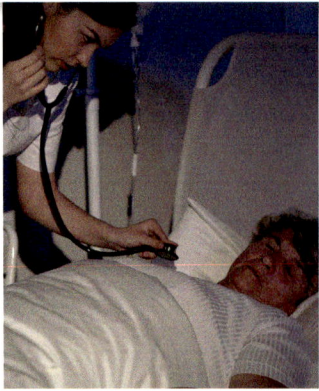  

Beruf mit Nachtzuschlag Beruf mit Akkordzuschlag Beruf mit Gefahrenzulage

Wie überprüfe ich meine zukünftige Lohnabrechnung?

Was sind Zulagen und Zuschläge?

Wenn du nach deiner Schulzeit einen Beruf hast und bei einer Firma angestellt bist, dann bist du ein Arbeitnehmer. Als Arbeitnehmer erhältst du für deine geleistete Arbeit einen Lohn. Dieser Lohn ist in der Regel durch einen Tarifvertrag geregelt. Deshalb nennt man den Grundlohn auch Tariflohn.

Deine Firma möchte, dass du dich in der Firma wohl fühlst und zahlt dir einige Zulagen. Im Sommer zahlt man dir in der Regel ein Urlaubsgeld. Zu Weihnachten erhalten viele Arbeitnehmer ein Weihnachtsgeld. Wenn du besonders gut arbeitest und erfolgreich bist, erhältst du möglicherweise eine Leistungsprämie.
Manche Arbeitnehmer arbeiten in sehr gefährlichen Berufen und erhalten eine Gefahrenzulage. Es gibt auch Menschen, die in der Arbeit sehr schmutzig werden. Sie erhalten deshalb eine Schmutzzulage.
Deine Firma zahlt dir vielleicht auch eine vermögenswirksame Leistung. Das ist ein Geldbetrag, den du dafür verwenden kannst, dir zum Beispiel später eine Wohnung, ein Haus oder Ähnliches zu kaufen.

> **INFO**
>
> Eine **Zulage** ist ein Geldbetrag, der zusätzlich zum Grundlohn bezahlt wird.

Zusätzlich zu den Zulagen gibt es manchmal zum Lohn auch noch Zuschläge. Dies ist zum Beispiel der Fall, wenn eine Gesundheits- und Krankenpflegerin am Wochenende oder nachts arbeiten muss (Nachtzuschlag, Wochenendzuschlag, Sonntagszuschlag). In einigen Fabriken gibt es Schichtarbeit oder Akkordarbeit, dann gibt es Schichtzuschlag oder Akkordzuschlag. Wenn man an einem Ort arbeiten muss, der besonders teuer ist, gibt es einen Ortszuschlag.

> **INFO**
>
> Ein **Zuschlag** ist ein Geldbetrag, der zusätzlich zum Grundlohn wegen der Arbeitszeit, dem Arbeitsort oder der Arbeitsgeschwindigkeit bezahlt wird.

Ein **Tarifvertrag** ist ein Vertrag zwischen Arbeitgebern (Firmen) und Arbeitnehmern. In diesem Vertrag stehen alle Rechte und Pflichten zwischen den beiden. Zum Beispiel wie lange gearbeitet werden muss, wer wie viel verdient und wie lange man Urlaub bekommt.

Eine **Prämie** ist ein Geldbetrag den man bezahlt bekommt, weil man etwas besonders gut gemacht hat.

Akkordarbeit bedeutet, dass man eine bestimmte Arbeitsmenge in einer bestimmten Zeit schaffen muss. Für Personen unter 18 Jahren ist Akkordarbeit noch verboten.

→ Starthilfe zu 2:
Auf der Seite 88 erhältst du Tipps, wie du einen Fachmann (= Experten) befragen kannst.

1. Erkläre die verschiedenen Zulagen und Zuschlägen anhand von Beispielen.
2. Welche Voraussetzungen müssen erfüllt sein, damit man vermögenwirksame Leistungen erhält? Recherchiere. Befrage, wenn möglich, auch einen Experten.

Bruttolohn - Nettolohn

Was ist der Unterschied zwischen Brutto und Netto?

Dein Grundlohn/Tariflohn ist in deinem Arbeitsvertrag festgehalten. Der Grundlohn plus die Zuschläge und Zulagen ergeben den Bruttolohn.

INFO

Der **Bruttolohn** ist der Grundlohn plus Zuschläge/Zulagen (ohne Abzüge).
Der **Nettolohn** ist der Bruttolohn nach Abzug der Steuern und Sozialversicherungsbeiträge.

Auf den vorherigen Seiten hast du bereits gelernt, dass vom Lohn einige Geldbeträge abgezogen werden. Dazu gehören zum einen Steuern wie Lohnsteuer, Kirchensteuer, Solidaritätszuschlag. Zum anderen werden Sozialversicherungsbeiträge abgezogen wie Krankenversicherung, Rentenversicherung, Arbeitslosenversicherung, Pflegeversicherung.

Ziehen wir vom Bruttolohn oben also die Steuern und Sozialversicherungsbeiträge ab, so erhält man den Nettolohn.

Dreimal Lohn
Monatliche Durchschnittsbeträge je Arbeitnehmer in Deutschland in Euro

Arbeitnehmerentgelt
Diesen Betrag wendet der Betrieb auf
3397 €

abzgl. Arbeitgeberanteil an den Sozialabgaben =

Bruttoverdienst
Dieser Betrag steht auf der Verdienstabrechnung
2784 €

abzgl. Lohnsteuer und Arbeitnehmeranteil an den Sozialabgaben =

Nettoverdienst
Dieser Betrag wird überwiesen
1840 €

Quelle: Statistisches Bundesamt   Stand 2016   © Globus 11711

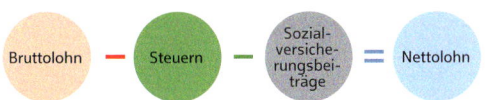

1. Sprich mit deinen Eltern (oder mit Verwandten) über ihren Brutto- und Nettolohn. Welche Abzüge haben sie vom Lohn?

2. Vom Lohn werden unter anderem Steuern abgezogen. Wofür verwendet der Staat diese Steuereinnahmen? Recherchiere und zähle mindestens fünf Beispiele auf.

M 3. Erkläre die Grafik „Dreimal Lohn" mit eigenen Worten.

Wie sieht eine Lohnabrechnung aus?

Eine Lohnabrechnung enthält alle Informationen: deinen Grundlohn, Zulagen, Zuschläge, aber auch alle Abzüge (gesetzliche Steuern und Versicherungen). In der Lohnabrechnung steht auch, wie viel Urlaub du in diesem Jahr schon hattest und wie viele Tage dir noch zustehen. Die Lohnabrechnung erfüllt dabei zwei wichtige Aufgaben:

- Du kannst mithilfe der Lohnabrechnung deine Arbeitszeit und deinen Lohn **kontrollieren**.
- Sie zeigt deinem Arbeitgeber, wie viel Arbeits- und Lohnkosten er für dich **zahlen** muss.

Als Beispiel siehst du hier eine echte Lohnabrechnung:

Abrechnung der Brutto-Netto-Bezüge Februar 20..		Felix Zechmeister
SV: 1211 StKl: I		
Felix Zechmeister Hauptstraße 10 96047 Bamberg	Arbeitgeber: Blauschneider Jeans e. K. Levistraße 2 – 4 96050 Bamberg	
Lohnart		
Lohn		3.300,00 €
Bruttobezüge	3.300,00 €	3.300,00 €
Freibetrag pauschalversteuert steuerfrei		
Steuerpflichtige Bruttobezüge	3.300,00 €	
Lohnsteuer Kirchensteuer	494,58 € 39,57 €	
Krankenversicherung Rentenversicherung Arbeitslosenversicherung Pflegeversicherung	255,75 € 306,90 € 41,25 € 59,58 €	
Summe der Abzüge	1.196,63 €	1.196,63 €
Nettobezüge		2.103,77 €
Auszahlung		**2.103,37 €**
Verdienstbescheinigung		bis Februar 20..

Brutto-bezüge	steuerpfl. Brutto	Lohnsteuer	Kirchen-steuer	
6.600,00 €	6.600,00	934,76 €	79,14	
Sozial.-VS	**Netto-verdienst**	**Nettoabzüge**	**VwL**	**Auszahlung**
2.447,66	4.206,74 €			**4.206,74 €**

Steuerklasse

Name und Adresse

Anschrift des Arbeitgebers

Grundgehalt

Abzüge: Steuern

Abzüge: Sozialversicherung

Abzüge: Steuern und Versicherung als Gesamtsumme

Dieser Betrag wird überwiesen.

Beträge (Bezüge und Abgaben) des ganzen Jahres (hier: Januar und Februar)

Die Lohnabrechnung: kontrollieren und aufbewahren

Abkürzungen in der Lohnabrechnung

Wie du in der Lohnabrechnung auf der linken Seite siehst, ist sie auf den ersten Blick gar nicht so einfach zu verstehen. Es gibt viele Tabellen und Abkürzungen. Die wichtigsten Abkürzungen lauten:

STKL = Steuerklasse
Je nachdem, ob der Arbeitnehmer verheiratet ist oder nicht, Kinder hat oder nicht, wird ihm eine Steuerklasse zugewiesen und nach der wird bestimmt, wie viel Steuern er bezahlen muss.

AG = Arbeitgeber
Dies ist die Firma, bei der der Arbeitnehmer arbeitet.

AN = Arbeitnehmer
Das ist der in dem Betrieb Beschäftigte.

KV = Krankenversicherung
RV = Rentenversicherung
PV = Pflegeversicherung
AV = Arbeitslosenversicherung

VWL = Vermögenswirksame Leistungen
Die Firma zahlt dem Arbeitnehmer einen gewissen Geldbetrag, damit er z. B. für seine private Altersversorgung oder einen Bausparvertrag sparen kann.

Lohnnebenkosten – was ist das?

Der Lohn, den deine Firma für dich später zahlen wird, bedeutet für sie Kosten. Deiner Firma entstehen aber zusätzlich zum Lohn noch weitere Kosten für dich:

Kosten, die vom Gesetz verordnet sind:
– bezahlte Feiertage
– Lohnfortzahlung, wenn du krank bist
– Krankenversicherung

freiwillige oder tariflich vereinbarte Zahlungen deiner Firma an dich:
– Essenszuschuss
– Prämien
– Zuschuss für Fahrtkosten
– Weihnachtsgeld
– Urlaubsgeld

---

1. Berechne den Unterschied Bruttolohn zu Nettolohn in Zahlen und drücke sie anschließend in Prozent aus.

2. Welche Angaben sind aus Datenschutzgründen in der Lohnabrechnung im Beispiel auf der linken Seite nicht angegeben?

M 3. Stelle Bruttolohn, Nettolohn, Steuern und Sozialabgaben als Säulendiagramm dar.

4. Erstellt selbst in der Klasse eine Musterlohnabrechnung mit allen notwendigen Angaben.

Auch für eine Lohn- und Gehaltsabrechnung gibt es Vorgaben.

Welche Regeln gibt es für die Lohnabrechnung?

Nach der 9. oder 10. Klasse wirst du die Schule verlassen und möglicherweise eine Ausbildung in einem Beruf beginnen. Jetzt bist du ein Arbeitnehmer und du erhältst monatlich eine Lohnabrechnung. Wie diese aussehen kann, hast du auf den letzten Seiten kennen gelernt. Diese Lohnabrechnung war aber nur ein Bespiel. Es können in deiner eigenen Abrechnung auch mehr Informationen oder weniger enthalten sein. Folgende Fragen tauchen jetzt auf:

- Welche Regeln gibt es denn eigentlich für eine Lohnabrechnung?
- Was muss laut Gesetz darinstehen?
- Was darf auf keinen Fall enthalten sein?
- Welche Vorschriften macht der Tarifvertrag?

Sophia, Merve und Jan, drei Schüler der Klasse 8a einer bayerischen Mittelschule, wollen die Antworten zu diesen Fragen selbst herausfinden. Sie teilen sich dabei die Arbeit auf. Jan und Sophia versuchen am PC Informationen zu diesem Thema zu bekommen.
Merve versucht es auf ganz anderen Wegen: Bibliothek und Expertenbefragung.

Jan, Sophia und Merve bei der Recherche

Zuerst geht sie in die nächstgelegene Bibliothek und holt sich Material zu diesem Thema. Anschließend kommt ihr noch eine andere Idee: Sie befragt einen Vertreter einer Firma. Außerdem sucht sie den Kontakt zu einer Gewerkschaft. Es gibt in jedem Landkreis einen Vertreter des Deutschen Gewerkschaftsbundes (DGB).
Anschließend besprechen die drei Schüler gemeinsam ihre Ergebnisse. Auf einem Plakat stellen sie diese der Klasse vor.

Ein **Tarifvertrag** ist eine schriftliche Vereinbarung, in dem die Rechte und Pflichten von Arbeitnehmern und Arbeitgebern geregelt sind.

 Starthilfe:

Auf der rechten Seite erhältst du Tipps für die Recherche.

Finde genau wie die drei Schüler im Beispiel heraus, welche Regeln und Vorgaben es zu einer Lohnabrechnung gibt. Stellt eure Ergebnisse in der Klasse vor.

Wie führe ich eine Recherche durch?

Im Unterricht geht es immer darum, etwas zu lernen. Am besten lernst du, wenn du selbst etwas herausfindest, etwas untersuchst oder gemeinsam mit Mitschülern etwas prüfst. Man sagt dann auch, man „recherchiert". Dabei gibt es verschiedene Möglichkeiten, etwas zu recherchieren, also herauszufinden. Hier werden einige Möglichkeiten kurz vorgestellt:

> Das Wort **Recherche** bedeutet so viel wie **Nachforschung**. Bei der Recherche versucht man etwas herauszufinden. Andere Wörter für recherchieren sind auch untersuchen, prüfen, ermitteln oder feststellen.

Recherche per Internet

Das Internet bietet viele Möglichkeiten, schnell Informationen zu allen Themen zu bekommen. Leider gibt es bei einem Suchbegriff oft viel zu viele Informationen, die dich schnell verwirren können. Folgende Fragen helfen dir, gute Ergebnisse zu bekommen:
- Zu welchem Thema suche ich Informationen? Kann ich es eingrenzen?
- Welche Quellen könnten für das Thema sinnvoll sein?
- Wofür brauche ich die Ergebnisse?

Suchmaschinen können dir bei der Recherche helfen. Je genauer du eingibst, wonach du suchst, desto genauer werden die Treffer. Es gibt verschiedene Suchmaschinen, jede hat Vor- und Nachteile.

Ganz wichtig ist es, dass man die im Internet gefundenen Ergebnisse kritisch bewertet: Von wem kommt das Ergebnis? Welche Interessen werden vom Anbieter vertreten?

Ein Expertengespräch führen

Bevor man lange im Internet sucht und doch nicht das richtige Ergebnis findet, kann es hilfreicher sein, einen Experten (= Fachmann/Fachfrau) zu befragen.

Bei der Vorbereitung eines solchen Gesprächs solltet ihr euch folgende Gedanken machen:
- Wer kommt als Experte in Frage?
- Welche Fragen könnt ihr ihm/ihr stellen?
- Wer notiert die Ergebnisse und wie (Notizen auf einen Block, Video usw.)?

In der Klasse oder zu Hause müssen die Antworten des Experten dann ausgewertet und dargestellt werden (Plakat, Wandzeitung).

In Bibliotheken suchen

Jede Stadt oder größere Gemeinde hat eine Bibliothek. Vielleicht habt ihr sie mit der Klasse schon einmal besucht.
Am besten, du fragst das Personal in einer Bücherei, wenn du dich nicht zurechtfindest.

> Das Wort **Bibliothek** bedeutet so viel wie Büchersammlung. Ein anderes Wort ist auch Bücherei. Die Bücher sind dort in einer bestimmten Ordnung aufbewahrt.

Lernbilanz

Am Ende dieses Kapitels kannst du ...
- *einen Betrieb im Umfeld der Schule selbstständig erkunden und deine Ergebnisse vor der Klasse präsentieren. Du kennst die betrieblichen Grundfunktionen eines Betriebs,*
- *einen Betrieb mithilfe von weiteren Kriterien, wie zum Beispiel „ökologisches Handeln" oder „der Mensch am Arbeitsplatz" beurteilen,*
- *auf der Grundlage deines Wissens über Betriebe möglichst selbstständig ein Geschäft auf einem Markt planen und organisieren und kannst eine einfache Gewinn- und Verlustrechnung erstellen,*
- *deine Kenntnisse über die zentralen Zusammenhänge im einfachen Wirtschaftskreislauf auf deine eigenen wirtschaftlichen Handlungen übertragen,*
- *einen Überblick über verschiedene Formen von Entlohnung und Abgaben erstellen,*
- *eine zukünftige eigene Lohnabrechnung auf Korrektheit und Vollständigkeit überprüfen. Du hast ein Grundverständnis über wesentliche Inhalte einer Lohn- und Gehaltsabrechnung. Außerdem hast du gelernt, die gesetzlichen und tariflichen Vorgaben einer Gehaltsabrechnung zu recherchieren.*

Mit den folgenden Aufgaben kannst du das Kapitel wiederholen und überprüfen, ob du diese Kompetenzen erworben hast:

1. Erstellt Lernkarten für eure Lernkartei zu folgenden Begriffen:
   - Beschaffung
   - Produktion
   - Absatz
   - Ökologie
   - Primärer Sektor (+ Beispiele)
   - Sekundärer Sektor (+ Beispiele)
   - Tertiärer Sektor (+ Beispiele)
   - Stundenlohn
   - Akkordlohn
   - Beteiligungslohn (+ Beispiele)
   - Bruttolohn
   - Nettolohn
   - Tarifvertrag

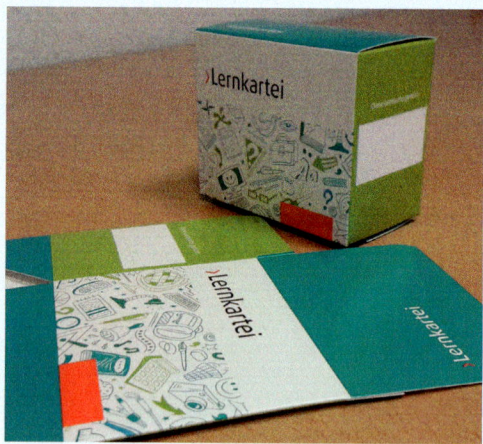

2. Wiederhole in Stichpunkten die einzelnen Schritte eurer Betriebserkundung (Organisation, Ablauf, Erfahrungen).
   Gestaltet eine Ausstellung zu eurer Betriebserkundung. Stellt eure Plakate oder Computerpräsentationen anderen vor; wählt aus, wem ihr präsentieren wollt: Eltern, anderen Klassen, anderen Lehrkräften, betrieblichen Vertretern ...

3. Stelle dir einen bestimmten Betrieb in Gedanken vor:
   a) Erkläre einem Partner nun anhand dieses Beispiels die betrieblichen Grundfunktionen **Beschaffung**, **Produktion** und **Absatz**. Deine Erfahrungen im Rahmen der Betriebserkundung helfen dir dabei.
   b) Was tun Betriebe, um auf die Ökologie zu achten?
   c) Was können Betriebe tun, damit es den **Mitarbeitern** im Betrieb gut geht?

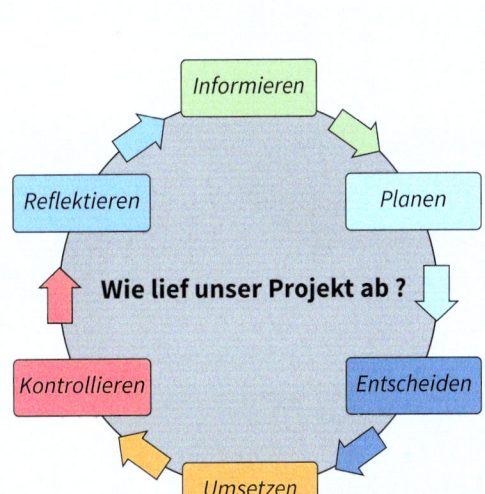

4. Wiederhole kurz den Ablauf eures Projekts: Was habt ihr bei den verschiedenen Stationen gemacht?

5. Lohn- und Gehaltsabrechnung:
   a) Welche **Steuern** werden direkt vom Lohn abgezogen? Erkläre jeweils kurz.
   b) Welche **Sozialabgaben** werden direkt vom Lohn abgezogen? Erkläre jeweils kurz.
   c) Was sind **Zulagen** und **Zuschläge**? Erkläre jeweils kurz.
   d) Erkläre den Unterschied, zwischen **Bruttolohn** und **Nettolohn**.

6. Erkläre kurz jeden der Begriffe in dem Puzzle rechts.

7. Mindestlohn
   a) Informiere dich zum Thema Mindestlohn (Höhe, Regeln, ...) und berichte in der Klasse.
   b) Diskutiere Vor- und Nachteile dieser Regelung.

EINBLICK   ERFAHRUNG   PRAXIS

ZIELE ← **PRAKTIKUM**

FÄHIGKEITEN   CHANCE

praxis

In diesem Kapitel lernt ihr:

› Informationsmaterial gezielt für die eigene Berufsorientierung zu nutzen

› Beratungsgespräche mit der Berufsberatung selbstständig durchzuführen

› eure Selbsteinschätzung zu überprüfen

› euer eigenes Kompetenzprofil zu erstellen

› durch die Betriebspraktika eigene Fähigkeiten zu erproben und den Berufswunsch zu überprüfen sowie die Erfahrungen zu dokumentieren, zu reflektieren und zu präsentieren

› rechtliche Bestimmungen nach dem Jugendarbeitsschutzgesetz während der Praktika zu beachten

› eine Bewerbungsmappe zu erstellen

› euch für ein Vorstellungsgespräch vorzubereiten

BERUFSORIENTIERUNG

- Was will ich? Was fällt mir leicht?
- Wie sehe ich mich? Wie sehen mich andere?
- Was möchte ich einmal werden?
- Wer hilft mir bei der Berufswahl?
- Wie bereite ich mich auf das Betriebspraktikum vor?
- Welche Ausbildungsplätze gibt es in unserer Region?
- Was muss ich bei der Bewerbung um einen Ausbildungsplatz beachten?
- Welche Anforderungen stellt mein Wunschberuf?

Erste Überlegungen für deine berufliche Zukunft hast du bereits in der 6. Klasse angestellt.

Wie weit bist du bei deiner Berufswahl?

Bereits in der 6. Klasse musstest du dir erste Gedanken zu deiner persönlichen beruflichen Zukunft machen. In der 7. Klasse hast du dich selbst noch genauer erforscht. Du hast einen Selbsterkundungsbogen zu deinen persönlichen Interessen, Erwartungen und Fähigkeiten bearbeitet – und diese Selbsteinschätzungen von Menschen, die dich gut kennen, überprüfen lassen. Das hast du in deinem Berufswahlportfolio dokumentiert.

Jetzt – nach einem Jahr – ist es sinnvoll, diese Selbsteinschätzung zu überprüfen. Stell dir also die gleichen Fragen noch einmal:
- Was will ich?
- Was kann ich gut?
- Was trau ich mir zu?

Zusätzlich sind jetzt weitere Fragen sinnvoll:
- Haben sich meine Interessen verändert?
- Welche meiner Fähigkeiten haben sich weiterentwickelt?
- In welchen Fächern habe ich mich verbessert oder verschlechtert?

Dieses Kennenlernen der eigenen Person ist schwierig, aber notwendig, wenn du dich „passenden" Berufen annähern willst. Bereits diese Erkenntnis ist wichtig: Es passen mehrere Berufe zu dir! Du solltest dich also nicht zu früh auf einen einzigen festlegen.

Deine persönlichen Fähigkeiten lassen sich nicht nur einem bestimmten Beruf zuordnen, sondern sie eröffnen dir unterschiedliche berufliche Möglichkeiten. Dazu ist es von Vorteil, viel über die beruflichen Anforderungen in Erfahrung zu bringen.

Mein Berufswahlportfolio

Studium / Ausbildung / Praktikum / Beratung

Wie sehe ich mich?
Was sind meine Stärken?
Was kann ich gut?
Wie sehen mich andere?

- Schulische Leistungen
- Zeugnisse
- Zertifikate

Infomaterial zu Berufen
Berufsberatung
Betriebe

Meine Interessen und Neigungen
Meine Erwartungen
Meine Hobbys
Meine Freizeitgestaltung

Bewerbungsunterlagen
- Lebenslauf
- Bewerbungsschreiben
- Eignungstests

Nimm aus deinem Berufswahlportfolio die Unterlagen zur Selbsterkundung und führe diese Selbsteinschätzung noch einmal aus – mit einem Jahr Abstand. Schaue nicht auf deine Eintragungen aus der 7. Klasse, sondern vergleiche erst nach dem erneuten Ausfüllen.

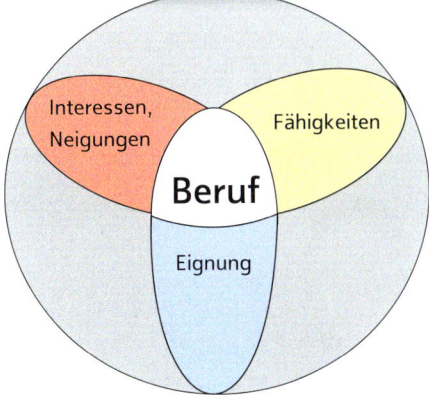

Schülerin bearbeitet ihren Selbsterkundungsbogen.

Hier siehst du einen möglichen Selbsterkundungsbogen aus dem letzten Schuljahr. Zu fünf Fragebereichen konntest du dir Klarheit verschaffen:

	Fremdeinschätzung				Selbsteinschätzung			
Hinweis: Kreuze du zuerst an. Knicke dann das Blatt an der gestrichelten Linie, damit deine Partnerin oder dein Partner deine Einschätzungen nicht sehen kann	++ trifft voll zu	+ trifft zu	- trifft teilweise zu	-- trifft nicht zu	++ trifft voll zu	+ trifft zu	- trifft teilweise zu	-- trifft nicht zu
Interessen und Neigungen								
Ich möchte mit Menschen umgehen.	?	?	?	?	?	?	?	?
Ich möchte mit Tieren umgehen.	?	?	?	?	?	?	?	?
Ich möchte mit Technik umgehen.	?	?	?	?	?	?	?	?
Ich möchte mit Computern umgehen.	?	?	?	?	?	?	?	?
Erwartungen im Beruf								
Ich möchte viel Geld verdienen.	?	?	?	?	?	?	?	?
Ich möchte Zukunftssicherheit haben.	?	?	?	?	?	?	?	?
Ich möchte immer Neues erleben.	?	?	?	?	?	?	?	?
Ich möchte von anderen anerkannt werden.	?	?	?	?	?	?	?	?
Ich möchte meine Fähigkeiten einsetzen.	?	?	?	?	?	?	?	?
Fachliche Fähigkeiten (meine Schulfächer)								
Ich bin gut in Deutsch.	?	?	?	?	?	?	?	?
Ich bin gut in Fremdsprachen.	?	?	?	?	?	?	?	?
Ich bin gut in Mathematik.	?	?	?	?	?	?	?	?
Ich bin gut am Computer.	?	?	?	?	?	?	?	?
Ich bin gut in musisch-künstlerischen Fächern.	?	?	?	?	?	?	?	?
Ich bin gut in Sport, körperlich leistungsfähig.	?	?	?	?	?	?	?	?
Methodische Fähigkeiten (meine Arbeitsweise)								
Ich arbeite zuverlässig und gewissenhaft.	?	?	?	?	?	?	?	?
Ich beachte Absprachen und bin pünktlich.	?	?	?	?	?	?	?	?
Ich kann Aufgaben und Projekte planen.	?	?	?	?	?	?	?	?
Ich bin kreativ, habe Ideen, kann etwas gestalten.	?	?	?	?	?	?	?	?
Ich kann gut mit Arbeitsgeräten umgehen.	?	?	?	?	?	?	?	?
Ich erledige Aufgaben selbstständig.	?	?	?	?	?	?	?	?
Ich halte am Arbeitsplatz Ordnung.	?	?	?	?	?	?	?	?
Ich habe Hand- und Fingergeschick.	?	?	?	?	?	?	?	?
Soziale Fähigkeiten (mein Umgang mit anderen)								
Ich bin teamfähig, arbeite gut zusammen.	?	?	?	?	?	?	?	?
Ich bin hilfsbereit, gebe anderen Unterstützung.	?	?	?	?	?	?	?	?
Ich bin respektvoll, höflich und achte andere.	?	?	?	?	?	?	?	?
Ich finde bei Streit meist eine gemeinsame Lösung.	?	?	?	?	?	?	?	?

Starthilfe:

Erstellt in der Klasse einen (ähnlichen) Selbsterkundungsbogen. Trage zuerst deine Selbsteinschätzung ein, falte den Bogen an der gestrichelten Linie, sodass deine Eintragungen für den Fremdeinschätzer nicht zu lesen sind. Lass nun die Fremdeinschätzung ausfüllen.
Danach könnt ihr die Eintragungen vergleichen und diskutieren.

Welche Wege in den Beruf gibt es für Mittelschüler?

Mein Name ist **Samira**. Ich bin 15 Jahre alt und deshalb erst in der achten Klasse, weil ich ein Jahr später eingeschult worden bin. Ich halte mich für eine gute Schülerin, denn ich habe in allen Fächern mindestens eine Zwei. Mein Lieblingsfach ist WiK, denn das Tastschreiben gelingt mir problemlos. Wir haben in unserem Computerraum eine moderne Ausstattung. Da macht das Gestalten von Texten richtig Spaß. Auch die Arbeit im Internet gefällt mir sehr. Unsere WiK-Lehrerin lässt sich stets interessante Aufgaben einfallen.

Ich habe viele Freundinnen und kleide mich gerne schick – wahrscheinlich deshalb, weil meine Mutter eine kleine Boutique hat. Manchmal darf ich ihr helfen. Das macht mir dann auch richtig Spaß.

Ich weiß überhaupt noch nicht, was ich einmal werden will. Meine Mutter sagt immer: „Lass dir Zeit, zur Not kannst du bei mir anfangen." Aber das will ich auch nicht, denn ich möchte im beruflichen Bereich unabhängig von meiner Mutter sein. Da ist doch sonst nur Streit vorprogrammiert.

Ich bin **Marcel**, 15 Jahre, und werde wahrscheinlich schon nach diesem Schuljahr die Mittelschule verlassen. Ein Jahr habe ich in der Grundschule wiederholt. Ich bin wirklich kein guter Schüler, aber es reicht, wenn ich mich anstrenge, schon mal zu „Befriedigend", meistens aber zu „Ausreichend". Schule ist einfach nicht mein Fall. Gerade Deutsch und Englisch bereiten mir Schwierigkeiten. Dafür gefallen mir die Fächer Technik und Sport. Ich habe in unserer Klasse eine Menge guter Freunde, mit denen ich in der Freizeit viel unternehme.

Mein Hobby ist mein Mountainbike, an dem ich viel herumbastle und das ich auch selbst repariere. Ich stelle mich dabei nicht ungeschickt an. Das wissen auch meine Biker-Freunde und sie bringen mir ihre Sportgeräte, weil ich sie so gut pflege.

Vorstellungen von einem Beruf habe ich eigentlich keine. Ich weiß noch nicht, was ich werden könnte. Etwas, was mit Fahrrädern zu tun hat, wäre nicht schlecht. Meine Freunde finden das auch. Mit meinen Eltern habe ich allerdings noch nicht darüber gesprochen.

Mein Name ist **Luisa**, ich bin 14 Jahre alt und werde wahrscheinlich nach der neunten Klasse die Schule verlassen, voraussichtlich mit dem Quali. Mit meinen Leistungen bin ich wohl eine durchschnittliche Schülerin, in Mathe und Physik ganz gut, aber in den Fächern, die mir keinen Spaß machen, strenge ich mich nicht besonders an. In diesem Schuljahr habe ich mich im Lernfeld Berufsorientierung für das Fach Ernährung und Soziales entschieden, einfach deshalb, weil meine Freundin dahin wollte. Ohne sie hätte ich Technik gewählt.

Hobbys habe ich eigentlich keine. Ich helfe meinem Vater gerne bei kleineren Reparaturen im Haushalt oder am Auto. Er lobt mich dann oft, weil ich so geschickt mit Werkzeug und Material umgehe.
Da meine Tante Bürokauffrauen ausbildet, sind meine Eltern der Ansicht, ich solle eine kaufmännische Lehre absolvieren.

Ich heiße **Leon** und bin noch 13 Jahre, der jüngste Schüler in der Klasse. Mit der Schule habe ich wenig Probleme. Meine Lehrerin sagt, ich sei „leistungsstark". Ich bin übrigens Klassensprecher – ich denke deswegen, weil ich auch Lehrern gegenüber meine Meinung vertreten kann und weil ich hilfsbereit bin.

Viel Freizeit habe ich nicht. Da meine Eltern berufstätig sind, muss ich helfen, meine kranke Oma zu pflegen.
Der Pflegedienst kommt täglich zu uns. Dadurch bekomme ich mit, wie Kranken geholfen wird. Das imponiert mir und deshalb möchte ich gerne einen Beruf im Pflegebereich erlernen.
Zu Hause finden sie alle das nicht so gut. Meine Oma sagt: „Das ist doch kein Männerberuf!"
Meine Mutter meint: „Werde Industriemechaniker wie dein Vater. Da hast du wenigstens Aufstiegsmöglichkeiten."
Mein Vater sagt: „In der Industrie verdienst du sehr gut. Das würde ich dir empfehlen."

1. Überlegt in Partnerarbeit, welchem der hier vorgestellten Schüler ihr eventuell Empfehlungen zur Berufswahl geben könnt. Begründet eure Meinung jeweils.
2. Vergleiche die vier „Steckbriefe" der Schüler nach folgenden Punkten:
   - Leistungen in der Schule
   - Interessen
   - Vorstellungen vom Beruf
3. Schreibe einen Steckbrief für dich selbst.

Wie hilft mir der Kompetenzstern bei der Berufswahl?

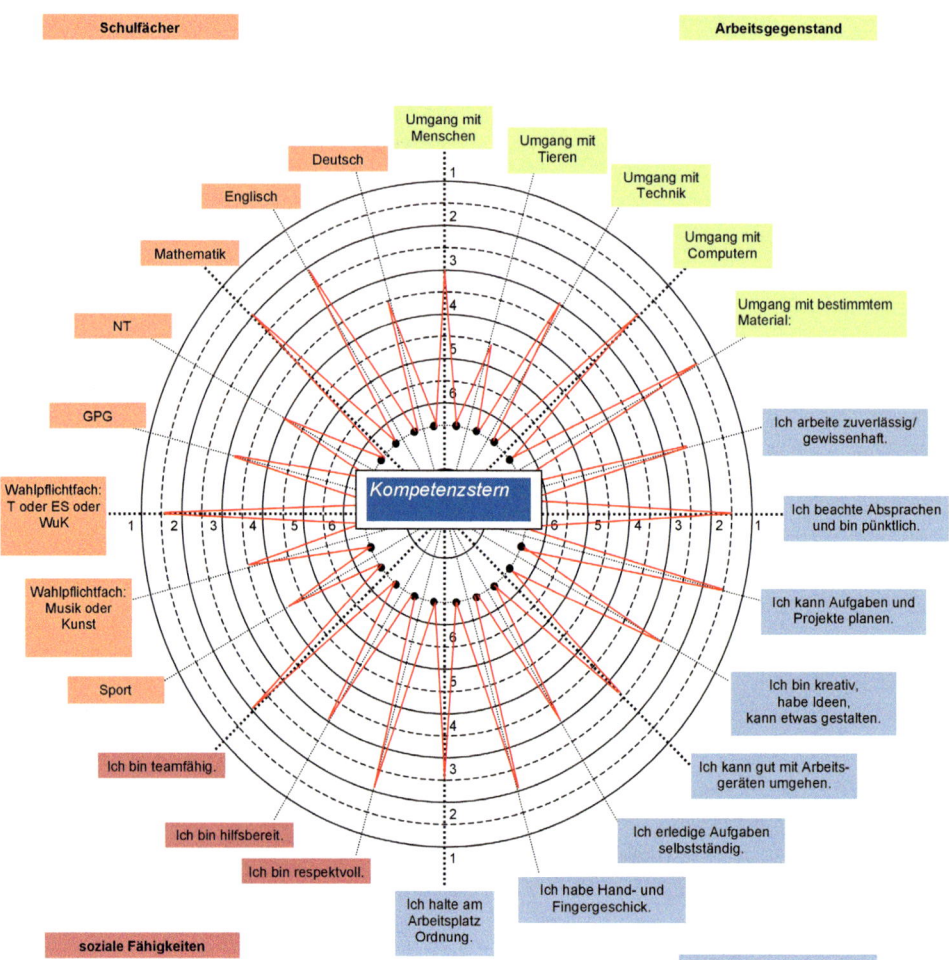

Dieser Kompetenzstern beschreibt einen Schüler hinsichtlich seiner Fähigkeiten. Selbstverständlich sind andere Einzelpunkte als in dieser Darstellung denkbar.

Du kannst den Kompetenzstern entsprechend deiner Situation anpassen. Mit diesem Kompetenzstern kannst du dich und deine Fähigkeiten (bzw. auch deine Interessen) grafisch darstellen. Markiere jeweils auf den Strahlen, die von innen nach außen führen, gemäß den Schulnoten von 1 bis 6, wie gut du dich zu den einzelnen Punkten einschätzt (auch Zwischennoten sind möglich). Verbinde dann diese Punkte mit den Punkten am Innenkreis, so dass – wie im Beispiel – ein wirklicher „Stern" entsteht.

1. Beurteile die in diesem Beispiel gemachten Eintragungen eines Schülers. Wo sieht er seine Stärken? In welchen Bereichen schätzt er sich weniger stark ein?
2. Fertige nach diesem Muster einen eigenen **„Kompetenzstern"** an. Vielleicht hat deine Lehrkraft ein entsprechendes Arbeitsblatt vorbereitet. Hefte deinen Kompetenzstern in deinem Portfolio ab.

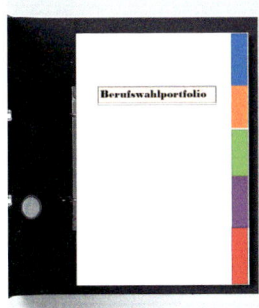

Berufswahlportfolio

Wie pflegst du dein Berufswahlportfolio?

Bereits in der Jahrgangsstufe 7 hast du dein Berufswahlportfolio begonnen. Dieses soll für dich bei deiner Berufsorientierung ein ständiger Begleiter und eine große Hilfe sein. Dazu musst du alle Unterlagen, die im Zusammenhang mit deinen Überlegungen zur Berufswahl entstehen, in einem eigenen Ordner sammeln. Um das Portfolio zu pflegen, solltest du zwei grundsätzliche Regeln von Beginn an beachten:

Halte den Berufswahlordner stets aktuell!
Gerade zu Beginn der Überlegungen zur eigenen beruflichen Zukunft kann es passieren, dass man sehr viele unterschiedliche Prospekte oder Werbemittel über verschiedene Berufe erhält. Gehe deshalb nach einiger Zeit deinen Berufswahlordner durch und überprüfe, welche Dokumente du nicht mehr benötigst. Kontrolliere auch die von dir selbst erstellten Seiten, ob sie noch völlig zutreffen oder ob du sie überarbeiten solltest.

Du allein entscheidest, was in deinem Berufswahlordner aufbewahrt werden soll. Du kannst auch Berichte zu besonderen schulischen Aktionen aufnehmen, an denen du beteiligt warst. Dies gerade dann, wenn sie für deine Berufswahl Bedeutung haben könnten, z. B. „Schüler helfen Schülern", Tutoreneinsatz oder Mitarbeit in einer Arbeitsgemeinschaft „Schulhausgestaltung". Halte aber auch diese Unterlagen aktuell.

Gliedere dein Berufswahlportfolio in Bereiche!
Wenn du innerhalb deines Berufswahlportfolios verschiedene Bereiche schaffst, dann gelingt es dir leichter, den Überblick zu bewahren. Sieh dir dazu die Registerblätter eines Berufswahlportfolios an, wie sie oben in der Bildleiste auf Seite 67 und 68 dargestellt sind.

Meine Stärken
Im letzten Schuljahr hast du einen ersten Schritt unternommen, deine Stärken, deine Fähigkeiten und Talente zu erforschen. Dabei haben dir folgende Maßnahmen geholfen:
- Selbst- und Fremdeinschätzung
- Kompetenzstern
- Potenzialanalyse

Kein Mensch kann in allen Bereichen gleichermaßen gut sein. Wenn du entdeckst, dass du in einem Bereich noch Schwächen hast, der aber für deinen Wunschberuf wichtig ist, musst du dich entsprechend anstrengen, um diese Schwächen abzubauen. Gleichzeitig solltest du aber deine Stärken weiterhin pflegen.

Meine Interessen und Neigungen	3 Meine Interessen/Neigungen	Informationen zu Berufen	4 Informationen zu Berufen	Meine Bewerbungs-unterlagen	5 Meine Bewerbungsunterlagen
– Meine Hobbys – Meine Freizeitgestaltungen – Meine Erwartungen – ...		– Prospektmaterial – Meine Wunschberufe – selbsterstellte Berufsbilder aus Betriebserkundung und Betriebspraktikum – Unterlagen der Ausbildungsmesse – Zeitungsausschnitte – Material der Berufsberatung – ...		– Bewerbungsschreiben – Lebenslauf – Eignungstest – Notizen für des Vorstellungsgespräch – Informationen zur Online-Bewerbung – ...	

Berufswahlportfolio

Meine Leistungen

Für bestimmte Wunschberufe brauchst du entsprechende schulische Leistungen. Für gewerblich-technische Berufe sind z. B. deine Leistungen in
– Mathematik,
– Natur und Technik,
– oft auch in Sport maßgebend.

In Pflegeberufen kommt es auf diese Fächer an:
– Geschichte/Politik/Geographie (z. B. zum Verständnis von Zusammenhängen des Sozialsystems)
– Religionslehre/Ethik (z. B. zum Verständnis ethischer Grundsätze bei wichtigen Pflegesachverhalten)
– Deutsch (z. B. zum Anfertigen von Pflegeprotokollen)
– Mathematik (z. B. bei der Abrechnung von Pflegeleistungen)

Es kommt für deine Berufswahl nicht nur auf deine schulischen Leistungen an. Vielleicht bist du in Verein oder Jugendgruppe aktiv. Dort zeigst du, dass du
– mit anderen gemeinsam Ziele verfolgst,
– Konflikte friedlich löst,
– anderen Mitgliedern helfend zur Seite stehst,
– dich in andere hineinversetzen kannst.

Solche sozialen und <u>kommunikativen</u> Fähigkeiten sind gerade in Berufen, in denen man mit Menschen umgeht, sehr wichtig.

Oft stellt dir der Verein oder die Jugendgruppe eine Bestätigung für dein Engagement aus, die du deinen Bewerbungsunterlagen in Kopie beifügen kannst.

Meine Interessen und Neigungen

Was dich interessiert, weißt du selbst am besten. Um deinen Interessen auf die Spur zu kommen, die auch wichtig für deine Berufswahl sind, solltest du zunächst diese Fragen beantworten:
– Welche Hobbys habe ich?
– Womit beschäftige ich mich in meiner Freizeit gerne?
– Was macht mir Spaß?

Auch Interessen ändern sich im Lauf der Zeit und entwickeln sich. Halte auch hierzu dein Portfolio aktuell.

Informationen zu Berufen

Bei Betriebserkundungen und im Betriebspraktikum erhältst du vom Betrieb Auskünfte und schriftliches Material zu den erkundeten Berufen. Du bearbeitest dabei auch schulische Arbeitsaufträge zu Berufsbildern. Diese Unterlagen gehören in dein Berufswahlportfolio. Informationen der Berufsberatung, Broschüren von der Ausbildungsmesse und Artikel zur Berufswahl in der Tageszeitung ergänzen diesen Bereich in deinem Portfolio.

Meine Bewerbungsunterlagen

Hier sammelst du (siehe Seite 110 und 111)
– deine Bewerbungsschreiben,
– deinen Lebenslauf,
– deine Notizen für das Vorstellungsgespräch.

---

kommunikativ ist abgeleitet vom Wort Kommunikation; es meint geduldig zuhören können, auf Argumente des Gesprächspartners eingehen, Verständnis zeigen.

Sorgfältige Arbeit bei der Reparatur   Teamarbeit in der Zweiradwerkstatt

Welche Anforderungen stellen Berufe?

Als Marcel sich in der Fahrradwerkstatt erkundigt, welche Fähigkeiten von ihm erwartet würden, sagt der Meister zu ihm: „Vor allem Zuverlässigkeit, sorgfältige und konzentrierte Arbeit sind bei uns wichtig. Hinzu kommen noch Höflichkeit und Ordnungssinn. Du musst gut mit anderen zusammenarbeiten können. Dann brauchen wir in diesem Beruf Kenntnisse im Rechnen und in den Naturwissenschaften. Schließlich musst du das Werkzeug richtig halten können. Alles andere wirst du schon hier lernen – und dass du lernen willst, davon gehe ich aus!"

„Das ist ja wie in der Schule", denkt Marcel. In diesem Punkt hat er sicher recht: Es gibt grundlegende Kenntnisse und Fähigkeiten, die in allen Berufen und auch in der Schule von dir erwartet werden.

Wie die nebenstehende Grafik zeigt, ist die Teamfähigkeit die am häufigsten geforderte Eigenschaft für Auszubildende. Die zweithäufigsten Forderungen sind Motivation und Engagement sowie Zuverlässigkeit und Pünktlichkeit. Erst danach spielt für die Betriebe der Schulabschluss bzw. spielen gute Noten eine Rolle.

Daran kannst du erkennen, wie wichtig neben den Schulleistungen die sozialen Kompetenzen und Arbeitstugenden (z. B. Zuverlässigkeit, Pünktlichkeit) für die Ausbildungsplatzsuche sind.

Übertrage die im Schaubild genannten Anforderungen in einen Kompetenzstern und bearbeite dann diesen Kompetenzstern für dich. Vielleicht fällt dir diese Aufgabe leichter, wenn du die genannten Kompetenzen in Sätze umformst: „Ich bin teamfähig." oder „Ich bin motiviert und zeige Engagement." usw.

Hier ist handwerkliches Geschick gefragt.

Hand- und Fingergeschick sind hier nötig.

Spezielle Anforderungen

Die persönlichen Voraussetzungen wie Neigungen, Erwartungen und Fähigkeiten sind eine Seite bei der Wahl des Erstberufs. Die andere Seite ist, dass unterschiedliche Berufe auch verschiedene Anforderungen stellen. Luisa wäre als Kauffrau für Büromanagement wenig geeignet, hätte sie kein Hand- und Fingergeschick; denn sie muss die Tastatur eines Computers schnell und sicher beherrschen. Natürlich erwartet kein Betrieb, dass du von der Schule kommst und all das bereits weißt und kannst, was für deinen Ausbildungsberuf wichtig ist. Wozu wäre dann noch die Lehrzeit nötig? So muss Luisa nicht unbedingt sämtliche DIN-Vorschriften bei Geschäftsbriefen beherrschen – aber sie muss schnell und fehlerfrei schreiben können sowie Sinn für die Gestaltung von Briefen haben. Ebenso wird Marcel z. B. lernen, wie man ein Gewinde schneidet. Er muss also Werkzeuge nutzen können.

Auch diese speziellen Anforderungen treffen nicht nur auf einen Beruf zu, die meisten werden von mehreren Berufen gestellt. Man kann diese Anforderungen in drei Gruppen einteilen:

Körperliche Anforderungen:
- Hand- und Fingergeschick
- Schwindelfreiheit
- richtiges Farbensehen
- Kraft und Kraftausdauer
- langes Stehen
- Gestank und Schmutz ertragen
- Temperaturbelastungen
- Lärm aushalten
- gute Gesundheit (z. B. Widerstandsfähigkeit gegen Erkältungskrankheiten; …)

Geistige Anforderungen:
- technisches Verständnis
- Sinn für Genauigkeit und Sorgfalt
- Rechenfähigkeiten
- räumliches Vorstellungsvermögen
- guter schriftsprachlicher Ausdruck
- Ideenreichtum
- Gedächtnis, Merkfähigkeit
- Sinn für Formen und Farben
- logisches Denken
- Konzentrationsfähigkeit

Soziale Anforderungen:
- Verantwortungsbereitschaft
- Selbstständigkeit und Teamfähigkeit
- seelische Belastbarkeit
- Rücksichtnahme
- ein Gespräch führen können
- gute Umgangsformen, freundliches Wesen
- Interesse und Mitgefühl für Menschen
- andere überzeugen können
- jemandem zuhören können

Wie verhalten sich nun die persönlichen Voraussetzungen und die beruflichen Anforderungen zueinander? Luisa sagt z. B. von sich, sie habe Hand- und Fingergeschick, und eine der Anforderungen an eine Kauffrau für Büromanagement lautet ebenfalls „Hand- und Fingergeschick". Die Antwort ist also sehr einfach: „Der Wunschberuf passt zu mir."

Wie findest du Informationen zu deinem Wunschberuf?

Wenn du dich auf einen einzigen Beruf festlegst, besteht die Gefahr, dass du dafür keinen Ausbildungsplatz bekommst. Auch bei der Berufswahl gilt es, dass du flexibel an die Aufgabe herangehst.

Die Internetseiten der Arbeitsagentur können dir dabei sehr gut helfen. Denn bei BERUFE-NET kannst du mehrere verschiedene Wege einschlagen, bei denen du auch Berufe finden kannst, die deinem Wunschberuf sehr ähnlich sind.

Du kannst selbstverständlich nach genau einer Berufsbezeichnung suchen:

Aber viel interessanter ist die Suche auf eine der folgenden Arten:

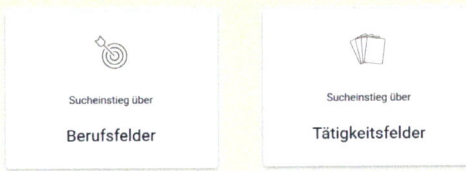

Mehmet möchte einen Beruf am Bau erlernen, weil er weiß, dass die Bezahlung im Baugewerbe zurzeit gut ist. Außerdem gefällt ihm, wenn er nach getaner Arbeit sieht, was er geschafft hat.

Er entscheidet sich dafür, die Suche über Berufsfelder und danach über Tätigkeitsfelder auszuprobieren.

Sucheinstieg über Berufsfelder

Nach einem Klick auf diese Schaltfläche erscheint folgende Auswahl:

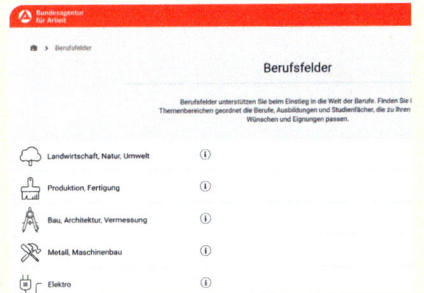

Er klickt dann auf den Pfeil am rechten Rand der Zeile „Bau, Architektur, Vermessung".

Nun wählt er die Berufe im Hochbau, indem er wieder rechts auf den Pfeil klickt.

Jetzt kann er nach Berufsgruppen filtern. Er wählt natürlich die Ausbildungsberufe, die ihm dann in einer Übersicht angezeigt werden.

Er erfasst mit einem Blick, welche der Berufe er in einer dualen Ausbildung beginnen kann. Eine duale Ausbildung strebt er an, weil er sich damit zum Facharbeiter qualifiziert.

Mehmet interessiert sich für den Dachdecker. Er klickt die Berufsbezeichnung an und gelangt zu einer Kurzbeschreibung des Berufs. Von dieser Seite aus kann er aber auch ausführlichere Informationen über den Beruf erhalten, indem er sich durch die zahlreichen Links durchklickt.

dual:
von Lateinisch: duo = zwei; dies bedeutet hier, dass zwei Ausbildungsorte an der Ausbildung beteiligt sind: Betrieb und Berufsschule

Sucheinstieg über Tätigkeitsfelder

Ähnlich verläuft dieser Sucheinstieg. Mehmet klickt auf die entsprechende Schaltfläche und erhält folgende Auswahl:

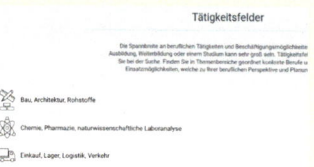

Auch hier wählt er die Berufe aus „Bau, Architektur, Rohstoffe". Aus der folgenden Übersicht entscheidet er sich wiederum für die Berufe des „Hochbaus":

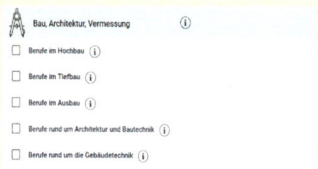

Mehmet filtert wieder nach Ausbildungsberufen:

Er erhält folgende Liste möglicher Berufe:

Berufsbezeichnung	Berufskundliche Gruppe
Ausbaufacharbeiter/in	Tätigkeit nach Ausbildung
Bauwerksabdichter/in	Tätigkeit nach Ausbildung
Bauwerksmechaniker/in für Abbruch und Betontrenntechnik	Tätigkeit nach Ausbildung
Beton- und Stahlbetonbauer/in	Tätigkeit nach Ausbildung

Diese Liste ist alphabetisch nach den Berufsbezeichnungen sortiert. In der rechten Spalte steht als Zusatz entweder „Tätigkeit nach Ausbildung" bei Berufen, in denen man also eine Ausbildung (= Lehre) absolviert hat, oder „Berufliche Einsatzmöglichkeit". Diese Berufe erfordern ebenfalls eine Ausbildung, allerdings gibt es dafür meist mehrere Zugangsberufe.

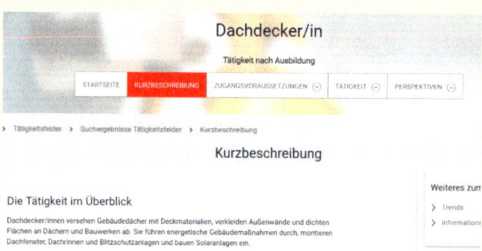

Für den Beruf des Betonsanierers/der Betonsaniererin sind dies zum Beispiel die

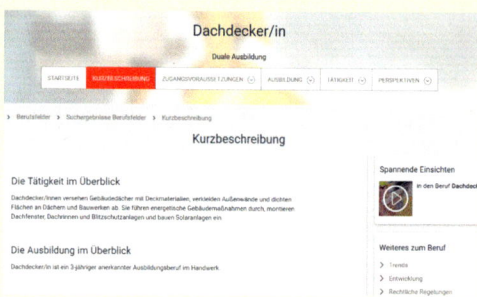

Ausbildungsberufe Hochbaufacharbeiter/in, Maurer/in, Beton- und Stahlbetonbauer/in oder Maler/in und Lackierer/in – Bauten- und Korrosionsschutz.

Da Mehmet sich besonders für den Beruf des Dachdeckers interessiert, nutzt er die ausführlichen Informationen dazu über die weiteren Links auf dieser Seite:

Beim Einstieg über die Berufsfelder sind die Informationen sogar noch vielfältiger:

Für dein Portfolio eignet sich besonders der „Steckbrief zum Beruf", den du ausdrucken kannst und der auf zwei Seiten die grundlegenden Informationen bietet:

■ Was macht man in diesem Beruf?

Dachdecker/innen stellen Holzkonstruktionen für Dachstühle her und decken und bekleiden Dach- und Wandflächen mit Dachplatten, -ziegeln, -steinen, Schindeln oder anderen Deckwerkstoffen. Sie führen Abdichtungen an Dach- und Wandflächen, Balkonen und Terrassen sowie an Bauwerken durch, stellen Unterkonstruktionen für Außenwandbekleidungen her, montieren diese und gestalten Gebäudeaußenwände mit vorgehängten Fassadenbekleidungen. Auch bauen sie Blitzschutzanlagen, Schneefangsysteme, Dachrinnen, Fallrohre, Dachflächenfenster oder Lichtkuppeln ein und installieren Solarthermie- und Fotovoltaikanlagen einschließlich elektrischer Komponenten und Anschlüsse auf Dächern und an Fassaden.

Darüber hinaus unterstützen sie Besitzer und Eigentümer bei der energetischen Gebäudesanierung und führen entsprechende Maßnahmen, etwa den Einbau von Dämmschichten und Dampfsperrelementen, durch. Auch Dachbegrünungen sowie Wartung und Instandhaltung von Dach- und Wandflächen und ihren Komponenten können zu den Aufgaben der Dachdecker/innen gehören.

Passen meine persönlichen Voraussetzungen mit den Anforderungen meines Wunschberufs zusammen?

Du kannst nun den Kompetenzstern wieder ins Spiel bringen. Verwende die gleichen „Außenpunkte" wie bei deinem persönlichen Kompetenzstern (siehe Seite 66). Markiere jetzt aber nicht die Einschätzung deiner persönlichen Voraussetzungen, sondern die Höhe der Anforderungen durch den von dir angestrebten Ausbildungsberuf.

Du siehst Luisas „Anforderungsstern" für den Beruf **Kauffrau für Büromanagement**. Sie vergleicht ihn mit dem Kompetenzstern und stellt fest, wo es zu Übereinstimmungen kommt und wo (noch) Unterschiede bestehen.

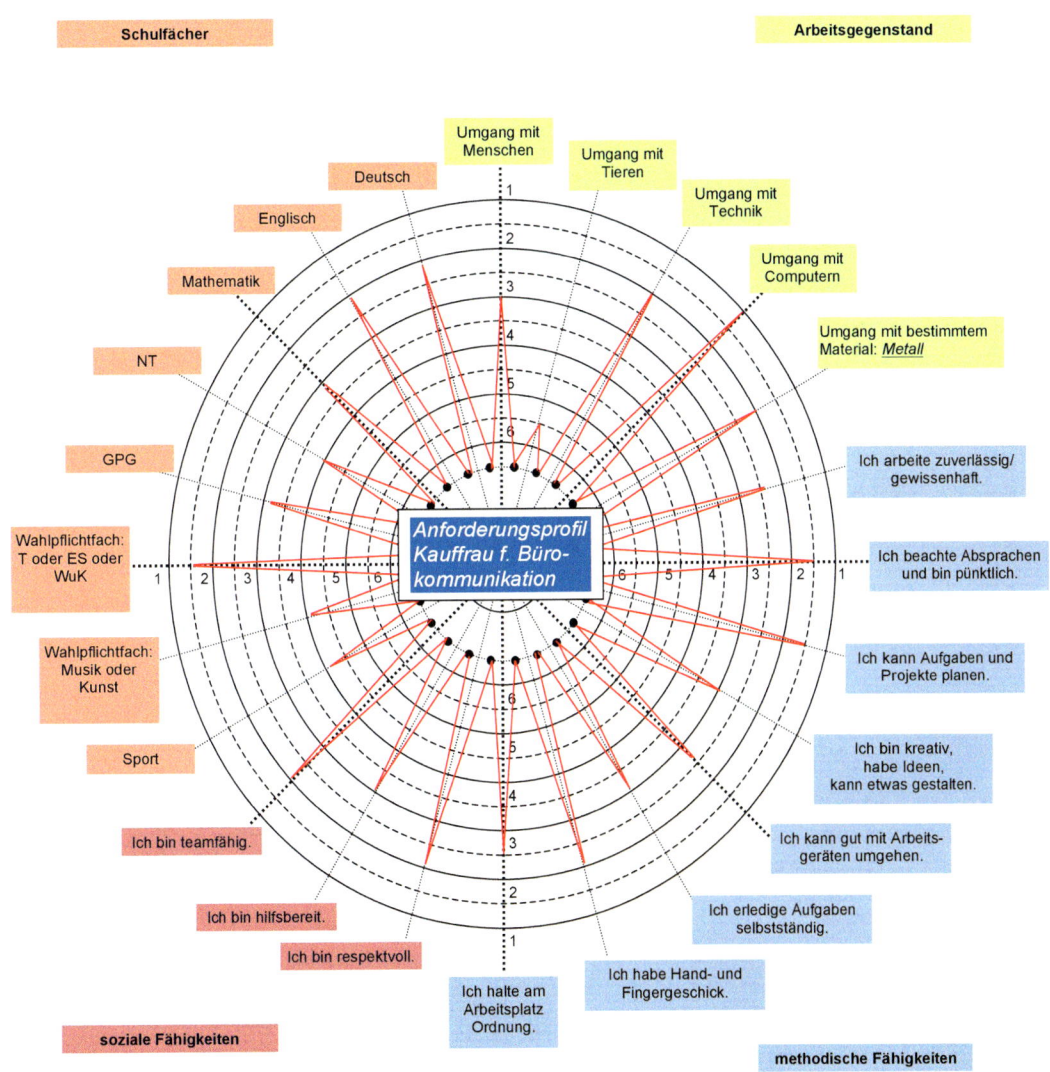

Fertige für deinen Wunschberuf ebenfalls ein Anforderungsprofil an und vergleiche es mit deinem selbst erstellten Kompetenzstern (siehe Arbeitsauftrag S. 66).

  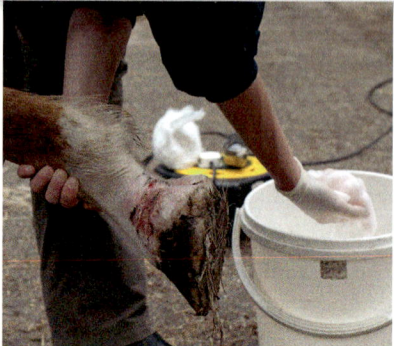

Vielfältige Aufgaben als Tierpflegerin

Wie gehe ich an meine Berufswahl heran?

Berufswahl ist keine Meinungsumfrage und kein Lotteriespiel. Sie sollte nicht von kurzfristigen Stimmungen getragen werden.
Du darfst dich also nicht von oberflächlichen Eindrücken leiten lassen, plane deine Berufswahl vielmehr überlegt und auf deine persönlichen Stärken abgestimmt!

> Kerstin hat vor einem Jahr im Fernsehen einen spannenden Tierfilm gesehen. Die Hauptdarstellerin war Tierpflegerin, die ganz toll mit Tieren umgehen konnte und die gezeigt hat, wie schön es ist, junge Tiere zu pflegen und zu betreuen.
> „Mutti, das wäre ein schöner Beruf für mich!" rief sie begeistert aus. Ihre Mutter gab ihr aber zu bedenken: „Vorsicht, Kerstin, in diesem Film wurden die Schattenseiten deines Traumberufs nicht gezeigt: Futter heranschleppen, den Tierkot beseitigen, kranke Tiere versorgen und oft am Wochenende für die Tiere da sein!"

Selbsteinschätzung – Fremdeinschätzung
Ein erster Schritt ist gemacht: Mit Selbst- und Fremdeinschätzung bzw. mit dem Kompetenzstern hast du versucht herauszufinden,
- wer du bist,
- was du kannst,
- was du willst,
- wo deine Interessen liegen,
- welche Stärken du hast,
- was dir schwer fällt,
- wie dich andere sehen.

Wichtige Schritte deiner Berufswahl
Um dich in deinem Berufswahlprozess weiterzubringen, wirst du dich in der 8. Klasse mit folgenden Themen auseinandersetzen:
- Wie führe ich einen Berufswahlordner?

BERUFSWAHL PASS

- Welche Anforderungen stellen Berufe?
- Wie bereite ich ein Gespräch mit einem Berufsberater vor?
- Wie nutze ich das Berufsinformationszentrum (BIZ)?

- Wie verschaffe ich mir einen Einblick in den Ausbildungsstellenmarkt?
- Wie helfen mir Ausbildungsmessen oder Berufsinformationsveranstaltungen?
- Was soll durch das Betriebspraktikum erreicht werden?

Vielfältige Tätigkeiten eines Dachdeckers

Mehmet: „Was muss ich als Dachdecker alles tun?"

Mehmet hat zur Beantwortung dieser Frage den Steckbrief zum Beruf von der BERUFE-NET-Seite heruntergeladen. Der erste Absatz steht unter genau der Fragestellung „Was macht man in diesem Beruf?"
Allerdings werden die vielfältigen Tätigkeiten nur im Überblick erläutert. Mehmet möchte Genaueres wissen. Deshalb klickt er sich weiter durch auf den Seiten von BERUFENET:

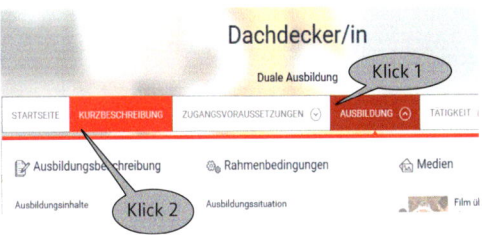

Jetzt öffnet sich eine sehr umfangreiche Beschreibung sämtlicher Tätigkeiten, die im Beruf des Dachdeckers ausgeübt werden. Ein kleiner, unvollständiger Ausschnitt aus dieser Liste zeigt die Vielfalt der beruflichen Tätigkeiten, die ein Dachdecker beherrschen muss:
– Dach- und Wandflächen decken und bekleiden

– Dachflächen und Bauwerke abdichten, zusätzliche regensichernde Maßnahmen durchführen
– äußere Blitzschutzanlagen anbringen und einbauen
– energetische Maßnahmen an Dach und Wand durchführen
– Hausbesitzer und -eigentümer bei der energetischen Gebäudesanierung unterstützen und über Fördermitteln informieren
– Einbauteile montieren und einbauen (z. B. Dachflächenfenster, Lichtkuppeln)
– elektrische Komponenten einbauen und elektrische Anschlüsse herstellen
– usw.

Mehmet ist erstaunt, welche Aufgaben ein Dachdecker heute auszuführen hat, die durch technische Neuerungen, wie z. B. Energie- und Solartechnik hinzugekommen sind.

Er erkennt nun, dass alle genannten Aufgaben und Tätigkeiten auch Inhalt seiner Ausbildung sein werden. Für diesen Beruf reichen also die Voraussetzungen Schwindelfreiheit und körperliche Kraft allein nicht aus. Technisches Wissen und Verständnis für moderne Technologien sind ebenso wichtig.

energetisch:
(Physik) die Energie betreffend; hier insbesondere: Energie sparend

Energie- und Solartechnik:
– **Fotovoltaik:** Direkte Umwandlung von Sonnenenergie in elektrische Energie mithilfe von Solarzellen auf dem Dach
– **Solarthermie:** Umwandlung der Sonnenenergie in nutzbare Wärmeenergie.

Informiere dich über die vielfältigen Tätigkeiten deines Wunschberufs. Gehe dabei wie Mehmet vor und halte die Ergebnisse in deinem Portfolio fest.

Mehmet informiert sich über Ausbildungsbetriebe.

Wie finde ich einen Ausbildungsplatz?

Mehmet weiß, was er werden will. Er hat sich gründlich informiert und die Beratungsangebote genutzt.

Seine Mutter meint: „Ich finde es gut, dass du einen konkreten Berufswunsch hast. Aber hast du dir schon überlegt, wo du eine passende Lehrstelle als Dachdecker finden kannst?"
Mehmet: „Das kann doch nicht so schwer sein. Schließlich werden Fachkräfte im Baugewerbe überall gesucht."

Mehmet geht selbst auf die Suche:
- Er liest schon seit einiger Zeit die Stellenanzeigen in der Tageszeitung.
- Er informiert sich online, um mögliche Firmen zu finden, die in seinem Wunschberuf Dachdecker ausbilden.
- Er befragt Verwandte, Bekannte und Freunde nach möglichen Kontakten.
- Er nutzt das Internet, in dem es auch Ausbildungsplatzbörsen gibt.
- Er notiert sich die Adressen von Betrieben, telefoniert, schreibt Bewerbungen und besucht Dachdeckerbetriebe in der Nähe.

Patsch Dachdeckerbetrieb

Zur Verstärkung unseres Teams stellen wir zum 1. September 20.. noch einen

Auszubildenden im Dachdeckerhandwerk ein.

Qualifizierter Hauptschulabschluss erforderlich.

Firmensitz und Bewerbungsadresse:

Fa. Patsch, Isarstraße 18, 86333 Musterstadt, Telefon: 0123/45678-0

E-Mail: post@patsch.de

Ausbildung 20... als

Kauffrau/Kaufmann im Einzelhandel

Wir bieten eine abwechslungsreiche Ausbildung mit Zukunftsperspektive mit guten Entwicklungs- und Aufstiegschancen. Die Ausbildung findet in einem oder mehreren Getränkemärkten sowie in der Unternehmenszentrale statt.

In der Regel beträgt die Ausbildungszeit 3 Jahre, kann aber bei entsprechender schulischer Qualifikation möglicherweise auch verkürzt werden.

Jetzt durchstarten – zu einer erfolgreichen Berufsausbildung

Informationen und Bewerbung unter: www.schankmann.com

Es werden ausschließlich Online-Bewerbungen berücksichtigt.

Schankmann Getränkemarkt

Schankmann GmbH & Co. KG

Magirusstraße 4-10, 89129 Langenau

1. Sammle selbst Anzeigen aus der Tageszeitung, die zu deinen Wunschberufen passen.
2. Suche in den „Gelbe Seiten" nach Betrieben für deine Wunschberufe.

Welche weiteren Hilfen kannst du für die Ausbildungsplatzsuche nutzen?

Es ist wichtig, wie Mehmet eigenständig tätig zu werden. Niemand wird von sich aus auf dich zukommen. Du musst selbst auf dich aufmerksam machen. Wenn du trotz aller Bemühungen Schwierigkeiten bei der Suche nach einem passenden Ausbildungsplatz bekommen solltest, können dir Angebote im Internet helfen. Als erstes bietet sich die Jobbörse der Bundesagentur für Arbeit an:

Es gibt weitere Möglichkeiten im Internet für eine Suche nach einem Ausbildungsplatz. So liefern die Kammern (Handwerkskammer oder Industrie- und Handelskammer) entsprechende Angebote.

Außerdem gibt es vom Bildungswerk der Bayerischen Wirtschaft die Seite sprungbrett bayern, auf der man mit einer Umkreissuche Praktikumsangebote für Schülerinnen und Schüler finden kann.

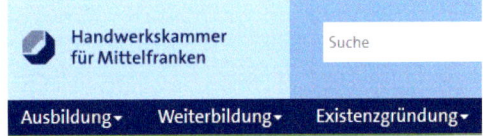

Weiterbildung – für Anpassung an Neues und für Aufstieg im Beruf

Nach der Ausbildung ausgelernt?

Mit der Gesellenprüfung wird Mehmet in allen Einsatzfeldern seines Berufes selbstständig tätig sein können. Die erfolgreich abgelegte Prüfung bestätigt dem Arbeitgeber, aber auch dem Kunden, dass Mehmet als Fachkraft die Arbeiten korrekt ausführen kann.

Am Beispiel des Smartphones erkennst du, dass sich technische Produkte schnell weiterentwickeln. Ebenso ist es im Beruf. „Lifelong Learning" ist gefragt, wenn man auf Dauer in seinem Beruf erfolgreich handeln will. Es gilt das chinesische Sprichwort: „Lernen ist wie Rudern gegen den Strom. Hört man damit auf, treibt man zurück." Das bedeutet, dass man sein Fachwissen und sein Fachkönnen fortwährend auf dem neuesten Stand halten muss.

Anpassungsweiterbildung

Anpassungsweiterbildung hilft, das berufliche Wissen aktuell zu halten und an neue Entwicklungen anzupassen, für Mehmets Berufswunsch z. B. in den Bereichen Dachdeckerei, Bauwerksabdichtung, Isolierung, Fotovoltaik. Darüber hinaus kann sich der Trend, Drohnen für die Dachinspektion einzusetzen, zu einem wichtigen Weiterbildungsthema für Dachdecker entwickeln.

Drohnen mit Kameras können Übersichtsbilder oder genaue Aufnahmen von Schäden liefern. Man benötigt nicht extra ein Gerüst oder eine Hebebühne.

Um für die Bedienung einer Drohne gerüstet zu sein, müssen sich die Dachdecker die entsprechenden Kenntnisse aneignen und den Einsatz der Drohnen trainieren.

Aufstiegsweiterbildung

Aufstiegsweiterbildung bietet die Möglichkeit, beruflich voranzukommen und in Führungspositionen aufzusteigen, z. B. könnte Mehmet die Prüfung als Dachdeckermeister anstreben oder er spezialisiert sich durch eine Weiterbildung als Fachleiter für Dach-, Wand- und Abdichtungstechnik.

Auch ein Studium ist nach der Meisterprüfung möglich. Dies eröffnet weitere Berufs- und Karrierechancen, z. B. als Bauingenieur.

Aufstiegsweiterbildung zahlt sich aus. Man verdient mehr Geld und das persönliche Ansehen in der Gesellschaft steigt.

1. Recherchiere für deinen momentanen Wunschberuf Weiterbildungsmöglichkeiten zum beruflichen Aufstieg. Dokumentiere sie in deinem Portfolio.
2. Wie sieht deine berufliche Lebensplanung in 10 und 20 Jahren aus? Wie erreichst du diese Ziele? Ergänze dein Portfolio.

Stationen der beruflichen Lebensplanung

Wie wird meine berufliche Zukunft aussehen?

Niemand kennt die Zukunft. Keiner weiß, was er in 10 oder 20 Jahren beruflich erreicht hat. Aber du solltest dir schon Ziele für deine berufliche Lebensplanung setzen.

- Ich will mich selbstständig machen.
- Ich will ein gutes Mitarbeiterteam haben.
- Ich brauche ein Firmengebäude.
- Ich will in 10 Jahren die Meisterprüfung haben.

Du musst dich darüber informieren, welche Voraussetzungen zum Erreichen deiner Ziele erfüllt sein müssen. Dies sind zum einen deine schulischen Leistungen und zum andern die Ergebnisse deiner beruflichen Abschlussprüfung.

Vergleiche also aktuell deine Zeugnisnoten in den Fächern, die für deinen Wunschberuf wichtig sind, mit den Anforderungen des Berufs. Stärken gilt es weiterhin zu pflegen, mögliche Schwächen musst du durch zusätzlichen Einsatz versuchen zu beheben.

Für leistungsstarke Schüler der Mittlere-Reife-Klassen besteht die Chance, erfolgreich an der Fachoberschule das Fachabitur abzulegen. Mit diesem Schulabschluss kann man an Fachhochschulen oder Fachakademien studieren und somit höherqualifizierte Berufe anstreben.

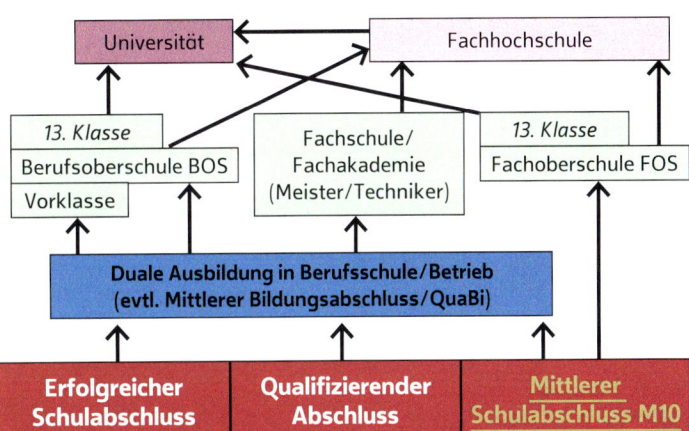

Die Mittelschule eröffnet viele Wege

Dem Schaubild kannst du entnehmen, dass es für Mittelschüler auch den Weg bis zur Universität gibt. Dazu muss man an der FOS oder an der BOS das Abitur in der 13. Klasse abgelegt haben. Denn dann hat man die „Allgemeine Hochschulreife" erreicht.

1. In deinem Portfolio findest du Belege für deine Leistungsfähigkeit. Prüfe sie kritisch und ziehe Schlussfolgerungen für deine berufliche Lebensplanung.
2. Vergleiche deine berufliche Lebensplanung mit der deiner Mitschüler. Diskutiert, wer vielleicht seine Überlegungen überarbeiten muss. Formuliert daraus Alternativen.

Welche Medien der Berufsberatung nutzen wir?

Samira: „Aufgrund meiner Schulleistungen stehen mir wahrscheinlich viele Ausbildungsmöglichkeiten offen. Trotzdem weiß ich noch nicht, was ich machen soll. Meine Berufsberaterin hat mich auf die Seiten von Planet Beruf und BERUFENET aufmerksam gemacht, denn hier kann ich nach Berufen filtern, die meinen Neigungen entsprechen. Im „BERUFE-Universum" von planet-beruf erfahre ich mehr über meine beruflichen Interessen und persönlichen Stärken und kann dazu passende Berufsfelder und Berufe für mich finden."

Luisa: „Ich war vor zwei Wochen in unserer Kreisstadt und habe dort das Berufsinformationszentrum der Agentur für Arbeit besucht – kurz: das BIZ. Es ist schon toll, was einem da geboten wird. Ich glaube, ich habe beim Herumstöbern in den berufskundlichen Unterlagen und am Computer meinen Beruf gefunden – Kfz-Mechatronikerin.

Trotz der vielfältigen Informationen, die es zu diesem Beruf im BIZ gibt, möchte ich noch mehr darüber erfahren."

Marcel: „Rad fahren und am Rad herum basteln ist ganz toll. Aber ich befürchte, dass das zum Erlernen eines Berufs nicht ausreicht. Sicher muss ich noch mehr können – und das bei meinen eher schwachen Leistungen. Ich muss einfach mehr über mögliche Berufe erfahren, die zu meinen Vorstellungen und Interessen passen. Vor Kurzem habe ich gehört, dass es einen Ausbildungsberuf geben soll, der nicht so hohe Anforderungen stellt wie der des Zweiradmechanikers: Fahrradmonteur/in ist ein 2-jähriger anerkannter Ausbildungsberuf. In Beruf aktuell habe ich die Kurzbeschreibung schon gelesen.

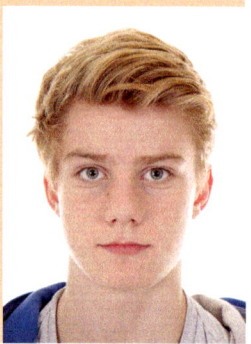

Leon: „Ich habe die Altenpfleger, die meine Oma betreuen, schon ausführlich befragt, welche Voraussetzungen ich für diesen Beruf brauche. Ich strebe den Mittleren Schulabschluss an und kann nach der Mittelschule eine Ausbildung als Altenpfleger beginnen.

Auf BERUFENET habe ich unter „Aktuelles zum Beruf" erfahren, dass zum 1. Januar 2020 das Gesetz über die Pflegeberufe in Kraft tritt. Künftig beginnt die Ausbildung in allen Pflegeschulen mit einer 2-jährigen allgemeinen Pflegeausbildung. Danach spezialisieren sich die Azubis z. B. als Altenpfleger."

 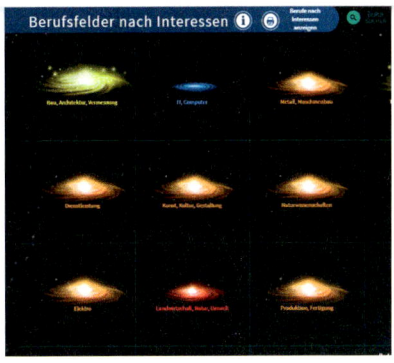 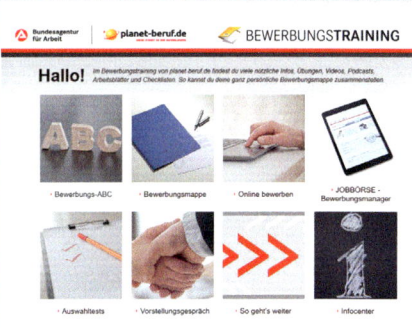

Interaktives Angebot von BERUFE-Universum und planet-beruf

Marcel: „Wie kommen wir denn eigentlich an die Informationen heran, die wir haben wollen?"

Samira: „Wir haben in WiB im letzten Schuljahr das Taschenbuch ‚BERUF AKTUELL‘ bekommen. Aus den Kurzbeschreibungen der Ausbildungsberufe müsste man doch die Anforderungen herausfinden können."

Luisa: „Stimmt! Wir haben aber auch eine Potenzialanalyse durchgeführt, mit deren Hilfe wir unsere Stärken ermitteln konnten."

Leon: „Ich habe mein Ergebnis der Potenzialanalyse übrigens im BERUFE-Universum von planet-beruf überprüft."

Samira: „Das ist eine gute Idee. Ich habe mir auch schon einmal das Programm angesehen. Man muss sich dafür schon etwas Zeit nehmen und die Seiten gewissenhaft und ehrlich bearbeiten. Dann bringen dich die Ergebnisse wirklich einen Schritt weiter in deiner Berufswahl."

Leon: „Wenn du deine Stärken, Interessen und Neigungen und dein Verhalten sowie deine Schulleistungen richtig angibst, erhältst du als Ergebnis eine Auswahl für dich geeigneter Berufsvorschläge."

Marcel: „Das probiere ich auch aus! Vielleicht finde ich dabei ja etwas Passendes für mich. Es wäre schön, wenn es einen Fahrradberuf für mich gäbe."

Luisa: „Im Gesamtergebnis kannst du sehen, welche Berufe zu deinen Stärken und Interessen passen. Du erfährst auch, ob dein Schulabschluss für diesen Beruf ausreicht oder ob du bessere Noten in manchen Fächern brauchst."

Frau Braun, die Klassenlehrerin von Marcel, Samira, Luisa und Leon: „Druckt euch eure Ergebnisse aus und heftet sie in euren Berufswahlordnern ab. Ihr könnt sie sicher noch brauchen.

Noch ein Tipp: Ihr bekommt von der Berufsberatung die Broschüre ‚Beruf regional‘. Sie nennt euch die Chancen in eurem Wunschberuf in der Region geordnet nach Berufsfeldern. Dort könnt ihr nachlesen, ob in der Region freie Ausbildungsplätze für den Beruf angeboten werden, welchen Schulabschluss die Betriebe erwarten und wo und wie die Berufsausbildung stattfindet. Diese Broschüre könnt ihr übrigens auch aktuell herunterladen."

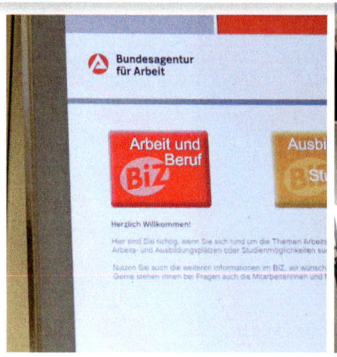  

Berufsinformationszentrum (BIZ)

Was machst du im BIZ?

Im BIZ kannst du dich zu Themen rund um Ausbildung und Berufe informieren. Auch die Online-Suche nach Ausbildungsstellen wird angeboten. Du kannst an einem gesonderten PC im BIZ professionelle Bewerbungsunterlagen erstellen.

Wahrscheinlich bietet die Berufsberatung vor Ort eine erste gemeinsame BIZ-Erkundung für die Klasse an. Dabei erhaltet ihr einen Überblick über die Angebote im BIZ und wie ihr sie nutzen könnt.

Fragen, auf die du Antworten im BIZ bekommst

So selbstverständlich das nun auch klingen mag: Es ist wichtig zu wissen, was du wissen willst! Deine erste Leitfrage muss also lauten:

„Was will ich wissen?"
- Samira will wissen, ob der Beruf Kauffrau für Büromanagemnt zu ihr passt;
- Marcel will wissen, ob seine Fähigkeiten ausreichen und welche neuen Möglichkeiten es im Bereich „Fahrrad" für ihn gibt;
- Leon will wissen, ob er nach der Schule eine Ausbildung zum Altenpfleger beginnen kann;
- Luisa schließlich will einfach nur mehr über ihren Wunschberuf Kfz-Mechatronikerin wissen.

Wenn du dir im Klaren bist, was du wissen willst, dann stellt sich dir die zweite Leitfrage:

„Wo kann ich die Antworten, die ich suche, bekommen?"
Im BIZ gibt es verschiedene Themenbereiche, die **Themeninseln** genannt werden. Mithilfe der Themeninseln kannst du leicht herausfinden, wo sich die Informationen befinden, die dich interessieren:

Arbeit und Beruf
Die Arbeitswelt befindet sich in ständigem Wandel. Alle Erwerbstätigen müssen sich auf die damit verbundenen Veränderungen einstellen. Deshalb liefert dir diese Themeninsel Informationen
- zu neuen Berufsanforderungen und
- über Wege zur Karriereplanung.

Ausbildung und Studium
In der Themeninsel „Ausbildung und Studium" findest du eine Übersicht über alle Ausbildungs- und Studienmöglichkeiten. Zum Beispiel erfährst du alles Wichtige über
- Ausbildungswege,
- Ausbildungsarten,
- Ausbildungsvoraussetzungen und
- Ausbildungsplätze.

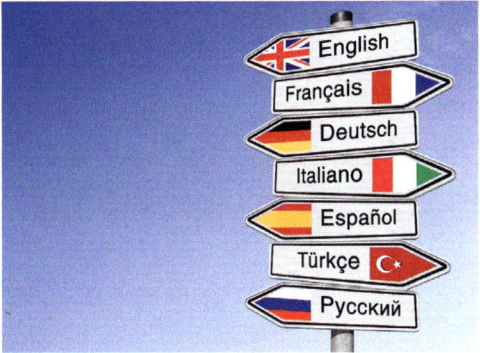
Planst du einen Auslandsaufenthalt?

Bewerbungsunterlagen

Bewerbung

Manche Arbeitgeber wollen bereits im vorletzten Schuljahr deine Bewerbungsunterlagen erhalten. Deshalb ist es schon in der achten Klasse sinnvoll zu wissen, wie diese aussehen sollen. Auch für das Betriebspraktikum verlangen manche Betriebe eine schriftliche Bewerbung. Die Bewerbung ist deine Visitenkarte. In dieser Themeninsel findest du vielfältige Informationen für deine Bewerbungsunterlagen. Du erfährst zum Beispiel,
- wie du Bewerbungsmappen erstellst (Anschreiben und Lebenslauf),
- wie du dich online bewerben kannst und
- wie du dich auf ein Vorstellungsgespräch vorbereiten kannst.

Ausland

Einige Unternehmen haben auch Standorte im Ausland. Wer das Glück hat, während der Ausbildung einige Zeit im Ausland zu lernen, hat neben erweiterten Ausbildungsinhalten die erstklassige Gelegenheit, Land und Leute kennen zu lernen und wertvolle Erfahrungen zu sammeln. In deinem BIZ findest du in der Themeninsel „Ausland" alle wichtigen Informationen zu diesem Thema.

„Wie kann ich mir erarbeiten, was ich wissen will?"

Es geht darum, dass du die Informationen zu deinen Berufen aus den Ordnern, den Computern und den sonstigen Unterlagen im BIZ herausarbeiten sollst. Dies gelingt dir besser, wenn du weißt, wie diese Medien aufgebaut sind, wie man sie benutzen kann und welche Ratschläge du beachten solltest.

Die Informationen zu den Berufen in den BIZ-Informationsmappen

sind auf die Online-Version abgestimmt.
In der Online-Version öffnet sich die Seite Berufsfeld-Info. In 28 Berufsbereichen werden alle Ausbildungsberufe aufgelistet.

Marcel findet z. B. im Berufsfeld Rund um Auto, Schiff und Flugzeug (Bereich Auto und Straßenverkehr) einen für ihn geeigneten Beruf: Fahrradmonteur.

Diese Seite liefert ihm im Überblick wesentliche Grundinformationen zum Beruf. Außerdem gibt es Links zu schulischen Vorkenntnissen, zur Ausbildungsvergütung und zu Verdienstmöglichkeiten.

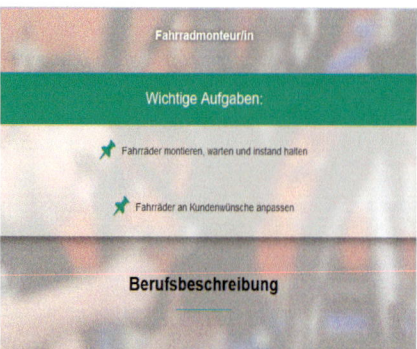

BERUFE-Entdecker

Was ist der BERUFE-Entdecker?

Für vertiefte Informationen zu einzelnen Ausbildungsberufen steht der BERUFE-Entdecker online oder am PC-Arbeitsplatz im BIZ zur Verfügung. Er ist aus den BIZ-Informationsmappen entwickelt worden. Mit wenigen Klicks findest du Berufe, die deinen Interessen entsprechen.

Marcel ruft auf diesem Weg den Beruf des Fahrradmonteurs auf, der als zweijähriger Ausbildungsberuf von ihm angestrebt wird. Hier gibt es verschiedene Kapitel zum Anklicken:

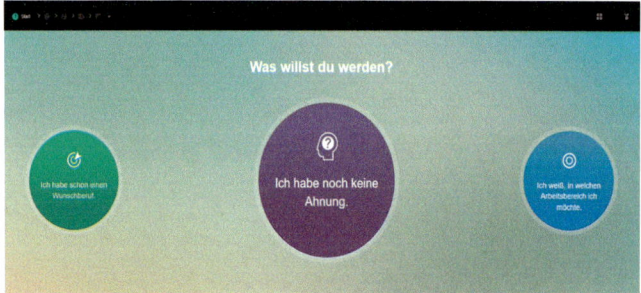

Einblicke
Du kannst aussagekräftige Bilder aufrufen, die kennzeichnende Tätigkeiten des Berufs zeigen.

Berufsbeschreibung
In einer knappen und rasch lesbaren Darstellung werden die grundlegenden Aufgaben des Fahrradmonteurs genannt. Außerdem findet man auch eine Kurzbeschreibung des Berufs.

Tätigkeiten
Ehe du diesen Link aufrufen kannst, musst du einen Tätigkeitencheck durchführen, bei dem du jeweils anklickst, ob dir die Tätigkeit gefällt oder nicht. Daraus wird dir anschließend gezeigt, inwieweit deine Vorlieben zum Beruf passen.

Tätigkeiten des Fahrradmonteurs

Job Checker
Im Überblick erfährst du hier die Ausbildungsart (z. B. betriebliche oder rein schulische Ausbildung) und die Ausbildungsdauer. Außerdem ist der BERUFENET-Steckbrief verlinkt, genauso wie ein beispielhafter Tagesablauf im Beruf, der in Bild und Text ausführlich dargestellt ist.

Film
Ein mehrminütiger Film fasst die wesentlichen Informationen zum Beruf sehr anschaulich zusammen. In dem Beruf Tätige berichten über ihre Aufgaben, sie beschreiben Tätigkeiten und erklären Anforderungen.

Leon will Altenpfleger werden.

Wie hältst du die Ergebnisse der BIZ-Erkundung fest?

Leon hat die Resultate der Potenzialanalyse mit denen aus dem Berufe-Universum verglichen und weitgehend Übereinstimmung feststellen können. Leon hat sein Ergebnis ausgedruckt und in seinem Portfolio abgelegt. Er will auch aus der BIZ-Erkundung lernen und nicht vergessen, was er dabei erfahren hat. Deshalb arbeitet er den Berufserkundungsbogen, der im BIZ bzw. auf der Seite von planet-Beruf angeboten wird, gründlich und vollständig durch.

Diesen siebenseitigen Berufserkundungsbogen druckt er sich aus und bearbeitet ihn.

1. Recherchiere im BIZ zu deinem Wunschberuf.
2. Drucke den Steckbrief zum Beruf aus.
3. Bearbeite den Berufserkundungsbogen.
4. Hefte alle Ergebnisse in deinem Portfolio ab.
5. Suche Alternativen zu deinem Wunschberuf und drucke auch den Steckbrief aus.

Schülerinnen beim Beratungsgespräch

Auszug aus dem Fragebogen von planet-beruf

Wie kannst du dich auf das Gespräch bei der Berufsberatung vorbereiten?

Die **Bundesagentur** für Arbeit in Nürnberg ist für die Berufsberatung zuständig.
In den Agenturen für Arbeit vor Ort gibt es Berufsberaterinnen und Berufsberater. Für die Mittelschulen gibt es jeweils einen festen Ansprechpartner für die Berufsberatung.

Berufsberater der Bundesagentur für Arbeit sind die maßgeblichen Fachleute für dich bei der Berufswahl. Sie sind wichtige Ansprechpartner, denn sie helfen dir bei der Wahl deines Erstberufs und bei der Suche nach einem Ausbildungsplatz.

Ein Berufsberater gibt Auskunft, welche Fragen er als sinnvoll erachtet:
Wichtig ist, in welche Richtung es nach dem Schulabschluss gehen soll. Willst du eine Ausbildung machen oder eine weiterführende Schule besuchen?
Du solltest dir auch darüber Gedanken machen, wo deine Stärken und Interessen liegen. Hilfreich ist es, wenn du vorab Fragen sammelst, die du dem Berufsberater stellen willst.

Auf welche Fragen des Berufsberaters im Beratungsgespräch solltest du vorbereitet sein?
Da du am Anfang deiner Berufswahl stehst, geht es zunächst darum, deine Stärken und Interessen herauszufinden. So fragt er z. B. nach deinen Hobbys und Lieblingsfächern. Außerdem erkundigt er sich, welche Praktika du schon absolviert hast und was dir daran gut gefallen hat und was weniger.

Welche Unterlagen solltest du zur Berufsberatung mitbringen?
Von Vorteil ist es, wenn du deine Portfolio-Mappe mitbringst, in der z. B. die letzten Zeugnisse, deine Zertifikate und Praktikumsnachweise enthalten sind.

Ist es sinnvoll, die Eltern zum Gespräch mitzunehmen?
Es ist meistens hilfreich, wenn auch die Eltern mit am Tisch sitzen. Vier Ohren hören mehr als zwei! Dann wissen alle, was besprochen wurde und können gemeinsam geeignete Wege in den Beruf überlegen.

→ Starthilfe:

Bei planet-beruf findest du einen aktuellen Fragebogen für das Berufsberatungsgespräch.

1. Sammle geeignete Fragen, die du beim Beratungsgespräch stellen willst. Notiere sie auf deinem Notizzettel.
2. Überprüfe und aktualisiere dein Portfolio im Hinblick auf das Beratungsgespräch.

Leistungen der Berufsberatung

Welche Angebote macht die Berufsberatung?

Schulbesprechung

Du wirst wahrscheinlich in der 8. Klasse das erste Mal mit einem Berufsberater zu tun haben. Die erste Beratung findet meistens mit der gesamten Klasse statt.
Dabei stellt der Berufsberater das gesamte Angebot der Agentur für Arbeit vor:
- Beratungsgespräche
- Adressen von Ausbildungsbetrieben
- Informationsmaterialien der Berufsberatung:
Schriften wie Beruf aktuell, planet-beruf, Beruf regional, digitale Angebote, wie BERUFENET, planet-beruf, BERUFE-Entdecker und den Besuch im BIZ.

Auf persönliche Fragen kann der Berufsberater in diesem Gespräch kaum ausführlich genug eingehen.

Gruppenberatung

Wenn du mit Freunden oder Klassenkameraden ähnliche Fragen oder Probleme zur Berufswahl oder zum Bewerbungsverfahren hast, könnt ihr euch gemeinsam zu einer Gruppenberatung anmelden. Vereinbart mit der Berufsberatung einen Termin und sucht gemeinsam nach Lösungen.

Gruppenberatung

Einzelberatung

Das Angebot eines persönlichen Gesprächs mit einem Berufsberater solltest du nutzen. Du kannst die Fragen stellen, die ganz speziell nur auf dich persönlich zutreffen.

Hinweis:
Die Vorbereitung der Gespräche kann im Deutschunterricht geschehen.

Die Gruppenberatung entspricht einem Expertengespräch; auf den folgenden Seiten wird euch diese Methode erläutert.

Berufsberater vor einer 8. Klasse

Wie gelingt ein Expertengespräch?

Das Expertengespräch ist in mehrere Schritte unterteilt.

Vorbereitung

Bei der Betriebserkundung habt ihr gelernt, zwischen organisatorischer und inhaltlicher Vorbereitung zu unterscheiden. Dies ist beim Expertengespräch genauso.

Organisatorische Vorbereitung

Gerade wenn ihr Experten in eure Schule einladet, muss der Ablauf der Veranstaltung klappen. Deshalb müsst ihr genau festlegen:

- Wer stellt die Anfrage beim Berufsberater, ob er zu einem Expertengespräch in die Klasse kommen wird?
- Wann führt ihr das Expertengespräch (Tag und Uhrzeit)?
- Wie lange soll das Gespräch dauern?
- In welchem Raum führt ihr das Expertengespräch durch?
- Welche Ausstattung benötigt ihr in dem Raum (Bestuhlung, Technik)?
- Welche Unterlagen müsst ihr vorher erstellen?
- Wer übernimmt die Moderation (Lehrer/Schüler)?
- Welche Schüler machen Notizen?
- Wer fotografiert oder macht Videoaufnahmen mit dem Smartphone?
- Welche Information benötigt der Berufsberater, damit er sich entsprechend vorbereiten kann?

Inhaltliche Vorbereitung

Ihr habt euch im BIZ, bei Betriebserkundungen und im Betriebspraktikum über eure Wunschberufe – und auch über Alternativen – gründlich informiert. Dennoch sind noch Fragen vor allem allgemeiner Art offen, die euch alle gemeinsam interessieren. Sammelt z. B. in einer Kartenabfrage diese offenen Fragen und notiert sie nach Schwerpunkten sortiert.

Beispiele für solche Fragen könnten sein:
- Wie ist die Situation auf dem Ausbildungsstellenmarkt in unserer Region?
- Welche Möglichkeiten habe ich, wenn ich keinen Ausbildungsbetrieb finde?
- Welche Alternativen zu einer betrieblichen Ausbildung gibt es?
- Welche schulischen Ausbildungsmöglichkeiten gibt es in der Region?

Durchführung

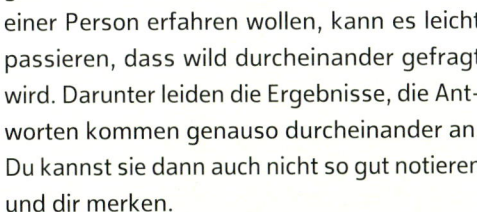

Für das Expertengespräch gilt: Wenn viele etwas von einer Person erfahren wollen, kann es leicht passieren, dass wild durcheinander gefragt wird. Darunter leiden die Ergebnisse, die Antworten kommen genauso durcheinander an. Du kannst sie dann auch nicht so gut notieren und dir merken.

Deshalb solltet ihr euch daran erinnern, was ihr im Fach Deutsch zu angemessener Gesprächsführung erarbeitet habt. Dabei müsst ihr ja auf eure Gesprächspartner eingehen. Eine Schülerin oder ein Schüler aus der Klasse übernimmt die Rolle der Diskussionsleitung.

Ein Mitschüler, der sich speziell darauf vorbereitet hat, stellt ein Thema kurz vor und bittet dann den Experten, dazu etwas zu sagen. Daran schließt sich eine allgemeine Diskussion an. Mit weiteren Themen verfahrt ihr genauso.

Sinnvoll ist es, einen so genannten Zeitwächter zu bestimmen, der die Redezeit der einzelnen Diskussionsteilnehmer kontrolliert sowie die Gesamtzeit im Auge behält.

Die Antworten des Experten haltet ihr am besten in Stichpunkten fest, denn für das Notieren ganzer Sätze fehlt euch die Zeit.

Auswertung

Das Expertengespräch ist nur dann von Nutzen, wenn ihr die Ergebnisse auswertet.

Ihr werdet eure Resultate in euer Berufswahlportfolio übernehmen. Deshalb solltet ihr z. B. in Gruppenarbeit die wichtigen Merktexte aus diesem Expertengespräch erstellen und sie dann für alle kopieren.

Lasst euer Ergebnis auch dem Experten zukommen. Er erkennt auf diese Weise, wie seine Ausführungen „angekommen" sind. Falls ihm Missverständnisse auffallen, könnte er diese notfalls korrigieren und ihr könntet euer Ergebnis überarbeiten.
Nutzt diesen Kontakt auch dafür, euch beim Experten zu bedanken. Er wird sich über eure Höflichkeit sicher freuen.

Die Auswertung muss auch hier wieder die Kritik an euch selbst einbeziehen. Folgende Fragen stellt ihr in eurer Reflexion:
- Was ist uns gut gelungen?
- Wo hatten wir Schwierigkeiten?
- Was können wir verbessern?
- Was machen wir das nächste Mal anders?
- Was haben wir vergessen?

Die Antworten auf diese Fragen haltet ihr selbstverständlich schriftlich fest, damit ihr beim nächsten Mal das Expertengespräch noch besser führen könnt.

Wie bereite ich mich auf die Einzelberatung vor?

Leon beschließt, sich Rat bei der Berufsberatung zu holen und macht einen Termin mit der in der Schule tätigen Berufsberaterin aus.

Für seinen Wunschberuf Altenpfleger braucht er üblicherweise einen mittleren Bildungsabschluss. Mit Mittelschulabschluss ohne Quali steht ihm „nur" die Ausbildung zum Altenpflegehelfer offen.

Vor seinem Termin zur Einzelberatung bei seiner Berufsberaterin geht er seine Aufzeichnungen durch. Er überlegt, welche Fragen er vorbereiten kann und welche Notizen er bereithalten soll. Er entschließt sich, sein komplettes Berufswahlportfolio mitzunehmen. Darin legt er das Kompetenzprofil und die Ergebnisse des BIZ-Besuchs an oberste Stelle.

Leon hat die Unterlagen über seine Interessen, Fähigkeiten und auch Erwartungen griffbereit. Er kann zeigen, zu welchen Gesichtspunkten seines Wunschberufs er sich bereits informiert hat. Das Arbeitsblatt aus dem WiB-Unterricht ist hierfür hilfreich:

Berufsberater kommen regelmäßig an die Schule und stehen den Schülern der vorletzten und letzten Jahrgangsstufen für Beratung zur Verfügung. Sie laden die Schüler immer zu bestimmten Terminen rechtzeitig ein, damit sie sich auf das Gespräch vorbereiten können. So können die Eltern ihre Kinder zur Beratung begleiten.

Das habe ich bisher erarbeitet:
Ich bin mir im Klaren über meine Interessen und Neigungen. Ich weiß, welche Fähigkeiten ich mitbringe. Ich weiß auch, was ich mir zutrauen kann.
Ich kann mehrere Berufswünsche nennen.
Ich weiß über diese Berufe Bescheid.
Ich habe mir Gedanken gemacht, ob meine Berufswünsche mit meinen schulischen Leistungen vereinbar sind.
Ich habe meine Berufswünsche mit meinen Eltern und mit meinem Lehrer besprochen.
Ich habe mir Gedanken gemacht, warum ich zu diesem Berufswunsch gekommen bin.
Ich kann auch mit Einwänden und Widersprüchen des Berufsberaters umgehen.

So kann ich das Gespräch führen:

Ich habe folgende (berufliche) Interessen:
Ich möchte einen Pflegeberuf erlernen, z. B. in der Alten- oder Krankenpflege.

Meine Fähigkeiten sind ...
Kontaktsicherheit, ich kann mit Menschen umgehen ...

Mein Berufswunsch ist Altenpfleger
Überlegt habe ich mir noch ...
Altenpflegehelfer

Ich habe mich über diese Berufe im BIZ informiert: ...
Altenpfleger und Altenpflegehelfer
Dabei konnte ich als wichtige Anforderungen erkennen, ...
Sorgfalt, Verantwortungsbewusstsein, körperlich fit, Einfühlungsvermögen ...

Ich glaube, dass ich von meinen schulischen Leistungen her diese Ausbildung beginnen kann, denn in den Fächern ...
GPG, Deutsch und Sport bin ich gut bis sehr gut

Meine Eltern finden meine Wahl richtig. Sie und mein Lehrer raten mir insbesondere ...
Altenpfleger zu lernen und nicht Altenpflegehelfer

Diese Wahl entspricht meinen Neigungen und Fähigkeiten. Weitere Gründe für meinen Berufswunsch sind ...
Ich möchte Menschen helfen.

Leon hat sich also sehr gründlich vorbereitet. Aber auch bei geringerer Vorbereitung muss man keine Angst haben. Die Berufsberater sind geschulte Gesprächspartner, die auch dann weiterhelfen können, wenn man noch sehr wenig konkrete Vorstellungen vom künftigen Beruf hat.

Die Berufsberaterin hört sich zunächst Leons Ausführungen an und gibt ihm dann folgende Ratschläge:

„Lass mich einmal zusammenfassen. Du willst auf jeden Fall an deinem Berufswunsch festhalten. Wenn du die neunte Klasse beendet hast, dann kannst du nicht unmittelbar in die Ausbildung für den Beruf des Altenpflegers einsteigen. Du müsstest die Mittlere Reife haben oder eine Ausbildung zum Altenpflegehelfer absolvieren.
Du hast beide Möglichkeiten. Mit deinen jetzigen Noten sollte es dir nicht schwer fallen, die M 10 zu schaffen. Dies erfordert ein zusätzliches Jahr an der Mittelschule. Oder du gehst ein Jahr an die Berufsfachschule für Altenpflegehilfe. Solche Schulen gibt es in Bayern in allen Regierungsbezirken.

Ich kann dir Informationsmaterial zu beiden Wegen mitgeben. Besprich das Ganze doch mit deinen Eltern.

Wir können dann ein weiteres Gespräch vereinbaren, wenn du mit deiner Entscheidung weitergekommen bist.
Wenn dir beide Wege nicht gefallen, dann hast du auch noch die Möglichkeit zunächst einen ganz anderen Ausbildungsberuf zu erlernen und danach die Berufsausbildung zum Altenpfleger anzufangen."

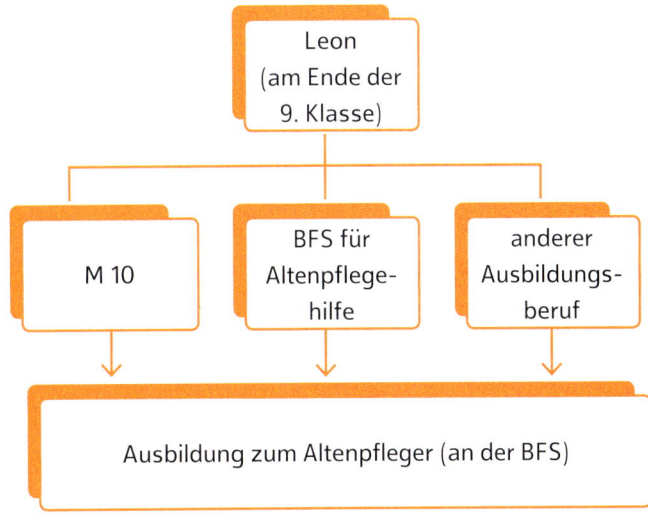

Leon bedankt sich bei der Berufsberaterin für die Beratung und das Material. Sein Fall ist vielleicht etwas schwieriger als viele andere, aber er zeigt, was du von der Einzelberatung erwarten kannst.
Du siehst, dass dieses Gespräch erfolgreicher verläuft, wenn man sich darauf vorbereitet.

Erstellt ein ähnliches Arbeitsblatt wie es in Leons Klasse entstanden ist. Bestimmt fallen euch in Gruppenarbeit weitere bzw. andere Formulierungshilfen ein.

Eine Berufsinformationsveranstaltung organisieren

Eine ausgezeichnete Möglichkeit für euch, an Informationen über eure Wunschberufe zu kommen, besteht darin, Vertreter dieser Berufe in die Schule zu holen. Diese haben auch Interesse an solchen Kontakten, denn sie benötigen Fachkräfte für die Zukunft.

Bei einer Berufsinformationsveranstaltung erweitert ihr die Methode des Expertengesprächs: Es sind mehrere Experten gleichzeitig in der Schule und jeder Schüler, jede Schülerin wählt sich diejenigen aus, die Informationen zu ihren Wunschberufen liefern. Ein guter Zeitpunkt für die Berufsinformationsveranstaltung ist der Abend oder der Samstag, weil die betrieblichen Vertreter und auch eure Eltern da besser Zeit haben.

Vorbereitung

1. Jeder Schüler aus der Jahrgangsstufe 8 nennt zwei Wunschberufe, zu denen er sich bei der Berufsinformationsveranstaltung informieren möchte. So entsteht eine Liste mit zahlreichen Berufen. Einige Nennungen werden nur einzeln sein, andere Berufe sind häufig aufgeführt. Eure Aufgabe ist es, möglichst für jeden Beruf einen Experten zu finden.

2. Gemeinsam mit euren Lehrkräften sucht ihr mögliche Experten aus Betrieben, die über diese Berufe informieren können. Welche Kontakte könnt ihr nutzen?
   - Eure Eltern sind vielleicht selbst in der Lage die Expertenrolle für einen Beruf zu übernehmen.
   - Bei Betriebserkundungen (auch aus dem letzten Jahr) habt ihr vielleicht Experten kennengelernt.
   - Die Lehrkräfte in WiB kennen ebenfalls zahlreiche Ansprechpartner in den Betrieben, z. B. aus den Besuchen während des Betriebspraktikums.
   - In manchen Fällen könnt ihr euch auch an die Kammern oder Innungen wenden, die dann vermitteln helfen.

3. Ihr entwerft ein Anschreiben an die gewünschten Experten:
   - Ihr beschreibt kurz das Vorhaben „Berufsinformationsveranstaltung" und nennt euren Wunsch, dass der Ansprechpartner seinen Beruf präsentieren soll.
   - Ihr teilt den Experten mit, welche Informationen zum Beruf und zur Ausbildungssituation enthalten sein sollten.
   - Ihr nennt einen Zeitpunkt, bis zu dem ihr die Rückmeldung erwartet.

4. Ihr sammelt und ordnet die „Rückläufer"; bei Absagen müsst ihr rasch andere Kontakte nutzen, damit das Ziel erreicht wird, möglichst für alle gewünschten Berufe Referenten zu haben.

5. Wenn sämtliche Rückmeldungen da sind, dann müsst ihr einen Raumverteilungs- und Zeitplan entwickeln.
   - Bei Berufen, die stark nachgefragt sind, bietet es sich an, dass die Referenten zweimal nacheinander Beruf und Betrieb präsentieren.
   - Bei Berufen, die nur von wenigen Schülern gewünscht wurden, reicht ein Termin.
   - Für diese Referenten benötigt ihr in der vortragsfreien Zeit ein Angebot. Überlegt euch ein Rahmenprogramm. Vielleicht organisiert ihr einen Imbissstand oder eine musikalische Einlage.

6. Unmittelbar vor der Veranstaltung werden die Räume entsprechend bestuhlt. Die von den Referenten gewünschte technische Ausstattung muss bereitgestellt werden.

Durchführung

1. Ihr begrüßt die Experten und begleitet sie zu dem Ort, wo sie ihren Beruf und Betrieb präsentieren sollen. Ihr helft ihnen bei der Technik, erläutert ihnen die Bedienung von Projektor, Verdunklung, Beamer u. Ä.

2. Nach dieser Phase zeigt ihr den Experten den Weg zum Ort der zentralen Begrüßung und Eröffnung der Berufsinformationsveranstaltung durch die Schulleitung und die verantwortlichen Lehrkräfte. An manchen Schulen stellen die Schülersprecher die Ziele der Berufsinformationsveranstaltung kurz vor.

3. Nun beginnt die eigentliche Berufsinformationsveranstaltung. Ihr begebt euch (mit euren Eltern) gemäß des vorher festgelegten Zeitplans zu den gewählten Präsentationen. Nach der ersten Expertenrunde kommt eine kurze Pause. Dann sucht jeder Schüler den Experten für seinen zweiten Berufswunsch auf.

4. Während der Präsentation durch die Experten müsst ihr die wesentlichen Informationen zu eurem Wunschberuf schriftlich festhalten. Vielleicht entwickelt ihr dazu ein passendes Arbeitsblatt. Orientiert euch an vorhandenen Berufsbeschreibungen, die ihr bei Betriebserkundungen und/oder im Betriebspraktikum bearbeitet hattet.

5. Fragt nach, was der Ausbildungsbetrieb von seinen Azubis erwartet: Schulleistungen, Abschlüsse, Arbeitstugenden usw. Werden die Azubis nach der Ausbildung im Betrieb übernommen?

6. Nach dem zweiten Durchgang könnt ihr die Veranstaltungsform so verändern, dass man mit anderen ins Gespräch kommen kann. Dies geschieht z. B. bei einem kleinen Imbiss. Dafür könnte eine Projektgruppe von Schülern aus dem Fach Ernährung und Soziales verantwortlich sein. Ihr könnt auch mit einzelnen Fachleuten über das Thema „Berufswahl und Ausbildungsplatzlage" diskutieren.

Nachbereitung und Auswertung

Das beste Mittel zur aktiven Nachbereitung ist, wenn ihr eure Ergebnisse präsentiert. Ihr kennt dafür bereits verschiedene Möglichkeiten. Für die Berufsinformationsveranstaltung bietet sich vor allem eine Plakatpräsentation an.

Zu deinen Wunschberufen nimmst du das erhaltene Informationsmaterial in dein Portfolio auf.

Kaufmann/-frau für Büromanagement

- anerkannter Ausbildungsberuf
- duale Ausbildung in Industrie und Handel (im Ausbildungsbetrieb und in der Berufsschule)
- Ausbildungsdauer: 3 Jahre

Was macht man in diesem Beruf?
- organisatorische und kaufmännische Tätigkeiten
- Schriftverkehr, Termine planen und überwachen, Kundenbetreuung möglich

Wo arbeitet man?
- In allen Wirtschaftsbereichen, öffentliche Verwaltung
- In erster Linie in Büros und Besprechungsräumen

Schulabschluss?
- überwiegend der mittlere Bildungsabschluss oder Hochschulreife

Worauf kommt es an?
- Organisation, Flexibilität, Sorgfalt
- Deutsch, Mathe, Wirtschaft und Kommunikation

Besuch einer Ausbildungsmesse

Bei der Berufsinformationsveranstaltung holt ihr die Experten in eure Schule. Bei Ausbildungsmessen an zentralen Orten könnt ihr euch an zahlreichen Firmenständen zu verschiedenen Berufen informieren. Dabei werden zum Teil auch „lebende Werkstätten" aufgebaut. Oft führen Auszubildende den Besuchern grundlegende Tätigkeiten des Berufs darin vor. Sie zeigen die Nutzung von Werkzeugen und Maschinen, die kennzeichnend für den jeweiligen Beruf sind. Andere Aussteller demonstrieren dies anhand von Fotos, Videos oder Plakaten, auf denen sie berufstypische Arbeiten präsentieren. Die Besucher können auf diese Weise einen realistischen Einblick in den Beruf gewinnen.

Darüber hinaus werden bei derartigen Messen auch Vorträge, z. B. zu Berufswahl und Bewerbung, Vorstellungsgesprächen und Einstellungstests angeboten. In Diskussionsrunden geht es um aktuelle Fragen der Ausbildungsplatzsituation in der Region.

Vorbereitung

Der Messebesuch muss von den Schülern individuell vorbereitet werden, da jeder sich an anderen Messeständen und bei anderen Vorträgen informieren möchte. Das bedeutet, dass du bereits vor dem Besuch wissen musst, welche Berufe vorgestellt werden, an welchen Messeständen (von welchen Betrieben) dies geschieht, wo diese Messestände genau zu finden sind, welche Vorträge, Expertenrunden und Diskussionsveranstaltungen wann und wo geplant sind.

Wie kommst du an diese Informationen? Im Vorfeld der Ausbildungsmesse kannst du z. B. auf der Internetseite der Veranstalter den aktuellen Plan der Ausstellerstellplätze und den Zeitplan für die Vorträge am besten erfahren. Auch die regionalen Tageszeitungen informieren auf Sonderseiten zur Ausbildungsmesse. Oft gibt es noch spezielle Flyer, die vorher an die Schulen geliefert werden.

Suche dir also die Betriebe mit ihren Messeständen aus, die dich zu deinen Wunschberufen informieren können. Vielleicht fällt dir beim Messebesuch auch ein ganz ungewöhnliches Angebot auf!

Informiere dich über interessante Begleitveranstaltungen. Lege bereits vor der Messe fest, welche du besuchen willst. Plane ihren Besuch fest in deinen vorgesehenen Zeitablauf ein.

Durchführung

Stelle dich darauf ein, dass an einigen Ständen großer Andrang herrschen wird. Vielleicht hast du dann die Möglichkeit einen anderen Zielpunkt aus deiner Vorplanung vorzuziehen. Es macht keinen Sinn durch die Ausstellung nur wie ein Zuschauer zu gehen. Du musst „ran an die Stände" und deine Fragen stellen. Auf der Internetseite einer Ausbildungsmesse werden u. a. folgende Fragen vorgeschlagen:

Manche Schulen geben ihren Schülern auch vorgefertigte Fragebogen zu den wesentlichen Merkmalen der Berufe mit.
Wenn du Vorträge besuchst, solltest du dir Notizen machen. Vergiss Schreibunterlage und Schreibzeug nicht.

Welche Fragen sollte ich den Ausbildungsbetrieben stellen?
• Welchen Abschluss brauche ich für den gewünschten Ausbildungsberuf?
• Auf welche Werte wird außerdem Wert gelegt, z. B. Zuverlässigkeit, Pünktlichkeit usw.?
• Was lernt man während der Ausbildung?
• Wie lange dauert die Ausbildung?
• Wie viel Zeit verbringe ich in der Berufsschule und wie viel im Betrieb?
• Wie ist die Arbeitszeit geregelt? Wo ist der genaue Arbeitsort?
• Wie hoch ist die Ausbildungsvergütung?
• Kann ich nach der Ausbildung im Unternehmen bleiben?
• Wie viele Ausbildungsplätze stehen im Jahr zur Verfügung?
• Ab wann kann ich mich bewerben?
• Bis wann sollte ich mich bewerben?
• Wer ist Ansprechpartner für Auszubildende und Bewerbungen im Unternehmen?
• Wie sollte ich die Bewerbung übermitteln?
• Worauf sollte ich in der Bewerbung eingehen?
• Werden bei einer Bewerbung für einen künstlerischen Beruf bereits erste Arbeitsproben verlangt?

Nachbereitung und Auswertung

Ihr könnt die zahlreichen Berufsbilder in der Schule wieder als Plakatausstellung präsentieren. Verwendet dazu auch Prospektmaterial von der Messe. Macht dazu ein „**gallery walking**".

Diese Methode ist schnell erklärt: Jeder betrachtet alles; aber nur bei näherem Interesse verweilt man bei dem einen oder anderen Plakat länger. Wenn man Fragen hat, wendet man sich an den Autor des Plakats und erhält so die gewünschten zusätzlichen Informationen.

Welche Erfahrungen gewinne ich im Betriebspraktikum?

Den Lernort wechseln, aus der Schule kommen und in einem Betrieb selbst etwas Berufstypisches ausprobieren dürfen: Viele von euch sehen dem Betriebspraktikum mit besonderer Erwartung entgegen.

Die meisten erhoffen sich direkte Hilfe für die eigene Berufswahl. Viele wollen überprüfen, ob sie für ihren Wunschberuf, den sie während des Betriebspraktikums näher kennenlernen, auch tatsächlich geeignet sind.

Habt ihr keinen Praktikumsplatz in eurem Wunschberuf bekommen, könnt ihr trotzdem wichtige Erfahrungen machen:
- Wäre dieser Beruf trotzdem eine Alternative?
- Wie erlebt ihr das Betriebsklima?
- Welche Kontakte zu Azubis und Ausbildern waren hilfreich?

Außerdem wollt ihr erfahren, wie es in einem Betrieb zugeht, welche Arbeitsbedingungen vorherrschen und wie ihr die Belastung empfindet, wenn ihr den ganzen Tag beansprucht werdet.

Erfahrungen von Praktikanten

Luisa: „Ich habe in den beiden Praktika die Berufe Kauffrau für Büromanagement und Mechatronikerin kennengelernt. Beide Berufe haben ihren Reiz. Sie stellen aber sehr unterschiedliche Anforderungen. Ich denke jedoch, dass mir Mechatronikerin besser liegt. Es ist allerdings schwierig, als Mittelschülerin einen Ausbildungsplatz darin zu bekommen."

Leon: „Das Betriebspraktikum hat mich darin bestärkt, dass ich einen Pflegeberuf erlernen möchte. Es macht mich zufrieden, anderen Menschen helfen zu können. Ich hatte vor dem Praktikum noch Bedenken, ob ich es schaffe, bei fremden Menschen die Arbeiten zur Körperhygiene durchzuführen. Aber ich habe erfahren, dass mir auch das nicht schwerfällt."

Marcel: „Ich konnte während der beiden Praktika in die Berufe Metallbauer und Fahrradmonteur hineinschnuppern. Metallbauer werde ich wohl nicht erlernen können. Da liegt mir Fahrradmonteur schon besser."

Samira: „Nun weiß ich genauer über den Beruf als Einzelhandelskauffrau Bescheid. Von einigen Vorstellungen, die ich vorher davon hatte, musste ich mich allerdings verabschieden.

Auch in der Boutique meiner Mutter musste ich die meiste Zeit stehen, allen Kunden gegenüber freundlich sein und von Kunden anprobierte Kleidung sorgfältig wieder aufräumen."

> **INFO**
>
> Praktikumsdauer: Schüler der Regelklasse 8 absolvieren zweimal je eine Woche Betriebspraktikum in verschiedenen Betrieben. Schüler der M-Klasse 8 haben verpflichtend eine Woche Betriebspraktikum; in der 9. Jahrgangsstufe findet für sie die zweite Praktikumswoche statt. Zusätzliche freiwillige Praktika sind möglich.

1. Welche für die Berufswahl wichtigen Erfahrungen haben die vier Schüler im Betriebspraktikum gemacht?
2. Sind diese Erfahrungen auch ohne Praktikum denkbar? Begründe deine Meinung.

Samira informiert sich über den Betrieb.　　Samira stellt sich im Praktikumsbetrieb vor.

Wie bereite ich mich auf das Betriebspraktikum vor?

Das Betriebspraktikum heißt nicht nur: „Raus aus der Schule". Wenn deine Erwartungen erfüllt werden sollen, musst du dich gewissenhaft vorbereiten.
Damit das Betriebspraktikum erfolgreich verläuft, solltest du dir über Folgendes im Klaren sein:
- Was will ich durch das Betriebspraktikum lernen?
- Bildet der Praktikumsbetrieb in meinem Wunschberuf aus?

Ähnlich wie bei einer Betriebserkundung solltest du dein Praktikum in drei Bereichen vorbereiten:

Organisatorische Vorbereitung

Frau Steiger händigt ihren Schülern in WiB die notwendigen Unterlagen für die Betriebe aus. Das ist ein Brief der Schule, aus dem der Betrieb entnehmen kann, wann das Praktikum geplant ist. Außerdem werden die Verantwortlichen des Betriebes gebeten, das Praktikum zu unterstützen. Für Betriebe, die noch wenige oder keine Erfahrungen mit Praktikanten haben, fügt Frau Steiger zusätzlich ein Infoblatt der Schule bei. Darin wird der Ablauf eines Praktikums aus der Sicht des Betriebs erläutert. Außerdem verteilt sie einen Antwortschein, in dem der Betrieb seine Bereitschaft für das Praktikum schriftlich bestätigt. Schließlich werden in einem weiteren Brief die Eltern über das Betriebspraktikum informiert.

Frau Steiger betont: „Ihr solltet euch zügig um euren Praktikumsplatz kümmern, denn die Stellen sind natürlich nicht unbegrenzt verfügbar. ‚Wer zuerst kommt, mahlt zuerst.' Sicher können euch eure Eltern bei der Stellensuche helfen. Vielleicht müsst ihr diese Aufgabe allein erledigen. Denkt in beiden Fällen auch daran, dass ihr in passender Kleidung vorsprechen solltet."

Frau Steiger empfiehlt auch, dass die Schüler sich schon vor dem Praktikum über ihren Praktikumsbetrieb informieren sollen.

„Es macht nämlich einen guten Eindruck, wenn ihr bei der Anfrage nach einem Praktikumsplatz bereits mit Insiderwissen glänzen könnt. Besorgt euch Informationsmaterial, z. B. Prospekte, Zeitungsartikel oder Beiträge von der Homepage des Betriebes."

Im Unterricht erstellt die Klasse mehrere Fragebogen zur Bearbeitung während des Praktikums, die die Schüler in einer eigenen Praktikumsmappe sammeln:
- Daten des Betriebs in der Übersicht
- Aufgaben des Betriebs und Abläufe im Betrieb
- Berufsbild des Praktikumsberufs

Es gibt auch vorgefertigte Mappen, die dann rechtzeitig besorgt werden müssen, damit sich die Schüler mit ihnen vertraut machen können.

→ Starthilfe:
Wenn der Betrieb eine Bewerbung für die Praktikumsstelle wünscht, helfen euch die Seiten 110 bis 112 weiter.

Schüler stellen ihre Praktikumsmappe zusammen.

Betriebspraktikum

Beginn: _30. September 20.._
Ende: _11. Oktober 20.._

Praktikant(in):
Meike Huber

Betrieb:
Bäckerei und Konditorei Schaller

Inhaltliche Vorbereitung

Wenn du vom Betriebspraktikum für deine Berufswahl profitieren möchtest, solltest du deine Erfahrungen täglich in deiner Praktikumsmappe schriftlich festhalten. Über diese Tagebucheinträge hinaus kannst du zu folgenden Themenbereichen Fragebogen für deine Praktikumsmappe entwickeln:

– Erstelle ein Berufsbild über den Praktikumsberuf: Beschreibe die typischen Tätigkeiten, die Materialien und Werkzeuge, die für den Beruf kennzeichnend sind; nenne die Möglichkeiten und Bedingungen für eine Ausbildung in diesem Beruf.

Praktikumsbetrieb: Produktionshalle

– Es kann durchaus sein, dass die Arbeit in einem Beruf in unterschiedlichen Betrieben ganz anders ausgeprägt ist. Deshalb ist es sinnvoll, ein Betriebsporträt zu erstellen. Worin können sich gleichartige Betriebe im betrieblichen Alltag unterscheiden? Der Umgangston der Mitarbeiter untereinander und zu den Auszubildenden entscheidet, ob du dich im Betrieb wohlfühlst. Ebenso tragen die Sauberkeit und Ordnung im Betrieb sowie die moderne Ausstattung zum guten Image des Betriebes bei. Berufswahl ist also immer auch zugleich Betriebswahl.

Werkstatt des Betriebs

– Bei den bisherigen Betriebserkundungen hast du die betrieblichen Grundfunktionen Beschaffung, Produktion und Absatz kennen gelernt. Auch dazu kannst du im Praktikum weitere Erkenntnisse gewinnen.

Der Praktikumsbetreuer

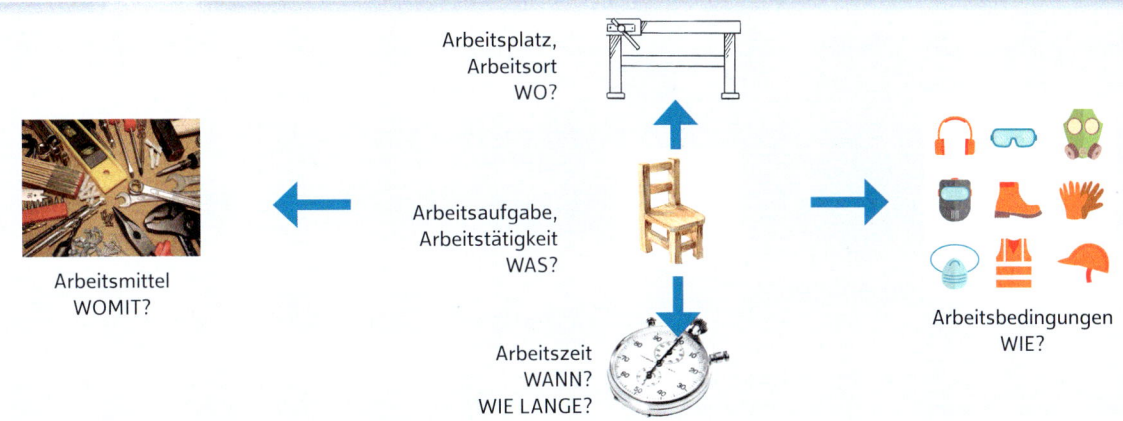

Welche Arbeitsplatzmerkmale beschreiben Arbeit?

Methodische Vorbereitung

Marcel weiß zwar, wo er sein Betriebspraktikum als Fahrradmonteur absolvieren möchte. Er ist sich aber noch unsicher, wie er an die wichtigen Personen im Betrieb herankommen kann.

Frau Steiger probt dazu in der Klasse im Rollenspiel verschiedene Situationen:
- Wie frage ich in einem Betrieb um eine Praktikumsstelle nach?
- Wie befrage ich einen Mitarbeiter im Betrieb zu den Aufgabenstellungen, die ich in der Schule erhalten habe?
- Wie frage ich nach, wenn ich einen Arbeitsauftrag nicht verstanden habe?

Schüler üben im Rollenspiel.

Außerdem bestärkt sie die Schüler in ihren bereits vorhandenen methodischen Fähigkeiten: „Ihr wisst aus den Betriebserkundungen, wie ihr protokolliert, wie ihr beobachtet und eure Beobachtungen notiert. Ihr könnt Skizzen erstellen und Mitarbeiter befragen. Erinnert euch auch an die Erfahrungen der Arbeitsplatzerkundungen; ihr könnt Arbeitsplätze beschreiben nach der Arbeitsaufgabe, dem Arbeitsgegenstand, dem Arbeitsort, der Arbeitsdauer und den Arbeitsmitteln. Dies macht ihr genauso in eurem Praktikum."

Die Klasse erstellt eine Checkliste zu den drei Bereichen der Vorbereitung. Die Schüler behalten mithilfe dieser Liste den Überblick darüber, was bereits erledigt ist und was noch getan werden muss.

Grundsätzliches	Erledigt
Ich habe zu mehreren Praktikumsbetrieben recherchiert.	?
Ich habe überlegt, ob meine Stärken, Interessen und Wünsche zu meinem Praktikumsberuf passen.	?
Ich habe für mein Portfolio aufgeschrieben, was ich vom Praktikum erwarte.	?
Ich habe mich mit meinen Eltern und Freunden über meinen Praktikumswunsch ausgetauscht.	?
Vorbereitung	
Ich habe meine Praktikumsunterlagen zusammengestellt.	?
- Anschreiben der Schule	?
- Bereitschaftserklärung des Betriebs	?
- Praktikumsmappe	?
Ich habe mich über den Betrieb informiert.	?
Ich weiß, was der Betrieb macht und welche Berufe vorkommen.	?
Ich informiere sofort den Betrieb und meine Schule, wenn ich krank bin oder aus anderen Gründen fernbleiben muss.	?
Ich kenne die Verhaltensregeln im Betrieb und am Arbeitsplatz und halte mich daran.	?
Ich habe mir Fragen an den Betrieb überlegt.	?
- Welche Tätigkeiten kann ich kennenlernen?	?
- Welche konkreten Aufgaben kann ich übernehmen?	?
- Gibt es einen Praktikumsplan?	?
- Wie sind meine Arbeitszeiten?	?
- Brauche ich ein Gesundheitszeugnis oder Schutzkleidung?	?
- Wer sind meine Ansprechpartner im Betrieb?	?

Schüler erstellen ihre Bewerbung für das Betriebspraktikum.

Mehmet Arslan Forchheim, 04.06.20..
Bahnhofstraße 33d
91301 Forchheim
Tel.: 09191 123456
E-Mail: marslan@netweb.de

Müller und Sohn Bedachungen
Industriestraße 1
91301 Forchheim

Bewerbung um einen Praktikumsplatz als Dachdecker

Sehr geehrte Damen und Herren,

in der aktuellen Wochenendausgabe des Fränkischen Tages habe ich Ihre Anzeige, in der Sie Unterstützung für Ihr Dachdecker-Team suchen. Weil unsere Schule Betriebspraktika durchführt und ich sehr an dem Beruf des Dachdeckers interessiert bin, möchte ich mich um eine Praktikumsstelle bei Ihnen bewerben.

Muss ich mich um einen Praktikumsplatz bewerben?

Im Allgemeinen fragst du direkt bei dem Betrieb deiner Wahl nach, ob du ein Betriebspraktikum dort absolvieren kannst.

Einige Betriebe verlangen aber bereits für das Betriebspraktikum ein Bewerbungsschreiben. Um herauszufinden, ob zusätzlich zum schulischen Anschreiben ein persönliches Bewerbungsschreiben von dir verlangt wird, musst du frühzeitig beim Betrieb nachfragen. Dabei erkundigst du dich auch, wie ausführlich deine Bewerbung aussehen soll.

Auch für ein schulisches Betriebspraktikum können dazu gehören:
- Bewerbungsschreiben,
- tabellarischer Lebenslauf,
- Zeugnisse,
- passende Unterlagen aus deinem Portfolio.

Achte bei Bewerbung und Lebenslauf auf ein einheitliches Schriftbild und auf fehlerfreie Rechtschreibung.
Wenn du dein Bewerbungsschreiben bereits für einen anderen Betrieb genutzt und es am PC gespeichert hast, musst du für den neuen Betrieb Adresse und Anrede kontrollieren.

Der wohl schwierigste Punkt ist wohl, im Anschreiben deine „persönliche Note" zu setzen. Anschreiben, in denen nur allgemeine Vorlagen abgeschrieben wurden, werden als erstes aussortiert.

Andererseits darfst du aber auch nicht zu sehr übertreiben, was du zu leisten in der Lage bist.

Für alle Fragen zum richtigen Bewerben kannst du auch die Seiten von planet-beruf zurate ziehen. Dort heißt es zum Beispiel:

> „Im Bewerbungsschreiben für ein Praktikum musst du nicht sagen, dass dieser Beruf dein endgültiger Wunschberuf ist - schließlich möchtest du das in dem Praktikum herausfinden. Ansonsten ist die Struktur wie bei einem gängigen Anschreiben für eine Ausbildungsstelle. Zeige vor allem,
>
> - warum du dich ausgerechnet bei diesem Unternehmen bewirbst. Dazu musst du dich natürlich gut über die Firma informieren,
> - warum du dich ausgerechnet für diesen Ausbildungsberuf interessierst,
> - warum du genau die oder der Richtige für dieses Praktikum bist.
>
> Betone dafür deine Motivation und dein Praktikumsziel: Du möchtest z. B. herausfinden, ob du für deinen Wunschberuf geeignet bist und Erfahrungen sammeln - auch, um deine Chancen auf einen späteren Ausbildungsplatz zu steigern."

Auf der folgenden Seite siehst du mögliche Beispiele für ein Bewerbungsschreiben um einen Praktikumsplatz und einen Lebenslauf, die Luisa verfasst hat.

Luisa Ruckdeschel
Bamberger Straße 53
96114 Hirschaid
Tel.: 09543 987321
E-Mail: luruck@netweb.de

Hirschaid, 15.05.20..

Automotive-Innotec
Industriestraße 42
96114 Hirschaid

Bewerbung um einen Praktikumsplatz als Mechatronikerin

Sehr geehrte Damen und Herren,

in der aktuellen Wochenendausgabe des Fränkischen Tages habe ich Ihre Anzeige, in der Sie einen Ausbildungsplatz für einen Mechatroniker zum 1. August 20... anbieten, gelesen. Ich benötige zwar noch keinen Ausbildungsplatz, aber da unsere Schule Betriebspraktika durchführt, nehme ich Ihre Annonce gerne zum Anlass, mich um eine Praktikumsstelle bei Ihnen zu bewerben.

Bereits frühzeitig entdeckte ich mein Interesse für Technik. Mein Vater, der von Beruf Zerspanungsmechaniker ist, hat zuhause eine kleine Werkstatt eingerichtet, in der ich bereits erste praktische Erfahrungen im Umgang mit Werkzeugen sammeln konnte.

Beim „Girl's Day" konnte ich meine Interessen, Neigungen und Fähigkeiten in diesem Tätigkeitsfeld überprüfen.

Derzeit besuche ich die 8. Klasse der Mittelschule Hirschaid und werde sie im Juli nächsten Jahres mit dem Qualifizierenden Mittelschulabschluss verlassen. Meine schulischen Leistungen sind durchwegs mindestens gut.

Ich würde mich sehr freuen, wenn Sie mir eine positive Rückmeldung geben würden.

Mit freundlichen Grüßen

Luisa Ruckdeschel

Anlagen
1 Zeugnis
1 Lebenslauf

Lebenslauf

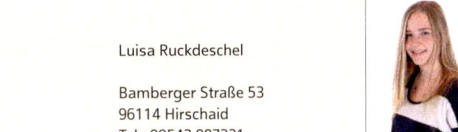

Name:	Luisa Ruckdeschel
Anschrift:	Bamberger Straße 53 96114 Hirschaid Tel.: 09543 987321 E-Mail: luruck@netweb.de
Geburtsdatum:	14. April 20..
Geburtsort:	Bamberg
Eltern:	Horst Ruckdeschel, Zerspanungsmechaniker Roswitha Ruckdeschel, geb. Zeiss, PTA
Geschwister:	Tobias, 11 Jahre
Schulbildung:	von September 20 .. bis Juli 20..: Grundschule Hirschaid von September 20.. bis Juli 20..: Mittelschule Hirschaid
Schulabschluss:	voraussichtlich Juli 20..
Zeugnis:	voraussichtlich Qualifizierender Mittelschulabschluss
Besondere Kenntnisse:	Wahlfach Informatik und AG Internet
Hobbys:	Schwimmen, Jugendfeuerwehr

Hirschaid, 15.05.20..

Luisa Ruckdeschel

Tipps zum Lebenslauf:

In den meisten Fällen verlangen die Betriebe einen tabellarischen Lebenslauf, so wie du ihn im Beispiel von Luisa sehen kannst. Einige Firmen wünschen aber einen ausführlichen Lebenslauf. Dieser wird in vollständigen Sätzen formuliert und mit der Hand geschrieben.

Schutzausrüstung bewahrt vor Verletzungen.

Über welche Sicherheitsvorschriften musst du Bescheid wissen?

Frau Steiger beschwört ihre Schüler: „Es wäre der schlimmste Fall, wenn während des Praktikums jemand von euch zu Schaden käme, nur, weil er die Gefahrenstellen nicht erkannt hat oder weil er über die Unfallverhütungsvorschriften nicht Bescheid wusste. Deshalb informieren wir uns bereits vor dem Praktikum über die wichtigsten Regeln! Jeder einzelne von euch muss sich zudem bereits am ersten Tag über die besonderen Unfallverhütungsvorschriften im Betrieb informieren."

Zur gemeinsamen unterrichtlichen Arbeit nutzt die Klasse Unterlagen der Gesetzlichen Unfallversicherung (GUV), die sich speziell an Schüler im Praktikum wenden. Der Broschüre „Sicher durch das Betriebspraktikum" sind folgende Grundregeln entnommen:

Sicher durch das Betriebspraktikum

Einige wichtige Regeln sollen dir helfen, dich im Betrieb sicherheitsbewusst und sicherheitsgerecht zu verhalten:

1. Lass dich über Gefahren am Arbeitsplatz, besonders an einem Maschinenarbeitsplatz, unterweisen (Notschalter).
2. Trage zweckmäßige Kleidung. Wenn du an Maschinen arbeitest, muss Deine Kleidung eng anliegen.
3. Uhren, Ringe, Schals, sonstige Schmuckstücke dürfen nicht getragen werden, wenn sie zur Gefahr werden können (z. B. wenn die Gefahr besteht, mit ihnen hängen zu bleiben oder dass sich ein drehendes Teil dahinter verhakt).
4. Lange Haare können eine Gefahr sein. Sichere sie durch Kappe, Band oder Knoten – vor allem bei Maschinenarbeit oder Arbeit mit glühenden Teilen oder Feuer.
5. Informiere dich über die jeweiligen betrieblichen Unfallverhütungsvorschriften. Es gibt wichtige branchen- und betriebstypische Besonderheiten (z. B. Verbot für bestimmte Personen, Hebebühnen zu betätigen oder an Holzbearbeitungsmaschinen zu arbeiten).
6. Nimm jeden Tipp in Sachen Sicherheit gerne an, vor allem von Profis. Vorgesetzte haben dir gegenüber ein Weisungsrecht. Ihre Anweisungen sind zu befolgen.
7. Achte auf Verbotsschilder, die „unbefugten Zutritt untersagen". Das hat nichts mit Geheimniskrämerei, aber viel mit Sicherheit zu tun.
8. Setze nie Maschinen ohne Erlaubnis, Unterweisung und Aufsicht in Gang. Das gilt auch für Maschinen, die du kennst.
9. Beachte Schilder mit Sicherheitszeichen. Wenn du ein Schild nicht kennst, frage nach seiner Bedeutung.
10. Informiere dich, wie du dich im Falle eines Unfalls zu verhalten hast.

Schutzausrüstung bewahrt vor Verletzungen.

Manche Karikatur zum Unfallschutz am Arbeitsplatz macht klar, worauf es ankommt. Du siehst hier einige Beispiele.

Nimm zu den Karikaturen Stellung.
- a) Welche Gefahr wird dargestellt?
- b) Wie könnte sie vermieden werden?
- c) Warum wird oft gegen die in der Karikatur angesprochene Sicherheitsmaßnahme verstoßen?

Für Jugendliche verboten! Akkordarbeit ...

... Arbeit nach 22 Uhr...

... körperlich schwere Arbeit.

Wovor schützt dich das Jugendarbeitsschutzgesetz?

Marcel war im Betriebspraktikum in einem Metallbaubetrieb. Diese Firma hatte einen Großauftrag: Sie sollte Metallprofile für den Trockenbau herstellen. Marcel beobachtete die Mitarbeiter in der Produktionsstraße und ihm hätte es gefallen, wenn er dort hätte mitarbeiten dürfen.
Doch die Ausbildungsleiterin des Betriebs, Frau Perez, die Marcel im Praktikum betreut, lehnte diesen Wunsch ab.
Frau Perez: „Diese Arbeit wird unter Zeitvorgabe, also im Akkord durchgeführt. Und Jugendliche dürfen nicht Akkord arbeiten. So steht es im Jugendarbeitsschutzgesetz." (JArbSchG)
Marcel: „Aber ich bin doch Sportler und kann diese Arbeit doch auch leicht bewältigen. Wenn ich mir Herrn Daubner dort ansehe. Er ist doch bestimmt schon 60 Jahre alt und nicht so fit wie ich. Er wird durch diese Arbeit sicher schwerer belastet als ich. Warum verbietet mir das Jugendarbeitsschutzgesetz die Akkordarbeit?"
Frau Perez: „Das möchte ich dir an einem Beispiel erklären. Die Mediziner wissen, dass das Herz der Jugendlichen zunächst beim Längenwachstum hinterherhinkt. Dieses wichtige Organ wird erst im Erwachsenenalter vollständig ausgebildet. Es ist also kleiner als ein Erwachsenenherz, d. h. es kann bei einem Herzschlag weniger Blut in den Körper pumpen.
Man kann dies mit Schöpfkellen verdeutlichen: Wenn du mit einer großen Schöpfkelle, die einen viertel Liter fasst, eine Flüssigkeit von vier Litern in ein anderes Gefäß füllen sollst, musst du 16 mal schöpfen. Diese große Schöpfkelle steht jetzt stellvertretend für das Herz eines Erwachsenen.
Für Jugendliche nehmen wir eine kleine Schöpfkelle mit einem Achtelliter Fassungsvermögen. Jetzt musst du 32-mal schöpfen und dies in der gleichen Zeit, wenn du genauso viel Leistung erbringen willst.
Das Herz würde durch die doppelte Zahl an Schlägen überlastet und in seiner Entwicklung gestört werden."
Marcel: „Jetzt verstehe ich, warum ich diese Akkordarbeit nicht ausführen darf."

Akkord:
Für die Herstellung eines Werkstücks wird eine bestimmte Zeit festgelegt. Wenn der Arbeitnehmer schneller ist als diese festgelegte Zeit, dann erzielt er mehr Lohn.

1. Führt einen Vergleich – wie oben beschrieben – mit zwei unterschiedlich großen Schöpfkellen durch und versucht, gleiche Zeiten zu erzielen.

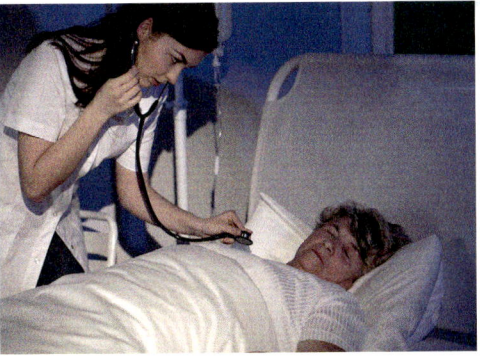 

Auch für Jugendliche verboten: Nachtarbeit, gefährliche Arbeiten

Das Jugendarbeitsschutzgesetz bietet dir Schutz, damit deine Gesundheit nicht gefährdet wird, und deine körperliche und psychische Entwicklung ungestört verläuft.

Es schützt dich insbesondere vor Arbeit, die
- zu früh beginnt,
- zu lange dauert,
- zu schwer ist,
- dich körperlich oder psychisch gefährdet,
- für dich ungeeignet ist.

INFO

Wer wird durch das Jugendarbeitsschutzgesetz geschützt?
Jugendlicher ist, wer das 15. Lebensjahr vollendet hat, also bereits 15 Jahre alt ist. Mit der Vollendung des 18. Lebensjahres beginnt das Erwachsenenalter.

Beide Seiten, Arbeitgeber und Jugendliche müssen sich an die Bestimmungen des Jugendarbeitsschutzgesetzes halten. Wenn dagegen verstoßen wird, werden deshalb auch beide bestraft. Du darfst auch dann nicht im Akkord arbeiten, wenn du dadurch mehr verdienen könntest.

Durch das Jugendarbeitsschutzgesetz werden weitere Arbeitssituationen für Jugendliche auch im Betriebspraktikum eindeutig rechtlich geregelt.

Fallbeispiele aus dem Betriebspraktikum

Melanies Praktikumsplatz als Fleschereifachverkäuferin bietet vielfältige Aufgaben. Sie darf bereits für Partybestellungen mitarbeiten. Sie soll die Häppchen-Platten am Samstagabend zum Kunden ausliefern. Ihr Praktikumstag begann um 07:30 Uhr.

Kemal freut sich, dass er im Betriebspraktikum als Zimmerer schon alle typischen Tätigkeiten des Berufs kennenlernen kann. Er soll sogar mit auf das Dach des fünfstöckigen Neubaus, um die Lattung für die Eindeckung zu erstellen. Gerüst und Fangnetz an der Baustelle sind von der Berufsgenossenschaft geprüft worden.

→ **Starthilfe zu 2:**
Bestellt die Broschüre „Klare Sache" auf der Homepage des Bundesministeriums für Arbeit und Soziales oder ladet sie als PDF herunter. Damit könnt ihr die Fallbeispiele leichter lösen.

2. Diskutiert die Fallbeispiele. Informiert euch in der Broschüre „Klare Sache" über die rechtlichen Vorschriften und begründet damit eure Entscheidung.

Samira befragt Mitarbeiter.

Was muss während des Betriebspraktikums erledigt werden?

Aufmerksam sein.

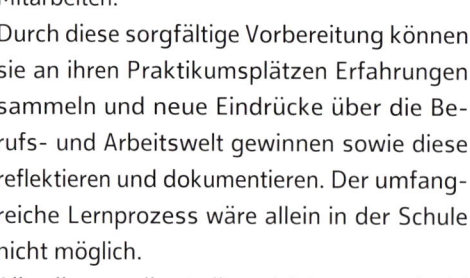

Arbeitsplatz sauber halten.

Luisa, Marcel, Samira und Leon haben im Unterricht in Wirtschaft und Beruf erarbeitet, was sie während des Betriebspraktikums gezielt erfahren wollen.

Sie können Arbeitsplätze und berufliche Tätigkeiten beobachten. Sie befragen Mitarbeiter und Auszubildende zu ihren Erfahrungen in Beruf und Betrieb. Sie erleben die Arbeitsbedingungen und Belastungen durch eigenes Mitarbeiten.

Durch diese sorgfältige Vorbereitung können sie an ihren Praktikumsplätzen Erfahrungen sammeln und neue Eindrücke über die Berufs- und Arbeitswelt gewinnen sowie diese reflektieren und dokumentieren. Der umfangreiche Lernprozess wäre allein in der Schule nicht möglich.

Allerdings gelingt dies nicht automatisch! Damit dein Praktikum erfolgreich verläuft, musst du jetzt deine Vorbereitung gezielt umsetzen:

Denke dran: Auch die Betriebsangehörigen müssen sich auf dich einstellen, denn auch für sie ist es keine alltägliche Situation, ständig einen Praktikanten um sich zu haben.

- Sicherlich wirst du einem Mitarbeiter zugeordnet, der dich im Betrieb betreut, der sich um dich kümmert, der dein Ansprechpartner sein wird. Halte dich unbedingt an seine Anweisungen und besprich wichtige Ereignisse oder eventuelle Probleme mit ihm. Informiere darüber aber auch deine Lehrer.
- Zeige Interesse an Tätigkeiten, Berufen und Vorgängen im Betrieb.
- Versuche, selbstständig Kontakt zu Betriebsangehörigen aufzunehmen. Die Mitarbeiter werden dir sicher gern mit Rat und Tat zur Seite stehen.
- Nutze besonders die Chance, dich mit Auszubildenden zum Beruf auszutauschen.
- Erledige deine schulischen Arbeitsaufträge; sprich Zeitpunkt und Vorgehensweise mit deinem Betreuer ab.

INFO

Du musst in der Lage sein, dich in die ungewohnte Situation einzubringen. Gehe auf die Menschen selbstbewusst zu, vermeide aber zu aufdringliches Verhalten.

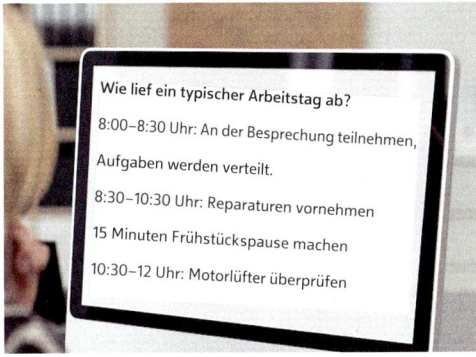

Luisa, Leon, Samira und Marcel stellen ihre Unterlagen für die Präsentation zusammen.

Wie tauschen wir unsere Erfahrungen im Betriebspraktikum aus?

Du hast während des Betriebspraktikums an deiner Praktikumsmappe gearbeitet. Du hast Tagesberichte angefertigt, vorbereitete Fragen beantwortet, z. B. zum Berufsbild und zu betrieblichen Abläufen. Vielleicht hast du auch zusätzliches Material, wie Informationsschriften, Broschüren und Bilder eingefügt. Manche durften ein Werkstück herstellen, das typisch für den Beruf ist.

Was du im Praktikum gesehen, erfahren, erlebt und empfunden hast und welche Erkenntnisse du gewinnen konntest, kannst du auf verschiedene Weise darstellen. Wichtig ist nur, dass du jetzt nach dem Praktikum diese Aufgabe der Präsentation auch wirklich erledigst. Denn dadurch zwingst du dich, deine Erkenntnisse intensiver zu verarbeiten und somit vom Praktikum noch stärker zu profitieren.

Der Praktikumsbericht

Luisa erstellt einen Praktikumsbericht. Sie schreibt ihn zu verschiedenen Gesichtspunkten des Praktikums und ergänzt die Kurzaufsätze durch Bilder, Prospektmaterial, Belege aus dem Betrieb usw. Dabei kommt es mehr auf die Qualität als auf den Umfang des Berichts an.

Luisa gibt durch diesen Bericht sich selbst und anderen Auskunft über ihr Praktikum. Sie entscheidet sich für folgende Gliederung:
- Was habe ich von meinem Betrieb gelernt?
- Was hat mir besonders gut gefallen?
- Was hat mir Probleme bereitet?
- Welche Vorstellungen und Erwartungen trafen nicht zu?
- Welche Tätigkeiten habe ich ausgeführt?
- Wie ist mein Betrieb aufgebaut?
- Wie lief ein typischer Arbeitstag ab?

Das Kurzreferat in der Klasse

Leon entscheidet sich für diese Form der Präsentation seiner Ergebnisse. Er will durch seinen Vortrag erreichen, dass die Mitschüler ausführlicher und genauer informiert werden als durch einen schriftlichen Bericht. Die Fragestellungen sind dabei denen Luisas ziemlich ähnlich.

Leon nutzt für sein Referat moderne Technik. Er hat während des Praktikums viele Fotos mit seiner Handykamera gemacht, die er nun in einer Diaschau mithilfe eines Beamers den Mitschülern vorstellt. Dazu musste er diese Bilder thematisch passend zu den einzelnen Fragen ordnen.

Praktische Ergebnisse aus dem Betriebspraktikum: Fliesenbohrung und Holzverbindung

Die Praktikumsausstellung

Marcel und Samira entscheiden sich für die Ausstellung von Material, das sie während des Praktikums gesammelt oder selbst erstellt hatten. Vor dem Praktikum wurde vereinbart, z. B. Prospekte, Broschüren, Werbematerial oder gar Werkstücke zu sammeln. Diese Dinge werden nun für eine Ausstellung aufbereitet, mit erläuternden Texten versehen, auf Plakate gebracht und in Vitrinen attraktiv dargeboten.

Folgende Präsentationsformen bieten sich für eine derartige Ausstellung an:

Wandzeitung
- Material sammeln (Fotos, Zeichnungen),
- gut lesbare Texte erstellen,
- Blickfänge schaffen (etwas Besonderes zeigen),
- Grafiken einbauen,
- für ein ausgewogenes Verhältnis von kurzen Texten und Illustrationen sorgen.

Werkstücke/Muster
- zu Beginn des Praktikums um Erlaubnis fragen, ob du ein Werkstück anfertigen darfst,
- die Arbeitsschritte dokumentieren (Bauplan, Muster, Beschreibung),
- beschreiben, mit welchem Werkzeug gearbeitet wurde,
- für den Beruf typische Tätigkeiten beschreiben,
- Materialproben sammeln und beschriften,
- erläutern, wozu das Werkstück bzw. das Muster verwendet werden kann.

Prospekte/Informationsmaterial nutzen
- eventuell eine Collage anfertigen,
- Grafiken mit Bildmaterial aus Prospekten unterstützen.

Skizzen/Grafiken
- Arbeitsplatz-Skizze erstellen, Grundriss des Arbeitsortes zeichnen,
- Angaben zu Geräten und Maschinen skizzieren,
- Arbeitsabläufe mithilfe einer Schemazeichnung verdeutlichen,
- betrieblichen Aufbau (Abteilungen), betriebliche Zusammenhänge (Lieferanten, Kunden) als Grafik darstellen,
- Ausbildungswege übersichtlich grafisch darstellen.

Multimedia-Präsentation
- Diaschau,
- Video-Darbietung,
- Tonbildschau,
- animierte Computerpräsentation.

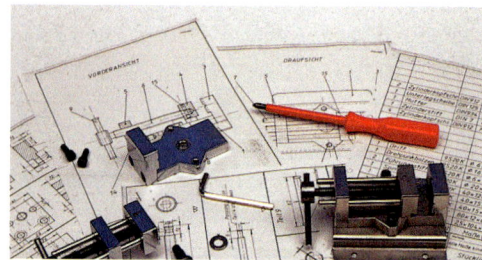

Ausstellung zum Betriebspraktikum

Was bringt die Zukunft?

Wie sieht dein Leben in 20 Jahren aus?

Du hast durch das Betriebspraktikum vielfältige Erfahrungen gesammelt und vergleichst sie jetzt mit deinem Berufswunsch.

Bei dieser Analyse gehst du in folgenden Schritten vor:
– Haben deine Praktikumserfahrungen deine Vorstellungen vom Wunschberuf erfüllt? (Diese Vorstellungen hast du bereits vor dem Praktikum in der Praktikumsmappe festgehalten.)
– Haben die besonderen beruflichen Anforderungen deinen persönlichen Voraussetzungen entsprochen? Fühltest du dich unter- oder überfordert? Was fiel dir leicht, wo hattest du Schwierigkeiten? Hat dein Praktikumsbetreuer dir mitgeteilt, ob du für den Beruf geeignet bist?
– Hast du über berufliche Alternativen nachgedacht, weil das Betriebspraktikum nicht exakt deinen Erwartungen entsprach?
– Konntest du feststellen, wo du an dir selbst noch arbeiten musst, um den beruflichen Anforderungen gerecht zu werden?
– Du hast mit dem M-Abschluss erweiterte Berufsmöglichkeiten. Finde heraus – auch mithilfe der Berufsberatung und der Maßnahmen der Berufsorientierung -, welche Alternativen es für dich gibt.

Fantasiereise

Die Gedanken, die du dir anhand der Analyse gemacht hast, führst du nun in deine Zukunft fort. Du begibst dich auf eine Fantasiereise für die nächsten 20 Jahre.
Dabei geht es um deine komplette Lebenssituation, wie du sie dir bis dahin wünschst. Dafür eignen sich Mindmaps oder Flussdiagramme.

Bestimmt wird dein Entwurf ganz anders aussehen, als der deiner Mitschüler. Vielleicht hast du auch schon mehr als vier Stufen in deinem Lebensplanentwurf formuliert.
Wenn ihr eure Entwürfe miteinander vergleicht, könnt ihr aber sicher auch Gemeinsamkeiten entdecken. Spannend wird ebenso ein Vergleich von Mädchen und Jungen sein.

1. Bearbeite die Schritte der Analyse für dich persönlich.
2. Führe für dich persönlich die Fantasiereise „Mein Leben in 20 Jahren" durch.

Luisa schreibt ihre Bewerbung am PC.

Was muss ich bei meiner Bewerbung beachten?

Luisa hat bereits für das Betriebspraktikum ein Bewerbungsschreiben verfasst. Für die Bewerbung um einen Ausbildungsplatz ist es jetzt noch wichtiger, dass du alle Formvorschriften und Gestaltungsregeln für
- das Bewerbungsschreiben und
- den Lebenslauf einhältst.

Bei diesen Fragen kannst du die Informationsschriften der Berufsberatung – und hier wieder die Online-Materialien von planet-beruf – gewinnbringend nutzen.
Zusätzlich kommen in die Bewerbungsmappe deine aktuellen Zeugnisse in Kopie, deine Praktikumsbescheinigungen und vielleicht Bescheinigungen über Kurse oder Nebenjobs.

Das Bewerbungsschreiben

Durch das Bewerbungsschreiben erhält der Betrieb den ersten und wichtigsten Eindruck von dir: Es ist ausschlaggebend, ob du in die engere Auswahl genommen wirst.

Von besonderer Bedeutung ist der Inhalt der Bewerbung. Versetze dich in die Situation eines Personalchefs, der vielleicht Hunderte von Bewerbungsschreiben bewerten muss und die passenden Bewerber auswählen soll.

Er wird vor allem auf die „besonderen" Bewerbungen achten.
Es ist allerdings besonders schwierig, eine Bewerbung zu schreiben, die sich von den anderen abhebt. Dabei besteht auch die Gefahr, dass man übertreibt. Du musst bei der Wahrheit bleiben.

Achte aber auf jeden Fall auf das äußere Erscheinungsbild deiner Bewerbung. Sie muss sorgfältig und fehlerfrei geschrieben sein.
Erkundige dich bei deiner Lehrkraft in Wirtschaft und Kommunikation nach den aktuellen DIN-Vorschriften für Geschäftsbriefe.

Verfasse dein Bewerbungsschreiben am PC. Beispiele für Bewerbungsschreiben aus Ratgeberschriften können dir bei dieser Aufgabe helfen. Schreibe aber nicht einfach solche Muster-Bewerbungsschreiben ab, sondern nutze sie lediglich als Hilfestellung.

INFO

Im Bewerbungsschreiben kommt es auf Inhalt und Erscheinungsbild an.

Auf der nächsten Seite siehst du die Regeln für ein passendes Bewerbungsschreiben, wie sie bei planet-beruf zu finden sind.

→ **Starthilfe:**
Für das Bewerbungsschreiben und den Lebenslauf ist die Zusammenarbeit mit den Fächern **Deutsch** und **Wirtschaft und Kommunikation** notwendig.

Fertige nach dem Muster ein Bewerbungsschreiben für deinen Wunschberuf an.
   a) Achte darauf, dass es alle wichtigen Elemente enthält.
   b) Überlege dir, was deine Bewerbung „besonders" machen kann.

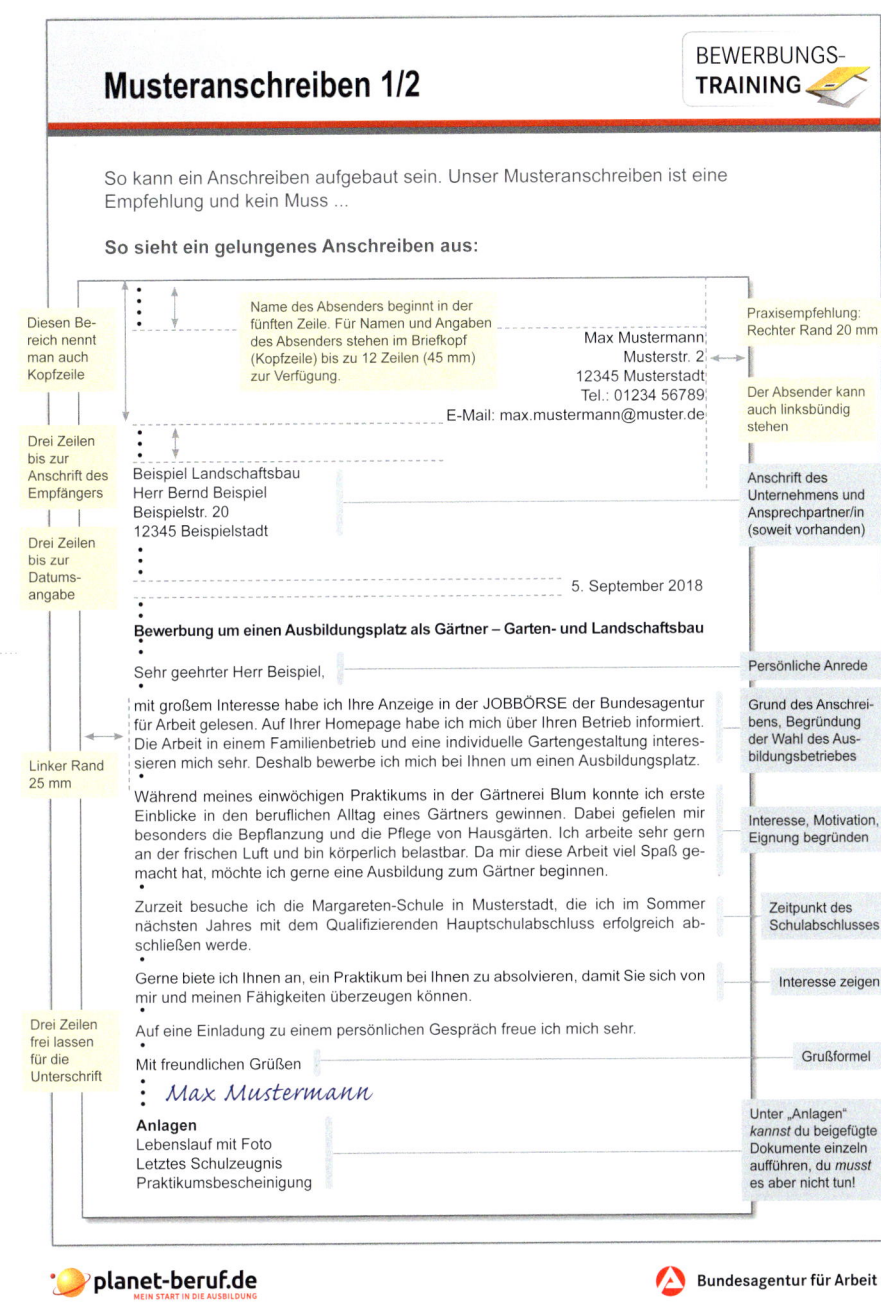

Tipps für das „Besondere" im Bewerbungsschreiben

- Wenn du ein Hobby hast, das zum Beruf passt, nenne es und beschreibe, was du dabei erreicht hast.
- Wenn in deiner Familie mehrere Sprachen gesprochen werden und du zweisprachig bist, musst du dies unbedingt erwähnen.
- Wenn du in einem Verein oder z. B. bei der Feuerwehr Aufgaben übernommen hast, solltest du dies erläutern.

Leon erstellt eine Bewerbung online.

Der nächste Schritt in deinem Leben

Bewerbung – auch online?

Immer mehr Unternehmen bieten auf ihrer Homepage möglichen Bewerbern um einen Arbeitsplatz bzw. um eine Ausbildungsstelle an, sich online zu bewerben. Auch bei diesem Weg sind einige wichtige Regeln zu beachten. Planet-beruf gibt folgende Hinweise dazu: Auf Internetportalen von Unternehmen kannst du dich auch online bewerben. Die Inhalte dieser „Online-Bewerbungsformulare" sind oft ähnlich gestaltet und orientieren sich an den üblichen Bestandteilen einer Papierbewerbung.

Tipp: Bevor du ein Online-Bewerbungsformular ausfüllst, solltest du deine Bewerbungsunterlagen bereitlegen, dann geht es schneller.

Deine bisherige Praxiserfahrung

Für deine praktischen Erfahrungen in deiner Wunschausbildung stehen dir Auswahl- und Freitextfelder für eigene Formulierungen zur Verfügung. Wie bei einer schriftlichen Bewerbung wollen die Unternehmen dein (bisheriges) Interesse für den Ausbildungsberuf sehen. Formuliere kurz und stichpunktartig.

Deine Kenntnisse und Fähigkeiten

Wie in einem gängigen Bewerbungsschreiben trägst du hier deine Qualifikationen wie Sprach- oder Computerkenntnisse ein bzw. kannst sie auswählen oder anklicken. Zum Teil musst du dich selbst bewerten. Firmen bieten dafür u. a. Tabellen als Bewertungshilfe an, damit du dich besser einschätzen kannst. Orientiere dich daran. Auch Hobbys und freiwillige Tätigkeiten können abgefragt werden. Formuliere in Stichpunkten und achte darauf, dass du nichts vergisst. Lass dich nicht verunsichern, wenn Felder leer bleiben und sei ehrlich!

Technische Voraussetzung

- Computer mit Internetzugang
- Textverarbeitungsprogramm
- Programm zum Erstellen von PDF-Dateien
- Scanner
- Drucker zum Erstellen von PDF-Dateien und für einen Probedruck
- E-Mail-Zugang für Bewerbungen per E-Mail mit seriöser E-Mail-Adresse (SO NICHT: Schmusebaer@muster.de; SONDERN VIELLEICHT LIEBER SO: max.mustermann@muster.de)

Technische Schritte

- Anschreiben und Lebenslauf am PC erstellen
- letztes Schulzeugnis und Praktikumsbescheinigungen einscannen
- digitales Foto vom Fotostudio erstellen lassen und am besten auf dem Lebenslauf oben rechts platzieren (oder auf das Deckblatt, wenn du eines verwendest)
- alle Anhänge am besten zu einer PDF-Datei zusammenfassen und mit einem aussagekräftigen Namen versehen, z. B. Bewerbung_Benjamin_Beispiel
- Dateigröße checken: Deine Anlagen sollten nicht größer als 3 MB sein!

Leon verfasst seinen Lebenslauf.

Bitte lächeln!

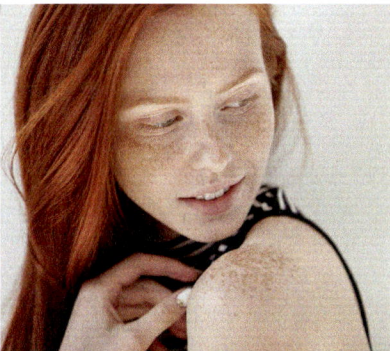
So bitte nicht!

Der Lebenslauf

Fester Bestandteil einer jeden Bewerbung ist der Lebenslauf. Er soll dem Empfänger deiner Bewerbung eine erste genauere Vorstellung von dir vermitteln. Du gibst Auskunft über deine Person und über deinen schulischen Werdegang.
Heute verlangen die meisten Betriebe einen tabellarischen Lebenslauf, wie du ihn am Beispiel Luisas auf der Seite 101 sehen kannst. Der Lebenslauf wird am PC erstellt. Allerdings musst du persönlich unterschreiben.

Darauf musst du achten:
Formulierung: Schreibe den tabellarischen Lebenslauf in Stichpunkten kurz und klar.

Ziel: Du sollst deine Interessen und Fähigkeiten herausstellen, die zur Ausbildungsstelle passen.

Welche Inhalte müssen in den Lebenslauf?
Zur Person: Name, Anschrift, Telefonnummer, Geburtsdatum und -ort, Hobbys

Tipps:
- Gib die eigene E-Mail-Adresse sowohl bei schriftlichen Bewerbungen als auch bei Online-Bewerbungen an.
- Angaben zu Geburtsort, Familie und deiner Staatsangehörigkeit sind freiwillig.
- Deine Religionszugehörigkeit musst du nur nennen, wenn es gewünscht wird.

Praktische Erfahrung: Deine Interessen, Stärken und Fähigkeiten stellst du heraus, indem du deine absolvierten Praktika und deine ehrenamtlichen Tätigkeiten auflistest.

Persönliche Kompetenzen: Gib Auskunft über besondere Kenntnisse und Fertigkeiten; z. B. Computer- und Sprachkenntnisse.

Schulbildung: Nenne deinen voraussichtlichen Schulabschluss und liste die von dir besuchten Schulen lückenlos auf.

Ort, Datum und Unterschrift: In deinem Lebenslauf muss das gleiche Datum stehen wie in deinem Anschreiben. Beide Dokumente werden von dir eigenhändig unterschrieben.

Bewerbungsfoto: Wenn du kein Deckblatt verwenden möchtest, klebst du dein Foto rechts oben auf den Lebenslauf. Ein Foto ist zwar keine Pflicht mehr, kann für dich aber von Vorteil sein, wenn du dich von deiner besten Seite zeigst.
Manchmal passiert es, dass sich das Foto im Laufe der Zeit vom Blatt löst. Damit der Personalchef das Foto eindeutig zuordnen kann, schreibst du auf die Rückseite des Passbildes deinen Namen und dein Geburtsdatum.

→ **Starthilfe:** Im Internet-Auftritt von planet-beruf findest du einen **Musterlebenslauf** und auch eine **Formatvorlage**, die du nutzen kannst.

Schreibe deinen tabellarischen Lebenslauf. Tipp: Speichere ihn elektronisch ab. So kannst du ihn später wiederverwenden und auch ergänzen.

Körpersprache

Schüler proben in der Klasse.

Der Ernstfall im Betrieb

Wie gelingt das Vorstellungsgespräch?

Die Verantwortlichen des Unternehmens haben Interesse an dir, sonst hätten sie dich nicht eingeladen. Im Vorstellungsgespräch wollen sie dich genauer kennenlernen. Bedenke, dass du dich dabei nicht verstellst. Sei einfach so wie du sonst auch bist.

Lampenfieber und Ängste sind allerdings ganz normal und gehören dazu. Sicherlich leiden darunter alle, die in der gleichen Situation sind. Freue dich über die Einladung und gehe mit Selbstvertrauen zum Vorstellungstermin.

Wie kannst du dich auf das Vorstellungsgespräch vorbereiten?

Du musst dir vorher überlegen, welche Fragen an dich gestellt werden. Erstelle eine Liste eigener Fragen, die du beim Gespräch über das Unternehmen vorbringen möchtest.

Informiere dich möglichst ausführlich über den Betrieb. Zeitschriften, Broschüren oder die Website des Unternehmens helfen dir dabei.

Trainiere deine Körpersprache: Sei weder zu schüchtern und nervös noch zu cool und überheblich, sondern zeige dich offen und interessiert. Mit Blickkontakt, aufrechter Körperhaltung und offener Zuwendung gelingt es dir, dass dein Gegenüber wahrnimmt, wie interessiert du dich zeigst. Setze dich erst hin, nachdem dir ein Platz angeboten wurde. Benutze Mimik und Gestik so, dass sie weder übertrieben noch teilnahmslos wirken, sondern Aufmerksamkeit zeigen. Am Ende des Gesprächs bedankst du dich höflich und verabschiedest dich mit einem normal festen Händedruck.

Folgende Unterlagen solltest du zum Vorstellungsgespräch mitbringen:
- Einladungsschreiben,
- Bewerbungsunterlagen (Anschreiben, Lebenslauf, Zeugnisse, Praktikumsbescheinigung),
- ausgefüllter Personalfragebogen, falls dir einer zugeschickt wurde,
- Liste mit eigenen Fragen,
- dein Berufswahl-Portfolio,
- Schreibunterlage und Stift.

1. Führt in der Klasse Rollenspiele zum Vorstellungsgespräch durch. Vielleicht kleidet ihr euch auch so wie im „Ernstfall", denn dadurch nimmt man die Rolle intensiver an. Nutzt Video-Aufzeichnungen zum Überprüfen eurer Wirkung.
2. Die Beobachter achten besonders auf Gestik, Mimik und Sprache. Sie notieren ihre Beobachtungen und diskutieren und bewerten in der Nachbereitung des Rollenspiels, was gut war und was verbessert werden müsste.

Stell dir vor, wie das Vorstellungsgespräch verlaufen könnte. Spiele die Situation mit Freunden oder deinen Eltern durch. Ihr könnt ein Vorstellungsgespräch auch in der Klasse üben. Wechselt auch einmal die Rolle. Als „Personalchef" bekommst du dann einen Eindruck von der „anderen Seite".

Welche Situationen sind typisch beim Vorstellungsgespräch?

Du musst mit deiner Persönlichkeit werben. das heißt aber auch, dass du deine Fähigkeiten, deine Stärken und Schwächen vorher richtig einschätzen kannst. Personalchefs sind Profis, die sich nichts vormachen lassen.

Falls du während des Gesprächs trotzdem nervös bist, stehe dazu. Deine Gesprächspartner sind erfahrene Leute und sie wissen, dass du in einer solchen Situation nicht völlig locker sein kannst. Sie durchschauen auch vorgespielte Lässigkeit. Also sei, wie du bist.

Ein gepflegtes Äußeres wirkt immer ansprechend, schmutzige Fingernägel sind sicher nicht positiv. Hände in der Hosentasche wirken unanständig.

Du kannst dich auch auf bestimmte Fragen vorbereiten, die in den meisten Vorstellungsgesprächen gestellt werden:

- Warum willst du gerade diesen Beruf erlernen?
- Warum hast du dich bei diesem Betrieb beworben?
- Was weißt du über den Betrieb?
- Hast du dich auch woanders beworben?
- Was weißt du schon über die Ausbildung oder über den Beruf?
- Kennst du die Schattenseiten des Berufs?
- Kannst du dir Alternativen zu deiner Ausbildung vorstellen?
- Welche Hobbys hast du?
- Wo engagierst du dich?
- Wie sind deine Leistungen in der Schule?
- Was sind deine besonderen Stärken?
- Hast du auch Schwächen?

Wenn du etwas nicht verstanden hast, darfst du auch nachfragen. Bereite dich aber auch auf eigene Fragen vor. Oft wirst du dazu gezielt aufgefordert. Dies können Fragen zum Unternehmen, zur Ausbildung, zu Mitarbeitern, zum Ausbildungsvertrag oder zu den Produkten des Betriebes sein. So zeigst du, dass du interessiert bist und dass du dich gut vorbereitet hast.

Die Frage nach der Höhe der Ausbildungsvergütung ist zulässig, sollte aber nicht als erstes gestellt werden. Übrigens: Personalverantwortliche möchten mit ihrem korrekten Namen angesprochen werden. Achte bei der Begrüßung bereits darauf und benutze den Namen im Vorstellungsgespräch.

Ich bekam ein Mineralwasser angeboten. Das war gut, denn ich hatte einen sehr trockenen Mund.

Ich war ganz schön nervös! Aber nach der Begrüßung ging es schon besser.

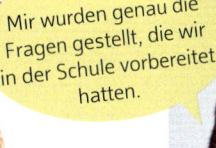

Mir wurden genau die Fragen gestellt, die wir in der Schule vorbereitet hatten.

Meine mäßigen Noten in Deutsch und Mathematik wurden angesprochen. Der Personalchef aber sagte, meine Praktikumsunterlagen zeigten, dass ich den Anforderungen in der Praxis gerecht werden kann.

Lernbilanz

Am Ende dieses Kapitels kannst du ...
- *dein Portfolio zum Berufswahlprozess weiterentwickeln,*
- *deine Selbsteinschätzung überprüfen, u. a. im Vergleich zur Fremdeinschätzung,*
- *dein eigenes Kompetenzprofil zu deinen Stärken, Interessen und Neigungen erstellen,*
- *das Kompetenzprofil mit den Anforderungen der Arbeitswelt vergleichen und diesen Vergleich für dich auswerten,*
- *über verschiedene Wege in den Beruf Auskunft geben und beurteilen, welcher für dich geeignet ist,*
- *Informationsmaterial der Berufsberufsberatung, z. B. BIZ und planet-beruf gezielt für deine eigene Berufsorientierung analysieren und bewerten,*
- *dich auf die Beratungsgespräche mit der Berufsberatung vorbereiten und diese selbstständig durchführen,*
- *dich selbstständig anhand verschiedener Quellen über den lokalen Stellen- und Ausbildungsmarkt informieren,*
- *die Notwendigkeit von Weiterbildung für die Sicherung des Arbeitsplatzes und den beruflichen Aufstieg begründen und beurteilen,*
- *Berufsinformationsveranstaltungen und Ausbildungsmessen für deine Berufswahl nutzen,*
- *durch die Betriebspraktika eigene Fähigkeiten erproben und den persönlichen Berufswunsch überprüfen,*
- *rechtliche Bestimmungen nach dem Jugendarbeitsschutzgesetz in Fallbeispielen beurteilen und während der Praktika beachten,*
- **M** *– einen eigenen Lebensplanentwurf und Berufswunsch skizzieren und mit den Entwürfen anderer vergleichen,*
- *eine Bewerbungsmappe für einen Ausbildungsplatz (R) bzw. einen Praktikumsplatz (M) erstellen,*
- *dich für ein Vorstellungsgespräch vorbereiten und dieses durchführen.*

Mit den folgenden Aufgaben kannst du überprüfen, ob du diese Kompetenzen erworben hast:

Besuch im BIZ

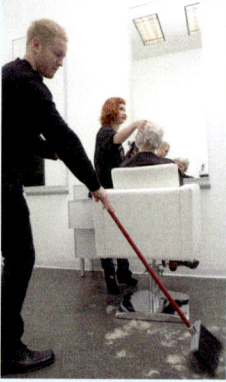
Betriebspraktikum

Vorstellungsgespräch

1. Überprüfe, ob du dein Berufswahlportfolio aktualisiert hast.
2. Stelle Gemeinsamkeiten und Unterschiede von Selbst- und Fremdeinschätzung heraus. Ziehe persönliche Schlussfolgerungen aus diesem Vergleich.
3. Vergleiche dein Kompetenzprofil mit dem Anforderungsprofil deines Wunschberufs und stelle Übereinstimmungen und Abweichungen fest. Beurteile, wie leicht du diese Abweichungen beseitigen kannst.
4. Prüfe kritisch, welcher Berufsweg für dich in Frage kommt. (Bearbeite diese Aufgabe möglichst ehrlich dir selbst gegenüber!)
5. Sammle für dein Portfolio Informationsmaterial zu deinem Wunschberuf z. B. von der Berufsberatung (BIZ, BERUFENET, planet-beruf) oder von Innungen und Kammern, Ausbildungsmessen und Berufsinformationsveranstaltungen. Analysiere diese Materialien und werte sie für dich persönlich aus. Beurteile, inwieweit diese Informationen zu deinen beruflichen Vorstellungen passen.
6. Verfolge den regionalen Ausbildungsstellenmarkt z. B. in der Tageszeitung und beachte dabei insbesondere die Bewerbungsfristen.
7. Überprüfe und beurteile, ob und wie dich dein Beratungsgespräch mit der Berufsberatung in deiner Berufsorientierung weitergebracht hat.
8. Verlief dein Betriebspraktikum erfolgreich? Beurteile dies anhand folgender Fragen:
   - Hast du einen guten Einblick in diesen Beruf gewinnen können?
   - Worüber hättest du im Praktikum gern mehr erfahren?
   - Fiel dir die Umstellung von der Schule auf das Praktikum schwer?
   - Welche Fertigkeiten hast du während deines Praktikums erlernt?
   - Hast du bei deinem Praktikum bemerkt, dass in deinem Schulwissen noch Lücken bestehen, die du unbedingt noch beseitigen musst?
   - Würdest du deinen Praktikumsberuf nach deinen Erfahrungen im Praktikum in deine engere Berufswahl einbeziehen?
   - Hat sich deine Meinung über diesen Beruf geändert? Begründe.
9. Halte deine Bewerbungsmappe auf dem aktuellen Stand.
10. Nutze planet-beruf, wenn du aktuell Bewerbungsunterlagen erstellen oder dich auf ein Vorstellungsgespräch vorbereiten musst.

Passende Berufswege überprüfen

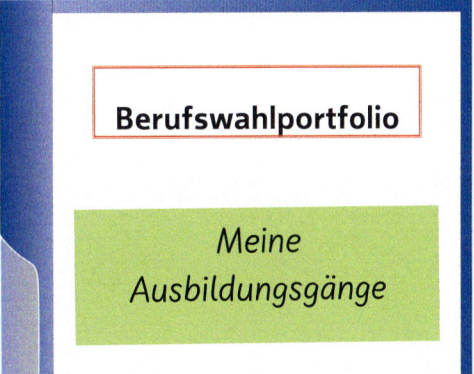

Portfolio aktuell halten

Technik

praxis

In diesem Kapitel lernt ihr:

› Erkundungsmethoden wie Befragen, Beobachten, Protokollieren anzuwenden,
› Produktionsmethoden bei der Herstellung von Gütern zu erkunden,
› Wirkungen des Technikeinsatzes auf die Menschen am Arbeitsplatz zu analysieren,
› Arbeitsschutzmaßnahmen und Arbeitssicherheit von Arbeitsplätzen zu erkunden,
› die notwendigen Qualifikationsanforderungen der Menschen am Arbeitsplatz zu erforschen,
› Vor- und Nachteile des Technikeinsatzes für die Menschen am Arbeitsplatz zu bewerten.

TECHNIK

- Welche Schutzmaßnahmen muss ich bei der Arbeit beachten?
- Was bedeutet Ergonomie am Arbeitsplatz?
- Welche technischen Produktionsverfahren werden eingesetzt?
- Wer überwacht die Arbeitssicherheit im Betrieb?
- Welche Qualifikationen sind für den Arbeitsplatz gefordert?
- Wie wirkt sich die Technik auf den Arbeitsprozess aus?
- Welche Vor- und Nachteile hat der Technikeinsatz für manche Mitarbeiter?

Fließfertigung

Baustellenfertigung

Mit welchen technischen Verfahren werden Produkte hergestellt?

Wir leben in einer Zeit des technischen Fortschritts, der Erfindungen und der Hochtechnisierung. Besonders technische Verfahren bei der Produktion werden stetig weiterentwickelt, um Kosten zu sparen. Die Technikentwicklung verändert die Arbeitsplätze und die Bedingungen, unter denen die Menschen an ihnen arbeiten.

Was versteht man unter „technischen Verfahren" bei der Produktion?

Technische Verfahren bezeichnen die Produktionsarten bzw. Produktionsverfahren von Gütern.

Unter technischen Verfahren versteht man die Produktionsverfahren (= Fertigungsverfahren), die bei der Herstellung von Gütern oder Dienstleistungen zur Anwendung kommen.

Produktionsverfahren nach der Anzahl der Produkte

Das sind die Verfahren, die sich an der Stückzahl des hergestellten Produktes orientieren.

Produktionsverfahren nach der Anordnung der Arbeitsplätze

Je nachdem, wie die Maschinen und Anlagen angeordnet sind, werden die Produkte von einem Arbeitsplatz zum anderen weitergegeben:

Oft werden mehrere Produktionsverfahren kombiniert. Die Teilprodukte aus verschiedenen Verfahren werden zum Endprodukt zusammengeführt und fertigbearbeitet. Dabei werden die Vorteile der einzelnen Produktionsverfahren genutzt. **Ziel: Produktionskosten und Produktionszeit einsparen**.

Produktionsverfahren nach der Anzahl der Produkte
Einzelfertigung (ein Produkt)
Serienfertigung (große Anzahl gleicher Produkte)
Sortenfertigung (große Menge ähnlicher Produkte, z. B. Limonadensorten)
Massenfertigung (sehr große Mengen gleicher Produkte)

Produktionsverfahren nach der Anordnung der Arbeitsplätze
Werkstattfertigung (z. B. Schreinerei)
Reihenfertigung (Arbeitsplätze sind hintereinander angeordnet)
Fließfertigung (Produkt fließt weiter mithilfe von Transportanlagen)
Gruppenfertigung (Arbeitsschritte werden im Team ausgeführt)
Baustellenfertigung (Produkt wird vor Ort erstellt)

 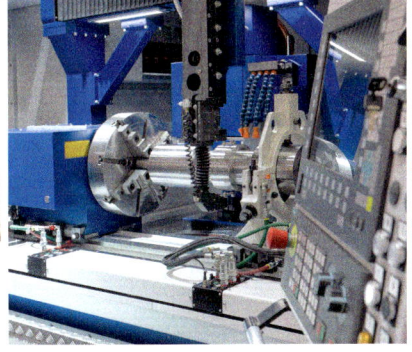 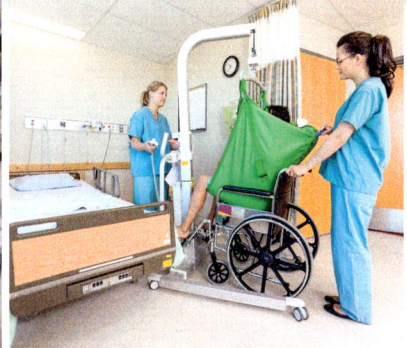

Gabelstapler Drehbank Lifter

Was sind Produktionsmittel?

Zur Produktion von Gütern oder Dienstleistungen werden Produktionsmittel benötigt. Darunter fallen alle zur Herstellung benötigten Arbeits- und Betriebsmittel. Dazu zählen nicht nur die technischen Mittel wie Maschinen und Werkzeuge, sondern auch Betriebsmittel wie Produktionshallen, Werkstätten, Bürogebäude und Nutzflächen wie z. B. Freilager oder Abstellplätze für Betriebsfahrzeuge.

Technische Mittel bei der Produktion von Waren

Bei „technischen Mitteln", das sagt schon das Wort aus, handelt es sich um Mittel der Technik, die bei der Herstellung von Gütern zur Anwendung kommen.
Sie werden bei verschiedenen Produktionsverfahren eingesetzt.
Bei der Massenfertigung sind es computergesteuerte Automaten und Fließbänder. In der Werkstattfertigung einer Schreinerei sind es die vielen Maschinen, die der Schreiner zur Fertigung seiner Produkte benötigt.

Technische Mittel bei der Produktion von Dienstleistungen

Auch bei Dienstleistungen werden technische Mittel benötigt. Der Betreiber eines Speiseres-taurants benötigt Herde, Kochtöpfe, Spülmaschinen usw. für die Verköstigung seiner Gäste. Bei Dienstleistungen im Gesundheitswesen kommen technische Mittel zum Einsatz, die die Arbeit der Pflegekräfte erleichtern, z. B. Hilfsmittel wie Lifter für das Heben und den Transport der Pflegepersonen.

Ein anderes Beispiel ist die Feuerwehr mit ihrer Technik, z. B. Atemschutzgeräte.

Unter **Produktionsmittel** versteht man alle zur Produktion erforderlichen Arbeits- und Betriebsmittel.

Unter **technischen Mitteln** versteht man alle zur Produktion erforderlichen technischen Anlagen und Arbeitsmittel.

  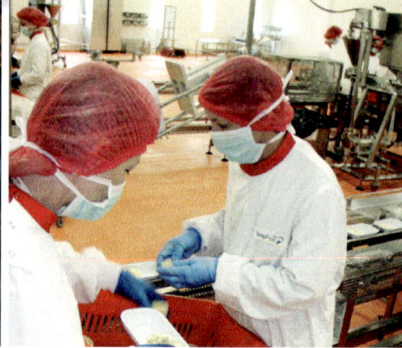

Einzelfertigung　　　　Gruppenfertigung　　　　Massenfertigung

Wie unterscheiden sich technische Produktionsverfahren?

Auf den kommenden Seiten wirst du einige Produktionsverfahren, Fertigungsarten und technische Mittel kennenlernen, die dir bei einer Betriebserkundung oder im Betriebspraktikum begegnen können. Jedes Verfahren und jede Fertigungsart hat Besonderheiten, die für die Produktion von Gütern bzw. Dienstleistungen typisch sind und die die jeweiligen Verfahren voneinander unterscheiden.

Die Einzelfertigung

Die Einzelfertigung gehört zu den gebräuchlichsten Produktionsverfahren im Handwerk. Bei diesem Verfahren handelt es sich um die Produktion von Einzelstücken oder von Sonderanfertigungen. Der Auftraggeber erteilt einen Einzelauftrag zur Fertigung eines bestimmten Produkts oder einer Dienstleistung. Seine Vorstellungen und Wünsche werden berücksichtigt. Vor Beginn der Fertigung werden Entwurf und Kostenvoranschlag dem Auftraggeber zur Entscheidung vorgelegt.

Beispiele aus dem Handwerks- und Dienstleistungsbereich:
Gärtnerei: Rasenmähen und Pflege des Gartens, Baumschnitt usw.

Bäckerei: Geburtstags- oder Hochzeitstorte

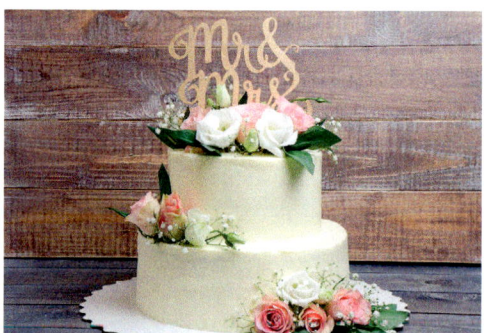

Zimmerei: Ergänzung einer Dachgaube am Haus, Dachstuhlherstellung usw.
Autowerkstatt: Anbau einer Anhängerkupplung an das Auto
Pflegedienst: Tägliche Wäsche eines Kranken zu einer bestimmten Uhrzeit
Kundendienst: Reparatur einer Waschmaschine, einer Heizungsanlage usw.

1. Ergänze einige Handwerks- und Dienstleistungsbetriebe, die besonders für die Einzelfertigung von Produkten und Dienstleistungen geeignet sind.

 Zusägen von Einzelteilen
 Fräsarbeiten
 Restaurieren eines alten Möbelstücks

Einzelfertigung im Handwerk

Herr Huber hat einen besonderen Wunsch. Für sein Gartenhaus möchte er sich eine rustikale Sitzgruppe mit Holztisch und Sitzbänken nach seinen Vorstellungen anfertigen lassen. Tisch und Sitzgruppe sollen aus Eichenholz sein. Tischgröße von 0,90m x 2,40m.

Werktisch: Hobel, Säge, Verleimpresse, Oberflächenbehandlung, Fräse, Schleifmaschine, Dübelmaschine

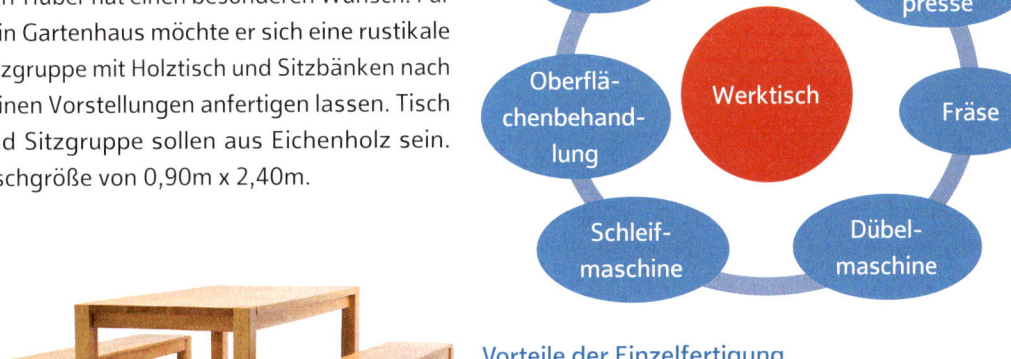

Er lässt sich von Schreiner Hausner einen Entwurf mit einem Kostenangebot machen. Er ist einverstanden und erteilt den Auftrag.
Schreiner Hausner hat eine kleine Schreinerei mit einem Gesellen und einem Auszubildenden. Er hat sich auf Einzelanfertigungen, Restaurierungen und Reparaturen von Holzmöbeln spezialisiert.
In seiner Schreinerei sind die Maschinen und Werkzeuge in einem Raum um den Arbeitsplatz in der Mitte der Werkstatt angeordnet. Das bedeutet kurze Wege zu den Maschinen.

Vorteile der Einzelfertigung
– Anfertigung nach Vorstellung des Kunden
– Änderungen auch während der Anfertigung noch möglich
– Qualität durch Facharbeitereinsatz

Nachteile der Einzelfertigung
– Kostenintensive Fertigung
– Kann zu Wartezeiten zwischen Auftrag und Fertigung kommen

INFO

Die Einzelfertigung erfolgt nach den Vorstellungen des Kunden. Die Einzelfertigung ist sehr kosten- und zeitintensiv. Der Arbeitsplatz des Facharbeiters ist nicht an eine bestimmte Maschine oder Tätigkeit gebunden. Das Produkt wird meist von Anfang bis Ende von einem Facharbeiter gefertigt.

2. Warum ist die Einzelfertigung kosten- und zeitintensiv? Begründe dies am obigen Beispiel.

Werkstattfertigung im Handwerksbetrieb

Werkstattfertigung im Maschinenbau

Die Werkstattfertigung

Den Begriff Werkstatt kennst du bereits von Betriebserkundungen. Du kannst erklären, was eine Autowerkstatt ist oder welche Produkte in einer Schreinerwerkstatt gefertigt werden.

Werkstattfertigung begegnet dir im Handwerk, im Mittel- oder Großbetrieb, bei kleinen und mittleren Produktserien oder bei Einzelaufträgen, z. B. im Werkzeug- und Maschinenbau, beim Fertighausbau, Wohnwagenbau usw.

Prinzip der Werkstattfertigung ist das Verrichtungsprinzip:

Es beschreibt die räumliche Zusammenfassung und Anordnung von gleichartigen Arbeitsplätzen mit gleichartigen Maschinen. Das heißt, die Handwerker bzw. die Facharbeiter verrichten die gleichen Arbeiten, z. B. Sägen in der Sägewerkstatt, Schleifen und Polieren in der Schleiferei, Fräsen, Bohren oder Drehen in der Dreherei. Bei diesem Fertigungstyp werden die Arbeiten an unterschiedlichen Produkten oder Teilprodukten von einzelnen Facharbeitern oder in Arbeitsgruppen verrichtet. Das Produkt kann dabei mehrere „Werkstätten" hintereinander durchlaufen bis hin zum Teil- oder Endprodukt.

> **INFO**
>
> Gleichartige bzw. ähnliche Fertigungsschritte werden in einer Werkstatt, bzw. in einem Raum zusammengelegt und mittels Maschinen **verrichtet**.

*Unter **Kleinserien** versteht man die Produktion gleicher (identischer) Produkte in einer Anzahl von 10 bis 40 Stück.*

Beispiel aus einem Handwerksbetrieb

Eine Großschreinerei wird mit der Herstellung von 40 Ausziehtischen für eine Gaststätte beauftragt. Der Auftraggeber dieser Kleinserie hat Sonderwünsche bezüglich des Materials, der Größe, der Form, der Auszugstechnik, der Lackierung usw.

Die Schreinerei ist auf solche Kleinserien ausgerichtet und spezialisiert. Die Produktion läuft in verschiedenen Werkstätten bzw. Abteilungen ab. Sie sind in der Produktionshalle räumlich voneinander getrennt, aber so angeordnet, dass die Wege der Einzelteile für die Be- und Weiterverarbeitung nicht zu weit auseinander liegen.

Werkstatt	Produktionsschritt	Produktionsmittel
Sägerei Fräserei	Zuschneiden und Fräsen der Einzelteile	Säge, Fräse
Leimen und Hobeln	Verleimen der Teile, Hobeln	Leimpresse, Hobelmaschine, Hobelautomat
Schleiferei	Teile grob und fein schleifen	Schleifmaschine, Schleifautomat
Lackiererei	Lackieren der Einzelteile	Lackierautomat, Spritzpistole
Poliererei	Polieren der Einzelteile	Poliermaschinen
Endmontage	Zusammenbau und Einbau der Auszugstechnik, Endkontrolle	Bohrmaschine, Werkzeuge

Werkstattfertigung in der Fertighausherstellung   ... und bei der Wohnmobilproduktion

Von Werkstatt zu Werkstatt

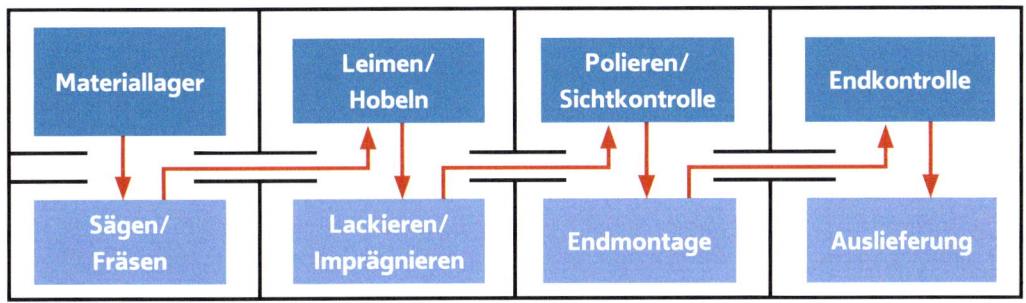

Voraussetzungen:
- Die Arbeitsabläufe und Produktionsschritte müssen gut geplant und aufeinander abgestimmt werden.
- Programmierung, Einstellung und Bestückung der Maschinen mit Werkzeugen sowie der Einsatz der Facharbeiter und der Transport von Werkstatt zu Werkstatt erfordern eine exakte Planung der Durchlaufzeiten bei den einzelnen Fertigungsschritten.

Vorteile:
- Einsatz von Universalmaschinen
- Hohe Auslastung der Maschinen
- Zusammenfassung von Montageeinheiten
- Facharbeitereinsatz bringt hohe Qualität.
- Kundenwünsche und Änderungen sind schnell umsetzbar.

- Flexible Anpassung an die Marktwünsche
- Vielfältiges Angebot (Kleinserien, Einzelfertigung, Reparaturen, Wiederaufbereitung)

Nachteile:
- Maschinenanschaffung teuer
- Hohe Lohnkosten für Facharbeitereinsatz
- Längere Fertigungs- und Lieferzeiten
- Komplizierte Fertigungsplanung
- Zwischenlagerung, wenn Maschine oder Facharbeiter ausfällt
- Für Großserien ungeeignet
- Ungleiche Kapazitätsauslastung der Maschinen und Fachkräfte

INFO

Unter Werkstattfertigung versteht man ein technisches Verfahren, bei dem die Herstellung von Produkten in bestimmten Arbeitsschritten geplant und gesteuert wird. Gleichartige Arbeitsplätze werden räumlich zusammengefasst.

Universalmaschinen sind Maschinen, die vielseitig, z. B. für Drehen, Fräsen, Schleifen oder Zuschneiden einsetzbar sind. Die Arbeitsvorgänge werden dabei über ein Computerprogramm gesteuert.

Bei der Werkstattfertigung müssen Maschinen und Arbeitskräfte vielseitig einsetzbar sein. Welche Gründe sprechen für die vielfältige Einsetzbarkeit von Maschinen?

Fließfertigung Autobau um 1900

Fließfertigung Autoproduktion 2018

Die Fließfertigung

In der Industrie ist bei der Produktion von Massen- oder Konsumgütern z. B. Autos, Fernseher, Waschmaschinen, Lebensmittel usw. die Fließfertigung eines der gebräuchlichsten Fertigungsverfahren.

Anstelle von Fließfertigung spricht man auch von Fließbandfertigung, denn, wie der Name es schon sagt, handelt es sich um ein Fertigungsverfahren, bei dem die Arbeitsplätze um ein „Fließband" herum angeordnet sind.

Kennzeichen:
- Der Ablauf am Fließband wird nach dem Fertigungsablauf (Flussprinzip) geplant, d. h. die Werkstücke fließen an den Arbeitsplätzen vorbei.
- Die Arbeit wird dafür in kleine, überschaubare, einzelne Arbeitsschritte zerlegt.
- Die Arbeitsplätze sind nach den vorgegebenen Arbeitsschritten (Fertigungsschritte) angeordnet (siehe unten).
- Die Fertigungsschritte unterliegen einem zeitlich getakteten Ablauf (Arbeitstakte).
- Die Arbeitstakte müssen zeitlich genauestens aufeinander abgestimmt sein, um Störungen beim „Fließen" zu vermeiden.
- Die Mitarbeiter am Fließband sind durch den Zeittakt voneinander abhängig.
- Die Betriebs- und Arbeitsmittel sind so angeordnet und platziert, dass die Bandarbeiter ohne große Wege direkt darauf zugreifen können.

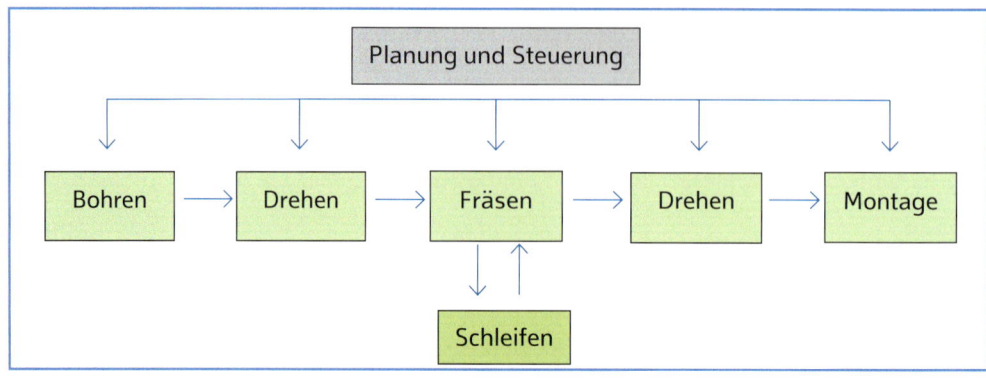

Fließfertigung bei der Lebensmittelproduktion

Automation = Fließfertigung mit Robotern

Vorteile der Fließfertigung
- <u>Rationelle</u> Herstellung durch Zerlegung der Arbeit in kleine Schritte
- Aufbau, Erweiterung oder Verkürzung einer Fertigungslinie schnell umsetzbar
- Benötigtes Material und Betriebsmittel können leicht ergänzt werden.
- Einsatz von Halbautomaten und Vollautomaten in der Fertigungslinie ist möglich.
- Die <u>Taktzeit</u> kann je nach Fertigungslage angehoben oder gesenkt werden.
- Einsatz angelernter Bandarbeiter in kurzer Zeit möglich; Senkung der Personalkosten
- Facharbeiter sind nur in der Steuerung und Überwachung notwendig.
- Übersichtlicher, leicht kontrollierbarer Fertigungsablauf
- Kurze <u>Rüstzeiten</u> für die Arbeitsvorbereitung der Maschinen

Nachteile der Fließfertigung
- Menschen am Band verrichten eintönige Arbeit, eine Identifikation mit dem Produkt ist kaum möglich.
- Manche Menschen sind dem Zeittakt und Zeitdruck nicht gewachsen.
- Es entsteht Gruppendruck auf die Mitarbeiter innerhalb der Fertigungslinie, wenn die Norm nicht erfüllt wird.
- Arbeitskräfte am Fließband führen oft sehr einfache Tätigkeiten aus; sie sind leicht austauschbar.
- Hohe Investitionskosten fallen für Maschinen und Fertigungsstraßen an.
- Unterbrechung und Zeitverzögerung der Fertigung z. B. bei Stromausfall, hohem Krankenstand, Streikmaßnahmen, fehlendem Rohmaterial, Verzögerungen beim Zulieferer

Rationell bei der Fließfertigung bedeutet, viele Produkte in möglichst kurzer Zeit möglichst kostengünstig zu produzieren.

Die **Taktzeit** ist die Zeitspanne, in der eine Tätigkeit, z. B. der Einbau eines Teiles abgeschlossen sein muss. Die Taktzeit bestimmt die Fließgeschwindigkeit des Fließbandes.

Rüstzeit ist die Zeit, die benötigt wird, eine Maschine für die Fertigung bereit zu machen.

INFO
Fließfertigung bedeutet, dass alle Arbeitsvorgänge in kleine Arbeitsschritte zerlegt und zeitlich auf einander abgestimmt werden. Das Werkstück fließt „ohne Pause" von einem Arbeitsschritt (Arbeitsplatz) zum nächsten. Der Fertigungsablauf ist genau festgelegt, die Arbeitsplätze sind räumlich aneinandergereiht, der Zeittakt ist der Fertigungszeit (Bearbeitung) angepasst.

Interpretiere die Karikatur. Was soll sie im Hinblick auf die Arbeit und den Arbeitsplatz am Fließband ausdrücken?

Gruppenfertigung als Fließfertigung

... als Werkstattfertigung

... und als Fertigungsinsel

Mischformen von Produktionsverfahren

Betriebliche Produktionsverfahren richten sich nach den Produkten, die der Betrieb herstellt. Neben der Werkstatt- und der Fließfertigung kommen auch Gruppenfertigung oder Reihenfertigung und Mischformen zum Einsatz.

Die Gruppenfertigung als Mischform

Wie der Name schon sagt, übernimmt eine Gruppe einen bestimmten Teil der Fertigung. Die Gruppe ist für ihren Arbeitsbereich selbst verantwortlich und organisiert die Fertigung selbst. Das Produkt wird teilweise in Werkstatt- bzw. in Fließfertigung hergestellt, d. h. zwei Fertigungsverfahren werden kombiniert. Das fertige Armaturenbrett wird ans Band für die Endmontage zum Einbau in das Fahrzeug geliefert. Mehrere Gruppen können auch zur Herstellung eines kompletten Produkts kombiniert werden.

Koordinieren bedeutet, verschiedene Tätigkeiten oder Vorgänge so aufeinander abzustimmen, dass sie nacheinander geregelt ablaufen können.

Voraussetzungen für Produktion

Der Fertigungsablauf zwischen den Gruppen muss koordiniert werden, damit kein Leerlauf entsteht.
Maschinen, Betriebsmittel und Arbeitsplätze sind örtlich nah beieinander. Es werden Funktionsgruppen bzw. Fertigungsinseln gebildet. Teamfähigkeit, Verantwortungsbereitschaft, Qualitätsbewusstsein und selbstständiges Arbeiten sind Voraussetzungen für die Arbeitszufriedenheit in der Gruppe.

Vorteile der Gruppenfertigung als Mischform

- erhöhtes Qualitätsbewusstsein der Gruppe
- flexiblere Arbeitsplätze
- Mitarbeiter „stehen hinter" dem Produkt.
- vielfältigere und abwechslungsreiche Zusammenarbeit

Die Zusammenfassung verschiedener Fertigungsverfahren ermöglicht flexible Fertigungssysteme und Arbeitsprozesse, die ohne großen Aufwand erweitert werden können.

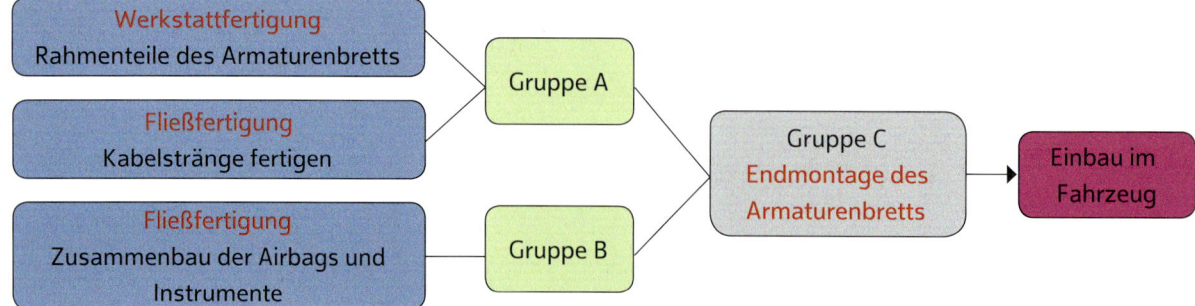

1. Erläutere, wie die Reihenfertigung abläuft.
2. Analysiere die Vor- bzw. Nachteile von Mischformen bei Produktionsverfahren.

Automatisierung im Fahrzeugbau   Zukünftige Arbeitskollegen

Ziele der Fertigungsverfahren im technischen Produktionsprozess

Alle Fertigungsverfahren sind hochtechnisierte Verfahren, die vom Maschinen- und Werkzeugeinsatz, von Automaten und Robotern, von Computersteuerungen usw., von den neuesten technischen Entwicklungen und vom technischen Fortschritt geprägt sind.
Sie bilden, je nach Fertigungsverfahren, die Schwerpunkte in den Arbeits- und Produktionsprozessen bei der Herstellung von Produkten oder der Ausführung von Dienstleistungen.
Dadurch haben sich die Bedingungen für den Menschen am Arbeitsplatz geändert. Der Mensch wird im Produktionsprozess von den Fertigungsverfahren, der modernen Produktionstechnik und dem Streben nach Gewinnmaximierung bestimmt.

Unter **technischem Produktionsprozess** (= Ablauf der Fertigung) versteht man alle am Produktionsverfahren beteiligten Komponenten wie z. B. Maschinen, Werkzeuge, Arbeitsplanung, Zulieferungen von Bauteilen, arbeitsteilige Verfahren, Arbeitskräfte usw.

Unter **Gewinnmaximierung** versteht man in diesem Zusammenhang die Steigerung des Gewinns durch moderne Produktionsmethoden wie Einsatz von Robotern und modernster Technik, z. B. Automatisierung.

3. Was bedeutet vollautomatische Fließfertigung für die Arbeitsplätze?
4. Betrachte die beiden Karikaturen in der Bildleiste. Beschreibe und interpretiere sie.
5. Welche Probleme für die Menschen am Arbeitsplatz werden in der Karikatur oben rechts angesprochen? Informiere dich bei deinem Berufsberater und im Internet.
6. Nimm Stellung zu folgender Frage: „Helfen uns die Roboter bei der Arbeit oder machen sie uns überflüssig?"

Wie erkunden wir Betriebe unter bestimmten Schwerpunkten?

Betriebserkundungen und Betriebspraktika sind eine hervorragende Möglichkeit für deine Berufswahl und Berufsvorbereitung. Sie bieten dir die Möglichkeit, Einblicke in das Berufs- und Arbeitsleben zu gewinnen und Erfahrungen in der Arbeits- und Berufswelt zu sammeln.

Im Kapitel **Wirtschaft** (Seite 14) hast du dich bereits grundlegend mit Zielen, Vorbereitung, Durchführung und Auswertung einer Betriebserkundung beschäftigt. Schwerpunkt waren die Abläufe im Betrieb bei der Beschaffung, der Produktion und beim Absatz der Güter.

Im Kapitel **Technik** geht es bei der Erkundung nicht um wirtschaftliche, sondern um technische Aspekte. Bei der Produktion von Gütern könnten z. B. die technischen Verfahren und der Einsatz von Maschinen den Schwerpunkt deiner Erkundung darstellen.

Deshalb wählst du für deine Betriebserkundung bzw. dein Betriebspraktikum bestimmte Schwerpunkte für eine Erkundung aus.

> **INFO**
>
> Eine technikorientierte Erkundung muss immer im Zusammenhang Arbeitsorganisation, Arbeitsmittel, Arbeitsgegenstand, Arbeitsbedingungen und deren Auswirkungen auf den Menschen am Arbeitsplatz betrachtet und analysiert werden.

Mögliche Schwerpunkte für eine technikorientierte Erkundung:

Produktionsverfahren

Fließfertigung

 **Einzelplatzfertigung**

Produktionsmittel

 **Robotereinsatz**

Computersteuerung

Arbeitsprozesse

 **Zusammenwirken von Mensch und Maschine**

Arbeitsplatzbedingungen

Sicherheit am Arbeitsplatz

 Erkundung im Industriebetrieb
 ... im Handwerksbetrieb
 ... im Dienstleistungsbetrieb

Welche Methoden wenden wir bei der Erkundung an?

Seit der 5. Jahrgangsstufe hast du Erkundungen im Bereich Technik und deren Bedeutung für den Menschen durchgeführt:
- Technikeinsatz am Arbeitsplatz Schule
- Technikeinsatz am Arbeitsplatz Haushalt
- Technischer Fortschritt und seine Bedeutung für den Menschen am Arbeitsplatz
- Besuch im Technikmuseum usw.

Bei einer Erkundung geht es immer um Informationen, Einblicke, Analysen, Begründungen, Erklärungen und Erkenntnisse.
Der Schwerpunkt der Erkundung muss vor der Erkundung genau festgelegt werden, z. B. „Wie ist der Arbeitsschutz am Arbeitsplatz des Schreiners gewährleistet?"

Beobachten und Befragen
Eine Beobachtung gelingt dann, wenn du
- das Beobachtungsziel festgelegt hast,
- die Beobachtungsinhalte geklärt hast,
- den Beobachtungszeitraum festgelegt hast,
- die Beobachtungsfragen formuliert hast,
- Beobachtungsmittel wie Beobachtungsbogen, Fotoapparat usw. bereitgelegt hast.

Protokollieren und Dokumentieren
- Ein gut ausgearbeiteter Erkundungs- bzw. Beobachtungsbogen ist die Voraussetzung für eine erfolgreiche Erkundung.
- Gewissenhaftes Protokollieren der Antworten oder der Gesprächsinhalte erleichtert die Auswertung.
- Zusätzliche Informationen, die sich im Gespräch ergeben, werden als Notizen oder Skizzen festgehalten.
- Die Ergebnisse werden dokumentiert und der Klasse übersichtlich präsentiert. Präsentationsmöglichkeiten sind Wandzeitungen, Collagen, Plakate, Tabellen, Ausstellung oder eine Bildschirmpräsentation.

Auswerten
Die Auswertung erfolgt nach dem Erkundungsschwerpunkt. Eure Beobachtungen und Erfahrungen vertieft ihr, indem ihr die Vor- und Nachteile mancher Erkenntnisse diskutiert und durch zusätzliche Recherchen ergänzt.

INFO

Beobachten, befragen, protokollieren und dokumentieren sind grundlegende Methoden bei der Erkundung.

Montagelinie bei der Reihenfertigung

Einzelarbeitsplatz bei der Werkstattfertigung

Was kannst du bei Produktionsverfahren beobachten?

Betriebsmittel gehören zu den Produktionsfaktoren. Darunter fallen Maschinen, Werkzeuge, Fahrzeuge, Transportanlagen, Produktions- und Verwaltungsgebäude usw.

Beobachten, Befragen und Protokollieren

sind Grundelemente der Informationsbeschaffung, wie du bereits auf den Seiten 8 bis 12 erfahren hast. Du hast verschiedene technische Verfahren kennengelernt. Nun geht es um mögliche Schwerpunkte, die du bei deinem Praktikum oder bei Erkundungen beobachten sollst. Sinnvoll ist es, vorher Fragen zu überlegen und zu formulieren, die du bei der Erkundung stellen kannst.

Die Fragen werden, je nach Fertigungsverfahren, unterschiedlich sein. Folgende Schwerpunktfragen sind denkbar:

Fragen zum technischen Verfahren
- Welche Fertigungsverfahren kommen bei der Produktion zur Anwendung?
- Wie ist der Ablauf des Produktionsprozesses gegliedert?
- Wie muss der Arbeitsprozess vorbereitet werden? (Bereitstellung von Material, Betriebsmitteln, Abstimmung mit den Mitarbeitern, Zeitplan usw.)
- Welche Materialien und Werkstoffe werden verarbeitet? (Metalle, Kunststoffe, Hölzer, Öle, Fette, Legierungen usw.)
- Welche Arbeitsaufgaben fallen an diesem Arbeitsplatz an? (Sägen, Fräsen, Drehen, Polieren, Bohren, Stanzen usw.)

In einer **Montagelinie** werden verschiedene Montagetätigkeiten nacheinander ausgeführt.

- Welche Betriebsmittel werden zur Produktion benötigt? (Lastenkran, Förderband, Transportwagen, Schutzgitter, Absauganlage, Staubfilter, Arbeitstische usw.)
- Wie ist der Arbeitsplatz ausgestattet? (Maschinen, Werkzeuge, Computer, usw.)
- Wie ist der Arbeitsplatz organisiert? (Material in Reichweite, kurze Zugriffszeiten und -wege auf Maschinen und Werkzeuge, Hilfsmittel wie Gabelhubwagen, Trittstufen, Klemmvorrichtungen, Seilzüge für Maschinen in Arbeitshöhe, körpergerechte Arbeitshöhe des Arbeitstisches bzw. der Montageplattform usw.)
- Wie ist diese Maschine aufgebaut? (Antrieb, Steuerung, Leistungsvermögen usw.)
- Welche Arbeiten erledigt die Maschine (Vollautomat, Halbautomat) in einem Arbeitsgang? (Fräsen, Bohren, Drehen, Ablängen, Biegen, Trennen usw.)
- Was passiert, wenn eine Störung in der Montagelinie auftritt? (Selbstfehlersuche und -behebung oder Spezialist erforderlich, kompletter Bandstillstand oder Zeitpuffer für Reparatur usw.)
- Wie viel Zeit beansprucht die Umrüstung der Maschine für einen neuen Auftrag?

1. Formuliere Fragen zu einem bestimmten Produktionsverfahren für deine Betriebserkundung.

Fließbandarbeit — Einzelfertigung im Handwerk — Reihenfertigung im Team

Merkmale bestimmen die Arbeitsplätze der Menschen

Jeder Arbeitsplatz hat seine besonderen Bedingungen. Sie können, je nach Fertigungsverfahren unterschiedlich sein. Der Arbeitsplatz am Fließband unterscheidet sich vom Einzelarbeitsplatz, vom Arbeitsplatz in der Gruppenfertigung, von den technischen Anforderungen, von der Arbeitsumgebung, vom Arbeitsort, von der Arbeitsbelastung, von den Arbeitsvorgaben usw.

Fragen zum Arbeitsplatz

- Welche Eigenschaften des Arbeitnehmers erfordert dieser Arbeitsplatz? (körperlich, geistig, psychisch, Arbeitstugenden usw.)
- Welche Kenntnisse werden verlangt? (Schulbildung, Abschlüsse, Fortbildungen, Berufserfahrung usw.)
- Welche Arbeiten bzw. Arbeitsvorgänge sind mehr oder weniger anstrengend? (körperlich, psychisch)
- Welche Belastungsfaktoren treffen auf den Arbeitsplatz zu? (ermüdende Körperhaltungen, unregelmäßige Arbeitszeiten, Lärm, Staub, gleiche Bewegungsabläufe, heben und tragen schwerer Lasten, Unfallrisiken usw.)
- Welche möglichen Gefahren erfordern besondere Sorgfalt am Arbeitsplatz? (Umgang mit gefährlichen Stoffen, Verwendung komplizierter Werkzeuge usw.)
- Bietet der Arbeitsplatz Aufstiegsmöglichkeiten? (Teamleiter, Abteilungsleiter usw.)
- Welche Vorteile bzw. Nachteile bringt die Teamarbeit mit sich? (Anerkennung von Kollegen und Kolleginnen, Stolz auf gemeinsame Leistung, gutes Betriebsklima, persönliche Kontakte und Verständnis, Rivalität im Team, Störenfriede als Arbeitshemmnis, Leistungsabnahme, Leistungsverweigerung usw.)
- Wie ist der Zeitdruck? Sind die Zielvorgaben mit normalem Arbeitseinsatz oder nur mit Höchstleistung zu erfüllen? (Zeittakt, Fließgeschwindigkeit, Überstunden, Sonderschichten usw.)
- Sind die Arbeitsaufträge bzw. die Arbeitsaufgaben am Arbeitsplatz abwechslungsreich? (wechselnde Produkte, neue Materialien, moderne Technik, Wechsel des Arbeitsplatzes im Team usw.)
- Inwieweit ist der Arbeitsplatz durch neue Technik geprägt? (Computereinsatz, Vernetzung mit anderen Maschinen bzw. anderen Abteilungen usw.)
- Bietet der Arbeitsplatz die Möglichkeit, eigene Ideen bei der Umsetzung der Fertigungsorganisation mit einzubringen?

2. Formuliere weitere Fragen zum Arbeitsplatz bei einem bestimmten Produktionsverfahren.

3. Zu welchen Bereichen solltest du keine Fragen stellen? Nenne zwei Bereiche und begründe deine Entscheidung.

Schreinerin beim Zusägen

Montageband bei der Autoproduktion

Welchen Einfluss nimmt Technik auf den Arbeitsprozess?

Was versteht man unter Arbeitsprozess?

Arbeitsprozess beschreibt das arbeitsteilige Zusammenwirken bzw. Verfahren, z. B. Mensch – Maschine, bei der Produktion von Gütern oder Dienstleistungen.

Die Produktion von Gütern und Dienstleistungen geschieht in Arbeitsprozessen. Kennzeichen sind arbeitsteilige Verfahren, bei denen mehrere beteiligte Faktoren zusammenwirken, z. B. Maschine und Mensch, Computer und Mensch, Maschine und Maschine, Roboter und Mensch usw.

Arbeitsprozesse in der Industrie

Bei der Automobilproduktion werden nicht alle Komponenten des Autos im Automobilwerk hergestellt. Viele Teile werden von Zulieferern produziert. Beispielsweise werden die Sitze außerhalb des Automobilwerkes produziert. Damit der Arbeitsprozess nicht unterbrochen werden muss, werden sie so zeitgerecht produziert, angeliefert und direkt in die Fertigung am Fließband eingeschleust (just in time), ohne dass ein Anhalten des Fließbandes nötig ist. Für diesen Arbeitsprozess ist eine zeitlich abgestimmte Fertigung nötig.

Just in time bedeutet, dass die Anzahl der benötigten Teile zeitmäßig so produziert und angeliefert werden, dass sie in den Produktionsablauf zur richtigen Zeit eingebunden werden können.

Arbeitsprozesse im Handwerksbetrieb

Der handwerkliche Arbeitsprozess ist überschaubarer als der in der Industrie. Der Schreiner bearbeitet den Gegenstand Holz und fertigt daraus ein neues Produkt, z. B. einen Tisch, einen Stuhl oder Türen usw. Die Produktionsweise im Handwerk geschieht meist in der Form der Werkstattfertigung. Der Handwerker fertigt sein Produkt als Ganzes (alle Teile) in selbst geplanten Fertigungsschritten von der Planung bis zur Fertigstellung. Bei größeren Produktionseinheiten wird der Arbeitsprozess auch in mehrere Arbeitsschritte zerlegt und arbeitsteilig produziert.

> **INFO**
> Der industrielle Arbeitsprozess wird in vielen, genau aufeinander abgestimmten Fertigungsschritten geplant. Verschiedene Arbeitsprozesse werden dann zu einem gemeinsamen Produkt (Auto) zusammengeführt.

> **INFO**
> Die Nutzung und der Einfluss der modernen Technik ermöglichen arbeitsteilige Arbeitsprozesse zwischen Mensch, Maschine, Betrieben und bringen eine Leistungssteigerung bei der Produktion.

Einführung in die neue Technik

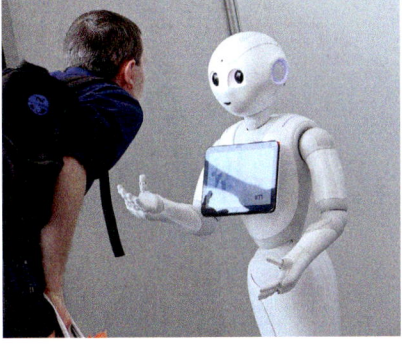
Mensch und Maschine

Teamarbeit

Arbeitsprozesse stehen im unmittelbaren Zusammenhang mit dem Menschen, der sie plant und steuert. Der Mensch an seinem Arbeitsplatz ist Teil innerhalb der verschiedenen Produktions- bzw. Fertigungsverfahren. Die meisten dieser Arbeitsplätze sind von der Technik geprägt. Sie erfordern vom Handwerker, Facharbeiter, Fließbandarbeiter, Computerfachmann, Ingenieur, Programmierer usw. bestimmte Voraussetzungen für ihren Arbeitsplatz.

Technik verändert Qualifikationen und erfordert neue.

> **INFO**
> Der Mensch muss die Technik beherrschen, nicht die Technik den Menschen.

Deshalb muss der Mensch am technischen Arbeitsplatz hohe Qualifikationen vorweisen können:
- Geeignete berufliche Abschlüsse
- Technikverständnis und Technikliebe
- Aufgeschlossenheit für technischen Fortschritt und Einführung neuer Techniken
- Genaueste Kenntnis der Maschinen
- Logisches Denken für die technischen Abläufe innerhalb der Maschinen
- Übergreifendes Denken für die Zusammenhänge bei den Fertigungsverfahren
- Eigenständiges Denken und Handeln für Problemlösungen bei Störungen
- Teamfähigkeit bei der Zusammenarbeit mit anderen technischen Arbeitsplätzen
- Bereitschaft zum Wechsel an andere technisierte Arbeitsplätze
- Wille zur Weiter- und Fortbildung
- Anpassungsfähigkeit an neue Situationen durch die Technik
- Erfassen von Situationen und Entwickeln eigener zielgerichteter Handlungsschritte
- Analysieren und Beurteilen komplexer technischer Zusammenhänge
- Durchhaltevermögen bei schwierigen Situationen und technischen Problemen

> **INFO**
> Die rasante technische Entwicklung beeinflusst viele Arbeitsplätze, verändert sie und verlangt vom Menschen erweiterte personale Kompetenzen.

In diesem Zusammenhang bedeutet **personale** Kompetenzen: den Menschen als Person betreffende Kompetenzen wie Flexibilität, Mobilität, Eigeninitiative, Problemlösungsverhalten usw.

Erkläre die einzelnen Qualifikationsanforderungen mit eigenen Worten; z. B.: „Was bedeutet Durchhaltevermögen?"

Moderne Kfz-Diagnose und Fehlersuche

Papierlose Übermittlung der Arbeitsdaten

Wie verändert die Digitalisierung Arbeitsplätze?

Der digitale Wandel findet in allen Bereichen unseres Lebens statt. Sind es im privaten Bereich Kommunikationsmittel oder der Gebrauch von Haushaltsmaschinen, so sind es am Arbeitsplatz digital gesteuerte Maschinen. Der digitale Wandel hat das Privat- und Arbeitsleben verändert. Das bedeutet für dich als zukünftigen Auszubildenden eine Herausforderung im Hinblick auf die geforderten Qualifikationen im Beruf.

Digitalisierung im Bereich des Handwerks
Die Digitalisierung findet nicht nur in den Industriebetrieben statt, sondern zunehmend in vielen Handwerksbetrieben und –berufen.

Beispiel Kfz-Handwerk
Ein gutes Beispiel dafür ist das Auto, in dem viele digital gesteuerte Elemente verbaut sind. Die Diagnose von Fehlerquellen geschieht über den Diagnosestecker, der am Computer angeschlossen die Fehlerquellen aufzeigt. Das bedeutet für einen Kraftfahrzeugmechatroniker, dass er sich mit der digitalisierten Technik des Fahrzeuges auskennen und wissen muss, wie man das Diagnosegerät bedient und die Ergebnisse deutet.

Papierlos bedeutet hier, dass der Schreiner in der Werkstatt seine Arbeitsaufträge mit Maßen und Daten digital an die Maschine oder den Automaten übermittelt bekommt.

Digitalisierung in diesem Zusammenhang bedeutet, analoge Werte, z. B. Schnittmaße (analog cm) eines Möbelteils in digitale Daten umzuwandeln, die dann informationstechnisch verarbeitet werden können.

Innovativ (lat. innovare erneuern) bedeutet in diesem Zusammenhang, Ideen für neue Verfahren oder Produkte entwickeln, die dann im Arbeitsprozess angewendet oder hergestellt werden können.

Beispiel Schreinerhandwerk
Viele Schreinereien haben sich spezialisiert: Fenster- und Türenherstellung, Innenausbau, Möbelbau usw. Digitale Planungsprogramme vermitteln dem Kunden eine bildhafte Vorstellung des Produkts mit der Möglichkeit von Änderungen hinsichtlich Form, Farbe, Holzarten, Profilkanten usw. Diese Daten werden dann papierlos an die Werkstatt übermittelt und in digitalisierter Form in die Steuerung eingegeben. Hochwertige Maschinen arbeiten die Arbeitsschritte ab: Sie bohren, fräsen, hobeln nach Programm.

Was wird von einem Auszubildenden in einer digitalisierten Arbeitswelt gefordert?
Arbeitsvorgänge und Arbeit verändern sich durch die digitale Entwicklung. Der Arbeitnehmer muss sich dieser Entwicklung durch Qualifizierung anpassen.
Erwartet werden:
- Aufgeschlossenheit für Technik
- Ständige Bereitschaft zur Weiterbildung
- Digitale Spezialisierungskompetenz
- Digitale Kommunikationskompetenz
- Eigene innovative Ideen

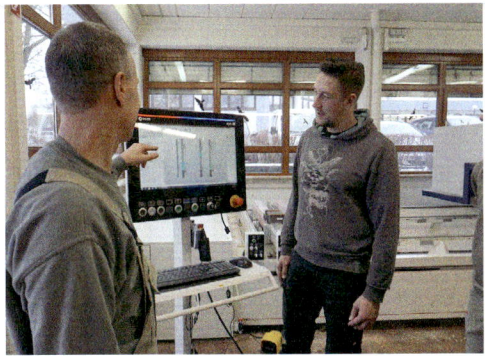
Unterweisung an einer Maschine

Gegenstände im 3D-Druck

Erkundung im „Kompetenzzentrum Digitales Handwerk"

„Die Digitalisierung durchdringt sämtliche Lebensbereiche und beeinflusst auch die Zukunft handwerklicher Arbeits- und Produktionsprozesse maßgeblich."
Dieses Zitat aus der Broschüre der Handwerkskammer für Oberfranken zeigt, dass Digitalisierung das zukünftige Zusammenwirken Mensch und Maschine grundlegend beeinflussen wird. Was bedeutet das?

Erkundung im Kompetenzzentrum
Der Besuch im Kompetenzzentrum Mittelstand 4.0 und das Interview mit der Projektleiterin des Schaufensters Fertigung und Automatisierungstechnologien, Frau Johanna Erlbacher, sollen die Bedeutung der Digitalisierung im Handwerk aufzeigen.

Welche Zielstellung hat das Kompetenzzentrum?
- Als bundesweites Kompetenzzentrum Digitales Handwerk unterstützen wir Unternehmen bei der Bewältigung der Herausforderungen des digitalen Wandels.
- Unsere Schwerpunkte sind die Fertigungs- und Automatisierungstechnologien.
- Wir beraten Betriebe, geben Hilfen zur Umsetzung der Digitalisierung und zeigen den Mehrwert für den Betrieb auf.
- In Workshops bieten wir Informationen und Handlungsanleitungen für Handwerksbetriebe an.

Wie verändert sich die Arbeitswelt im Handwerk?
- Der Fachkräftebedarf wird steigen.
- Die Fachkräfte benötigen mehr Fachkönnen und leisten weniger körperliche Arbeit.
- Die Betriebsstrukturen werden vernetzt, z. B. werden die Daten zwischen Büro, Werkstatt, Lager und auch Zulieferer direkt elektronisch ausgetauscht.

Wie wirkt sich das auf Ausbildungsberufe aus?
- Der Wandel der Berufsbilder im Handwerk wird stark zunehmen.
- Digitalisierung verlangt in Prozessen zu denken und diese Prozesse in Arbeitsaufgaben umwandeln zu können.
- Digitalisierung wird fester Bestandteil der Ausbildung werden.

Werden Roboter Arbeitsplätze ersetzen?
- Assistenzsysteme im Handwerk erleichtern handwerkliche Arbeit wie z. B. Roboter bestückt Maschine.
- Vernetzung verschiedener Daten z. B. Wetterdaten für den Bäcker, der aufgrund der Vorhersage Obstschnitten anstelle von Torten einplant.
- Menschliches Knowhow ist weiterhin nötig.

(Zusammenfassung eines Interviews mit Frau Erlbacher, September 2018)

Fazit der Erkundung
Zukunftssicherung im Handwerk erfolgt auch über die Digitalisierung. Vernetzte Maschinen, Fernüberwachung der Fertigung, Automatisierungstechnologien usw. erfordern zukunftsorientiertes Denken und gut ausgebildete, qualifizierte, motivierte Fachkräfte.

Überlastung durch Arbeit — Massenfertigung in Bangladesch — Monotone Arbeit

Was bedeutet Ergonomie?

Menschen erledigen an ihrem Arbeitsplatz bestimmte Aufgaben. Sie führen unter verschiedenen Arbeitsbedingungen verschiedene Tätigkeiten aus. Für ihre Arbeit benötigen sie Geräte, Maschinen, Werkzeuge, Betriebsmittel usw. Für eine effektive Erledigung der Arbeit muss der Arbeitsplatz menschengerecht gestaltet sein. In diesem Zusammenhang spricht man von der Ergonomie der Arbeit und von der Ergonomie des Arbeitsplatzes.

Effektive Erledigung heißt in diesem Zusammenhang, dass die Arbeit kostengünstig und in hoher Qualität ausgeführt wird.

Ergonomie am Arbeitsplatz bedeutet, den Arbeitsplatz an den Menschen körperlich und psychisch anzupassen, um gesundheitliche Beeinträchtigungen zu vermeiden

Ergonomie der Arbeit

Bei der Ergonomie der Arbeit im Produktionsprozess geht es darum, die Arbeitsprozesse, Arbeitsabläufe und Arbeitsbedingungen so zu gestalten, dass sie dem Menschen an seinem Arbeitsplatz entsprechen und ihm seine Arbeit erleichtern (Humanisierung).

Humanisierung bedeutet die menschengerechte Gestaltung der Arbeit und des Arbeitsplatzes.

Was bedeutet humane Arbeit?

Die Arbeit muss menschgerecht geplant, gestaltet und so an die Voraussetzungen des Menschen angepasst werden, dass sie ihn nicht über- oder unterfordert. Menschengerechte Arbeit muss die persönlichen Voraussetzungen, Fähigkeiten, das Leistungsvermögen, das Geschlecht, das Alter usw. berücksichtigen.

Arbeit darf den Arbeitnehmer nicht über- oder unterfordern.
Über- oder Unterforderung führen zu geistigem bzw. körperlichem Stress, zur Langeweile und zum Verlust der Arbeitsmotivation.

Arbeit darf die Gesundheit nicht gefährden.
Die Arbeit sollte so strukturiert sein, dass sie einseitige Belastungen vermeidet z. B. Dauersitzen, zu wenig Pausen, Zeitdruck.

1. Analysiere die Fotos in der Bildleiste unter dem Gesichtspunkt der menschengerechten Arbeit.

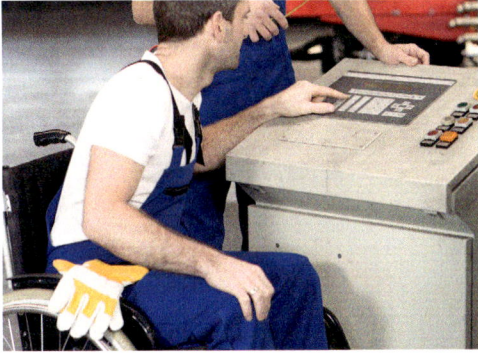
Behindertengerechte Arbeit

Keine Diskriminierung beim Lohn

Arbeit muss den Grundrechten entsprechen und darf die Menschenwürde nicht verletzen.
Arbeit darf nicht gegen geltende Gesetze und Verordnungen verstoßen z. B. Grundgesetz, Arbeitsschutzgesetz, Urlaubsverordnung usw. Arbeitnehmer müssen gleichberechtigt behandelt werden. Sie dürfen nicht diskriminiert werden, z. B. wegen ihres Geschlechts oder einer Behinderung.

Arbeit muss die Persönlichkeit respektieren.
Das bedeutet, die Arbeit muss für den Arbeitnehmer angepasst, für ihn ausführbar sein. Sie darf seine persönliche Entwicklung nicht beeinträchtigen, sondern soll sie fördern, z. B. durch Weiterbildung.

Arbeit sollte Eintönigkeit vermeiden.
Zufriedenheit am Arbeitsplatz hängt von der Art der Arbeitsaufgabe ab. Monotone Arbeiten verhindern den persönlichen Bezug zur Arbeit und zum Endprodukt. Sie senken die Motivation.

Arbeit muss leistungs- und menschengerecht entlohnt werden.
Die Anerkennung der menschlichen Arbeit ist die Entlohnung. Sie muss der Arbeitsleistung entsprechen und dem Arbeitnehmer ein menschengerechtes Leben ermöglichen.

INFO

Ziel der Unternehmen sind Arbeitsprozesse, die auf Produktivität und Kostensenkung ausgerichtet sind. Sie beeinflussen die Ergonomie der Arbeit. Deshalb müssen die ergonomischen Bedingungen des Arbeitsprozesses und Arbeitsplatzes laufend an die Bedürfnisse der Arbeitnehmer angepasst werden.

2. Für welche Menschen bzw. Arbeitnehmer gilt die Forderung „Gleicher Lohn für alle". Erkläre dies an Beispielen.
3. Interpretiere die Grafik „Hartz-IV-Aufstocker". Recherchiere Beispiele im Internet.

→ Starthilfe zu 3:
Aktuelle Zahlen findest du unter:
www.statistik.arbeitsagentur.de

Ergonomische Arbeitsplätze bei der Autoproduktion … und in der Autowerkstatt

Ergonomie des Arbeitsplatzes

Menschengerecht gestaltete Arbeit verlangt nach einem ergonomisch gestalteten Arbeitsplatz. Jeder Arbeitsplatz beinhaltet Belastungen körperlicher oder psychischer Art. Diese Belastungen müssen zumutbar, ausgewogen und gefahrlos für die Gesundheit des Arbeitnehmers sein.

Welche Faktoren sind für einen ergonomisch gestalteten Arbeitsplatz wichtig?

- Technische Arbeitshilfen (Transport)

- Sicherheitseinrichtungen (Notausschalter, Fluchtwege)

- Ausreichende Beleuchtung (Tageslicht)

- Körperangepasste Arbeitshöhe

- Lärmschutz (gedämmte Maschinen)

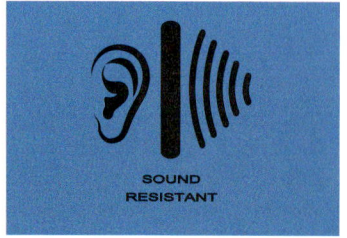

- Arbeitsplatzumgebung (Großraumbüro, Anordnung der Arbeitsplätze)
- Arbeitsplatzeinrichtung (Anordnung der Maschinen, Erreichbarkeit der Werkzeuge und Arbeitsmittel)
- Lüftung und Heizung (Klimaanlage)
- Gesundheit (Zumutbarkeit der Arbeit entsprechend den Arbeitsnormen)

Arbeitsgeräte in Greifnähe

Hydraulisch verstellbare Arbeitsbühne

Einzelarbeitsplatz

Warum muss der Arbeitsplatz ergonomisch gestaltet sein?

Der Arbeitsplatz eines Kochs unterscheidet sich von dem des Fabrikarbeiters, des Busfahrers, des Altenpflegers oder des Büroangestellten. Dementsprechend ist auch die ergonomische Gestaltung des Arbeitsplatzes unterschiedlich.

Beispiel Arbeitsplatz eines Busfahrers

Der Arbeitsplatz eines Busfahrers ist sein Bus. Die längste Zeit seiner Tätigkeit sitzt er am Steuer. Er braucht einen ergonomischen Fahrersitz, um mögliche gesundheitlichen Schäden vorzubeugen.

Ein ergonomischer Fahrersitz hat:
aktive Kopfstütze, Oberschenkelauflage, Sitzflächenneigung, Höhen- und Längsverstellung, Sitzheizung, pneumatische Sitzfederung, Sitzkissentiefeinstellung, Seitenkonturanpassung, pneumatische Lendenstütze usw.

Beispiel Büroarbeitsplatz

Die Arbeit im Büro ist wie beim Busfahren von einer sitzenden Tätigkeit über Stunden geprägt. Ein ergonomischer Arbeitsplatz im Büro sollte die Körpergröße und den Körperbau berücksichtigen und muss folgende Anforderungen erfüllen:

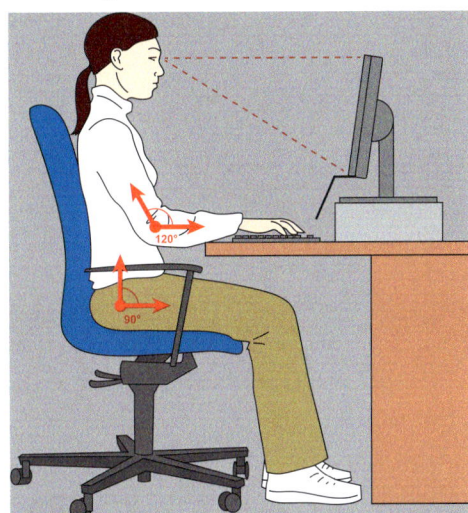

Beleuchtung: Tageslicht + indirektes Licht

Optimale Temperatur: 20-22°C

Luftfeuchtigkeit: 40-60 %

Lärmpegel: max. 55 db

Arbeitsplatzgröße: min. 80 x 160 cm

Schreibtischhöhe: 19-28 cm über Sitzhöhe

Sitzhöhe: 42-53 cm

Sitzbreite: 40-48 cm

INFO

Jeder Arbeitsplatz ist gekennzeichnet durch die Arbeitsplatzgestaltung, die Zuordnung der Arbeitsmittel, die Einflüsse der Arbeitsplatzumgebung und die Arbeitsplatzbelastungen. Deshalb ist ein ergonomisch gestalteter Arbeitsplatz nicht nur für die körperliche Gesundheit wichtig, sondern er steigert auch das seelische Wohlbefinden, die Arbeitsmotivation und die Arbeitsleistung des Arbeitnehmers.

Beschreibe und analysiere die Fotos und Zeichnungen unter dem Gesichtspunkt des ergonomischen Arbeitsplatzes.

Sicherung durch Fanggitter

Unfallverhütung durch Warn- und Gebotsschilder

Arbeitsschutz und Arbeitssicherheit am Arbeitsplatz

Unter **Arbeitsschutz und Arbeitssicherheit** fallen alle Maßnahmen, die geeignet sind, die Gesundheit des Arbeitnehmers vor Gefährdungen durch die Arbeit am Arbeitsplatz zu schützen und zu erhalten.

Arbeitsschutz und Arbeitssicherheit am Arbeitsplatz haben einen großen Stellenwert für die Beschäftigten. Dabei geht es nicht nur um die Verhütung von Arbeitsunfällen, sondern auch um berufsbedingte Krankheiten, die durch die Art der Arbeit entstehen können. Ergonomie der Arbeit und ergonomische Arbeitsplatzgestaltung sorgen als Bestandteile des Arbeitsschutzes für die Sicherheit und Gesundheit für eine möglichst gefahrlose Ausübung der Arbeit.

Was beinhaltet der Arbeitsschutz?

- Es gibt einen Sicherheitsbeauftragten im Betrieb.
- Die ärztliche Versorgung wird gewährleistet durch Betriebsarzt, Notfallsanitäter.
- Gesetze müssen eingehalten werden.
- Gefahrenquellen werden erkannt und beseitigt (Stolperstellen).
- Sicherheitsmängel werden behoben (defekte Notschalter).
- Überbelastungen der Mitarbeiter werden abgebaut (Zeitdruck, Schichtarbeit).
- Gesundheitsgefahren werden erkannt, analysiert, abgestellt (Lärmschutz).
- Die Einhaltung der Unfallverhütungsvorschriften wird überwacht (Gefahrenhinweise).
- Mitarbeiter werden geschult und unterwiesen (Kenntnis der Unfallverhütungsvorschriften, Notfallmaßnahmen).
- Sicherheitstechnik wird eingesetzt (Schutzkleidung, Feuermelder).
- Arbeitsplätze werden menschengerecht gestaltet (einseitige Belastungen vermeiden, Vibrationen abstellen, strahlungsarme Bildschirme einsetzen).

Arbeitsschutz und Arbeitssicherheit

Gesetzliche Regelungen für Arbeitsschutz und Arbeitssicherheit

Pflichten der Arbeitgeber
Alle Arbeitgeber und Betriebe sind verpflichtet, die geltenden Arbeitsschutzverordnungen und Arbeitsschutzgesetze einzuhalten. Sie müssen die Arbeitsschutzmaßnahmen nicht nur einhalten, sondern ständig auf ihre Wirksamkeit überprüfen, um gesundheitliche Gefährdungen auszuschließen oder soweit wie möglich zu verringern.

Arbeitsschutz in Deutschland ist zweigeteilt
Gesetzliche Regelungen durch den Staat:
In Deutschland sind es vor allem:
- das Arbeitsschutzgesetz,
- das Arbeitssicherheitsgesetz,
- die Unfallverhütungsvorschriften,
- die Arbeitsstättenverordnung,
- die Arbeitsstoffverordnung,
- das Mutterschutzgesetz,
- die Kinderschutzverordnung,
- das Jugendarbeitsschutzgesetz,
- die Bildschirmarbeitsverordnung,
- der Schwerbeschädigtenschutz usw.

Die Gesetze und Verordnungen sind vom „Europäischen Arbeitsschutzrecht" der Europäischen Union abgeleitet. In ihm sind die Mindestanforderungen als Rahmenrichtlinien für den Arbeitsschutz festgelegt. Sie müssen im deutschen Arbeitsschutzrecht umgesetzt werden. Kontrolliert und überwacht wird die Einhaltung der Gesetze von den Gewerbeaufsichtsämtern.

Deutsche gesetzliche Unfallversicherung
Die Träger der gesetzlichen Unfallversicherungen sind die Berufsgenossenschaften und Unfallkassen. Sie erlassen Unfallverhütungsvorschriften, die für die Betriebe verbindlich sind und Rechtscharakter haben.

> **Berufsgenossenschaften** sind Träger der gesetzlichen Unfallversicherungen.

Pflichten der Arbeitnehmer
Die Mitarbeiter eines Betriebes haben die Pflicht, sich über die Unfallverhütungsvorschriften zu informieren, sie einzuhalten und zu befolgen. Sie müssen sich an die Weisungen der Sicherheitsbeauftragten halten und die Geräte, Maschinen und Werkzeuge vorschriftsgemäß bedienen.

→ Starthilfe:
Wie ein **Expertengespräch** gelingt, könnt ihr auf den Seiten 88–89 nachlesen.

Ladet den Sicherheitsbeauftragten eines Betriebs oder einen Mitarbeiter des Gewerbeaufsichtsamts zu einem Expertengespräch ein. Informiert euch dabei über bestehende Arbeitsschutzgesetze und Verordnungen.

Arbeitsschutz und Prävention von Arbeitsunfällen

Präventive Maßnahmen sind z. B. Schutzbekleidung, Ausbildung. Prävention (lat. praevenire: verhüten, zuvorkommen) bedeutet in diesem Zusammenhang Vorbeugung bzw. Verhinderung von Arbeitsunfällen.

Arbeitsschutz, Sicherheit am Arbeitsplatz und Ergonomie am Arbeitsplatz sind präventive Maßnahmen zur Unfallverhütung. Sie sind Faktoren, die den wirtschaftlichen und den Produktionserfolg beeinflussen. Fällt ein Arbeitnehmer wegen eines Unfalls aus, erhöht dies die Produktionskosten für den Arbeitgeber (Lohnfortzahlung, Einstellung und Einarbeitung einer Ersatzkraft, Unfallgutachten durch Berufsgenossenschaft, Überprüfung durch Gewerbeaufsicht usw.).

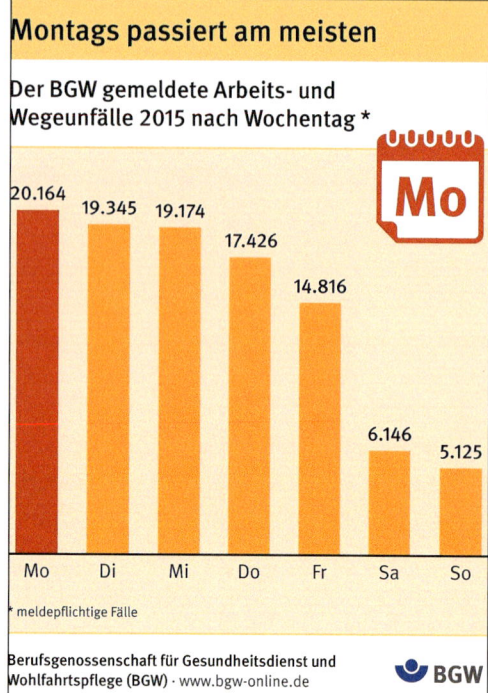

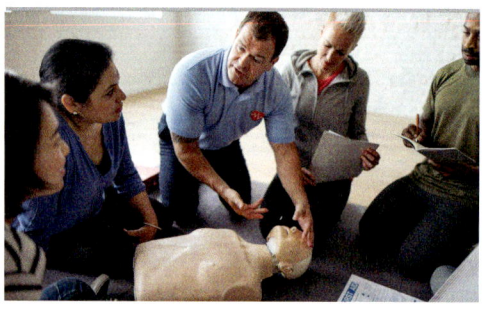

Unfallvermeidung schützt Leben und Gesundheit

Trotz guter Sicherheitsmaßnahmen kommt es in Betrieben zu Unfällen. Manche enden auch tödlich oder führen zur einer lebenslangen Arbeitsunfähigkeit. Unfallversicherer und Berufsgenossenschaften wollen mit der Erforschung der Unfallursachen die Arbeitsplätze sicherer machen und die arbeitsbedingten Unfälle verringern.

Warum passieren Arbeitsunfälle?
- technische Mängel
- menschliches Versagen
- höhere Gewalt
- Arbeitsplatzgestaltung
- Arbeitsablauf, Arbeitsvorgang
- Ausbildung und Unterweisung
- Arbeitszeit, Wochentag, Arbeitsmotivation

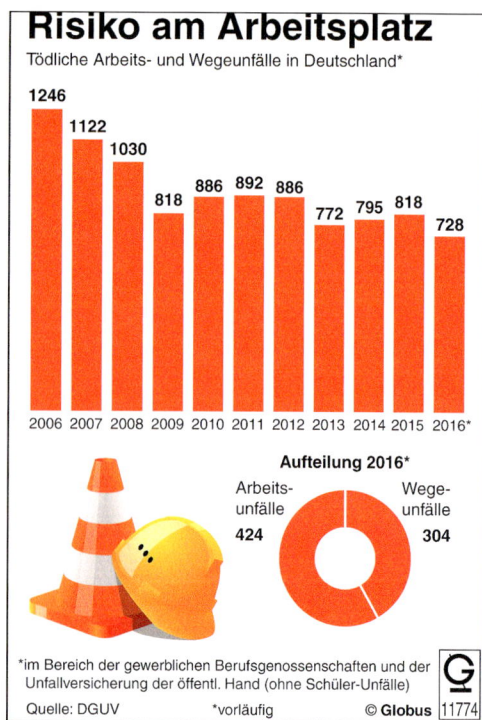

---

1. Beschreibt und interpretiert die Grafiken.
2. Ergänzt die Ursachen von Arbeitsunfällen durch Beispiele.

Körperbehinderte Facharbeiterin   Jugendarbeitsschutz   Mutterschutz

Sozialer Arbeitsschutz

Bestimmte Arbeitnehmergruppen genießen innerhalb des Arbeitsschutzes und der Arbeitssicherheit einen besonderen Schutz an ihrem Arbeitsplatz. Darunter fallen z. B. Jugendliche, Auszubildende, Behinderte und Schwangere. Für sie hat der Staat im Rahmen seiner sozialen Verantwortung besondere Regelungen und Gesetze erlassen, z. B.:

– Mutterschutzgesetz
– Schwerbehindertengesetz
– Jugendarbeitsschutzgesetz
– Arbeitszeitgesetz
– Arbeitsplatzschutzgesetz
– Kündigungsschutzgesetz
– Mindestlohngesetz
– Heimarbeiterschutzgesetz

Sozial bedeutet in diesem Zusammenhang, die Belange der Arbeitnehmer am Arbeitsplatz als Mensch und Person wahrzunehmen, sich einzufühlen und deren persönliche Interessen zu schützen.

3. Recherchiert in oben genannten Gesetzen die besonderen Schutzmaßnahmen für diese Arbeitnehmer. Stellt die Ergebnisse übersichtlich dar, z. B. in einer Wandzeitung.
4. Entwerft eine „Betriebsanweisung" für den Arbeitsschutz im Werkraum, in der Küche oder im Computerraum (Umgang mit Maschinen, Hinweise zum Unfallschutz, Gesundheitsschutz, Erste Hilfe).

Technik

Arbeitserleichterung durch Arbeitsmaschinen

Technik macht Arbeit interessant.

Vor- und Nachteile des Technikeinsatzes am Arbeitsplatz

Die Ergonomie der Arbeit und des Arbeitsplatzes soll durch den Technikeinsatz den Menschen von körperlicher Schwerstarbeit entlasten, seine Arbeitstätigkeiten ergänzen und erleichtern.

Vorteile des Technikeinsatzes
Der Einsatz von Technik ...
- erleichtert schwere Arbeiten,
- schafft humane Arbeitsbedingungen,
- schützt den Arbeitnehmer vor Gefahren,
- vermeidet oder verhindert menschliche Fehler,
- rettet Leben durch Assistenzsysteme,
- steigert die Arbeitsproduktivität am Arbeitsplatz durch optimierte Arbeitsabläufe,
- gestaltet das tägliche Leben einfacher durch Heimarbeitsplätze,
- lässt neue, vielfältige Arbeitsplätze entstehen,
- erhöht die Arbeitsmotivation,
- ermöglicht flexible Arbeitszeiten,
- ermöglicht schnelle Kommunikation und Informationen vom Arbeitsplatz aus,
- bietet abwechslungsreiche Tätigkeiten,
- bietet Aufstiegschancen,
- bietet schnelle Einarbeitungsmöglichkeiten für Ungelernte.

Nachteile des Technikeinsatzes
Der Einsatz von Technik ...
- ersetzt Menschen durch Roboter, Maschinen und Automatisierung,
- macht von der Maschine abhängig,
- belastet den Menschen durch das vorgegebene Arbeitstempo,
- kontrolliert die Arbeitsleistung,
- fördert Schichtarbeitsplätze,
- kann die Gesundheit beeinträchtigen,
- kann durch Telearbeitsplätze zur Vereinsamung führen,
- lässt die Grenzen von Berufs- und Privatleben fließend werden,
- fördert monotone Tätigkeiten,
- kann die Arbeitsmotivation senken,
- kann zu sozialen Ungleichheiten zwischen Arbeitnehmern führen,
- verhindert die Beziehung zum Arbeits- bzw. Endprodukt.

1. Ergänze die Aussagen mit Beispielen. Begründe Vor- bzw. Nachteile mit Beispielen.
2. Stelle die Vor- und Nachteile in einer Mindmap übersichtlich dar.

Vor- und Nachteile des Technikeinsatzes am Arbeitsplatz (Leittext)

M

Szenario:
Technikeinsatz am Arbeitsplatz bringt für den Arbeitnehmer nicht nur Vorteile, sondern hat auch Nachteile im beruflichen, persönlichen und sozialen Bereich.

Aufgaben:
Erkundet in Betrieben, welche Vor- bzw. Nachteile der Technikeinsatz für die Arbeitnehmer in diesen drei Bereichen bringen kann.
- Stellt fest, welche Vor- und Nachteile auf bestimmte Arbeitsplätze zutreffen.
- Zeigt auf, welche Berufe, Arbeitnehmer und Arbeitsplätze besonders betroffen sind.
- Begründet, welche Konsequenzen ihr als zukünftige Arbeitnehmer daraus zieht.

Das müsst ihr tun:
A. Bildet Dreier- oder Vierergruppen

B. Bearbeitet folgende Arbeitsaufgaben:

1. Legt die in Frage kommenden Betriebe fest.
2. Erarbeitet Erkundungsfragen zu den Bereichen, beachtet den Persönlichkeitsschutz.
3. Legt fest, welche Gruppe welchen Bereich schwerpunktmäßig erkundet.
4. Führt die Erkundung durch.
5. Gestaltet die Präsentation eurer Ergebnisse übersichtlich und informativ.
6. Stellt die Erkundungsergebnisse vor.
7. Beurteilt in der Gruppe und Klasse, wie eure Erkundung verlaufen ist.

Technikentwicklung und ihre Auswirkungen

Mögliche Fragestellungen:

Welche Arbeitsplätze sind gefährdet?
Wie sichert Fortbildung den Arbeitsplatz?
Wie wirken solche Belastungen auf den Menschen und sein persönliches Umfeld?

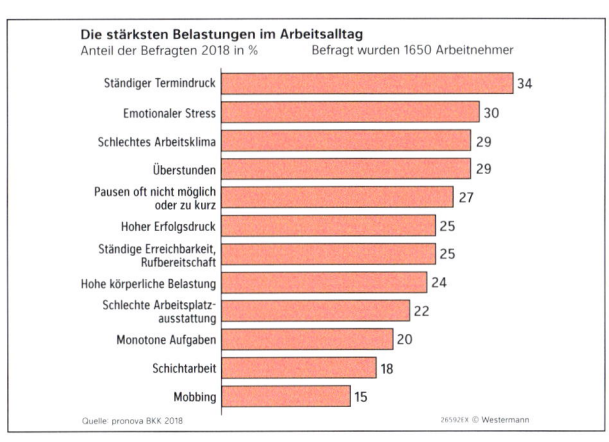

Die stärksten Belastungen im Arbeitsalltag
Anteil der Befragten 2018 in % Befragt wurden 1650 Arbeitnehmer

- Ständiger Termindruck: 34
- Emotionaler Stress: 30
- Schlechtes Arbeitsklima: 29
- Überstunden: 29
- Pausen oft nicht möglich oder zu kurz: 27
- Hoher Erfolgsdruck: 25
- Ständige Erreichbarkeit, Rufbereitschaft: 25
- Hohe körperliche Belastung: 24
- Schlechte Arbeitsplatzausstattung: 22
- Monotone Aufgaben: 20
- Schichtarbeit: 18
- Mobbing: 15

Quelle: pronova BKK 2018

Verschiedene Modelle von Nistkästen

Projekt Nistkasten

In einem Technikprojekt könnt ihr selbstständig verschiedene Fertigungsverfahren oder Fertigungstypen ausprobieren. Dafür bietet sich in der Schule das Projekt Nistkasten an. Die Produktion soll in Werkbankfertigung (Einzelplatzfertigung) und in Reihenfertigung (Fließfertigung ohne Zeitzwang) erfolgen.
Die Idee (Projektinitiative) zum Nistkastenbau ist, für die heimische Vogelwelt geeignete Nistplätze zu schaffen, weil natürliche Nistgelegenheiten in den Städten oft nicht mehr vorhanden sind.

Leittext für das Projekt

Arbeits- und Herstellungsprozesse bei technischen Verfahren sind unterschiedlich. Plant zu diesem Thema in Zusammenarbeit mit dem Fach Technik das Projekt Nistkasten als Einzel- bzw. Reihenfertigung von der Projektplanung bis zur Projektreflexion. Stellt fest,
– welche Vor- bzw. Nachteile beide Verfahren auf die Arbeitsabläufe haben,
– wie sich die Arbeitsabläufe verbessern (optimieren) lassen,
– wie sich beide Verfahren auf die Produktivität auswirken,
– welche Qualitätsunterschiede sich zwischen Einzel- und Reihenfertigung feststellen lassen,
– welche Vor- bzw. Nachteile die verschiedenen Fertigungsverfahren (Arbeitsprozesse) für den Menschen haben.

Starthilfe zum Projektverlauf findet ihr ab Seite 25 ff.

Werkbankfertigung in diesem Zusammenhang bedeutet, jeder Schüler stellt den Nistkasten an seinem Einzelarbeitsplatz komplett her.

Bei der **Reihenfertigung** ist die Anzahl der Arbeitsplätze nach dem Fertigungsablauf angeordnet. An seinem Arbeitsplatz erledigt der Schüler nur bestimmte Teilarbeiten im Fertigungsprozess (keine Zeitvorgabe).

Arbeitsprozess beschreibt das arbeitsteilige Zusammenwirken von Mensch und Technik.

Herstellungsprozess beschreibt den Verlauf bzw. Ablauf der Herstellungsschritte bei der Fertigung des Nistkastens.

Das müsst ihr tun:

I. Bildet zwei Gruppen
   Gruppe A fertigt in Einzelfertigung.
   Gruppe B fertigt in Reihenfertigung.

II. Bearbeitet folgende Arbeitsaufgaben:

1. Besprecht in den Gruppen die gestellte Arbeitsaufgabe.
2. Formuliert die Ziele des Projekts: „Was wollen wir herausfinden?"
3. Besprecht die Ergebnisse in der Klasse. Entscheidet euch für bestimmte Schwerpunkte.
4. Jede Gruppe formuliert ihre Erwartungen und stellt sie in der Klasse vor.
5. Die Gruppen arbeiten selbstständig und fertigen ihre Nistkästen in Einzel- bzw. in Reihenfertigung.
6. Überlegt euch, wie ihr eure Projektdurchführung dokumentieren wollt (Beobachter, Fotoserie, Protokolle usw.)
7. Überlegt in der Gruppe die Art der Präsentation eurer Ergebnisse (Wandzeitung, Plakat, Fotos, Film usw.)
8. Reflektiert die Ergebnisse in der Gruppe und stellt eure Erfahrungen in der Klasse vor. Habt ihr eure Ziele erreicht?
9. Diskutiert mögliche Verbesserungen bei beiden Fertigungsverfahren (Ablauf bei der Reihenfertigung, Technikeinsatz, Arbeitsplanung, Sicherheit am Arbeitsplatz usw.)

Projektplanung

Grundvoraussetzungen
Für die Produktion ist entscheidend, für welche Vogelart der Nistkasten sein soll. Von ihr sind abhängig: Form, Größe, Durchmesser des Einflugslochs, Anflugstange, Holzart, zusätzliches Material wie Schrauben, Nägel, Dachpappe und Anbringungsmöglichkeiten, z. B. Halteleiste oder Drahtaufhängung. Nistkästen sollten so gebaut sein, dass sie für die Reinigung geöffnet werden können und dass Regenwasser abfließen kann.

Produktentscheidung
Die Entscheidung für die Art des Nistkastens hängt von der Vogelart und vom Ort des Einsatzes ab. Vielleicht ist auch ein Auftraggeber, z. B. Stadtgärtner oder Förster bereit, euer Projekt zu unterstützen und zu sponsern. Nachdem dies alles geklärt ist, geht es an die Projektdurchführung. Ihr sollt zwölf Nistkästen, wie es das abgebildete Modell zeigt, bauen.

Projektdurchführung

Die Projektdurchführung sollt ihr entsprechend den im Leittext festgelegten Zielen durchführen.
Jedes der sechs Mitglieder der Gruppe A (Einzelfertigung) erstellt seinen Nistkasten alleine. Die sechs Mitglieder der Gruppe B (Reihenfertigung) produzieren sechs Nistkästen gemeinsam.

Beide Gruppen gemeinsam:
- Entwerfen der Skizze
- Erstellen der technischen Zeichnung
- Erstellen der Materialliste (Stückliste)

Gruppe Einzelfertigung
- Fertigungsplan erstellen
- Arbeitsplatz vorbereiten
- Fertigen des Nistkastens

Gruppe Reihenfertigung
- Arbeitsplan erstellen
- Fertigungsplan erstellen
- Arbeitsplätze in der Reihenfolge der Bearbeitung anordnen
- Reihenfertigung durchführen

Vergleichen der Produkte
- Qualität
- Zeitaufwand

1. Informiert euch über die Grundvoraussetzungen für den Nistkastenbau im Internet, beim Landesbund für Vogelschutz, bei Stadtgärtner oder Förster.
2. Überlegt euch Möglichkeiten der Finanzierung für euer Projekt.

Vorschlag:

Die Holzteile (Wände, Dach, Boden, Leisten usw.) könnt ihr bei einem Schreiner im Rahmen einer Betriebserkundung gemäß der technischen Zeichnung maßgenau zuschneiden lassen. Dabei könnt ihr erkunden, mit welchen Maschinen der Schreiner arbeitet, z. B. mit einer Kreissäge, an der die Maße über ein Bedienfeld digital eingegeben werden. Der Vorteil für euer Projekt: Jeder hat exakt die gleichen Teile zur Produktion der Nistkästen.

Einzelfertigung

Bei der Einzelfertigung fertigt jeder seinen eigenen Arbeitsplan, wie er vorgehen möchte. Anhand der Skizze und der technischen Zeichnung legt er sich an seiner Werkbank Material, Werkzeuge, Maschinen, Hilfsmittel zurecht. Allerdings muss er sich mit den anderen absprechen, wenn er die Ständerbohrmaschine benutzen will.

Schritt 1: Vorbereitung des Arbeitsplatzes Werkzeuge zurechtlegen

Schritt 2: Benötigtes Material überprüfen auf Vollzähligkeit und Gebrauchsfähigkeit

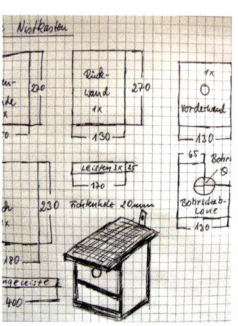

Schritt 3: Übertragen der Maße auf die Holzteile und Anzeichnen der Bohrlöcher für Schrauben und Einflugloch

Schritt 4: Bohren des Einfluglochs, ausfeilen und glattschleifen

Schritt 5: Kanten der Wände brechen (durch Schleifen mit Sandpapier)

Schritt 6: Teile zusammenfügen, verschrauben und auf korrekten Sitz prüfen

Vor dem Verschrauben Passgenauigkeit der Einzelteile überprüfen.
Schrauben oder Nägel dürfen nicht in den Nistkasten ragen.

Schritt 7: Dachpappe zuschneiden und auf das Dach nageln

Der Nistkasten ist fertig!

Schritt 8: Qualitätskontrolle und Präsentation vor der Gruppe
- Überprüfen der Verarbeitung und Funktionalität
- Bewertung durch die Gruppe auf Aussehen, Korrektheit der Ausführung und Einhaltung der Vorgaben

1. Erstellt einen Fertigungsplan für die Einzelfertigung. Achtet auf die richtige Reihenfolge der Fertigungsschritte.
2. **M** Den Bausätzen von Mitnahmemöbeln liegen Aufbauanleitungen bei. Sammelt einige und interpretiert deren Verständlichkeit und Durchführbarkeit.

Reihenfertigung

Vorüberlegungen

Bei der Reihenfertigung arbeiten mehrere Schülerinnen und Schüler hintereinander bestimmte Arbeitsschritte ab. Jeder führt nur einen genau definierten Teil des Fertigungsprozesses aus, z. B. Anflugloch bohren. Zusammen bilden die Arbeitsschritte eine Fertigungslinie. Die Schwierigkeit dabei ist, die Arbeitsschritte so hintereinander anzuordnen, dass es zu keinem Stau oder Leerlauf innerhalb der Fertigungslinie (Reihe) kommt. Die Anzahl der eingesetzten Arbeiter und die Arbeitsplätze werden von den im Fertigungsplan (Ablaufplan) festgelegten Arbeitsschritten bestimmt.

Fertigungsplan erstellen

Anhand des Bauplans und der Material- bzw. Stückliste zerlegt ihr die Fertigung in einzelne Arbeitsschritte und bringt sie in eine sinnvolle Reihenfolge (Arbeitsablauf). Dann erstellt ihr einen Fertigungs- oder Ablaufplan, in dem ihr Arbeitsschritte auflistet und ihnen die dazu notwendigen Arbeitsmittel aus der Stückliste zuordnet.

Beispiel Ausschnitt aus der Stückliste

Eine exakte Stückliste ist zugleich eine Einkaufsliste für die Vollständigkeit des benötigten Materials und dient als Grundlage für die Erstellung des Fertigungsplans.

Auszug aus der Material- bzw. Stückliste pro Nistkasten			
Nr.	Bezeichnung	Anzahl	Maße in mm
A	Dach	1	250x220x20
B	Seitenwände	2	290x170x20
C	Rückwand	1	290x150x20
...	...	...	...
H	Leisten	2	190x30x20
I	Leiste	1	210x30x20
L	Dachpappe	1	270x240

Grundlagen für Fertigung

- Skizze, technische Zeichnung, Bauplan
- Stückliste
- Fertigungsplan

Beispiel Ausschnitt aus dem Fertigungsplan

Ablaufplan für Reihenfertigung Projekt Nistkastenbau		
Nr.	Arbeitsschritte	Arbeitsmittel (Stückliste)
1	Vorbereitete Seitenwände (B) Bohrlöcher anzeichnen	Meterstab, Bleistift
2	Schnittkanten der Dachschrägen glatt schleifen	Schleifklotz, Schleifpapier
3	Seitenwände (B) Löcher für Schrauben vorbohren	Handbohrmaschine, elektrische Bohrmaschine, Bohrer 2 mm
9	Seitenwände (B) mit Rückwand (C) und Boden (E) verschrauben	Schraubendreher, Schrauben (K)
11	Vorbereitete Vorderwand (D) Einflugloch anzeichnen, mit Topfbohrer ausbohren und Bohrloch mit Schleifpapier glattschleifen	Topfbohrer 30 mm, Ständerbohrmaschine, Rundfeile, Schleifklotz, Schleifpapier
13	Dach (A) vorbohren, mit gleichem seitlichen Überstand auf Seitenwänden (B) und bündig mit Rückwand (C) verschrauben	Handbohrmaschine, elektrische Bohrmaschine, Bohrer 2 mm, Schrauben (K)

1. Erstellt eine Planskizze, einen Bauplan, eine Stückliste und einen Fertigungsplan für euer Projekt.

Produktionsphase

Ergonomie und Unfallschutz
In die Planung der Arbeitsplätze müssen auch die Unfallverhütungsvorschriften einbezogen werden. Die nötige Schutzausrüstung, z. B. Schutzbrille oder Schutzhandschuhe, muss bereitliegen. Der Arbeitsplatz sollte auch ergonomisch so gestaltet werden, dass ein Arbeiten körperschonend (Lichtverhältnisse, Staubentwicklung, Arbeitshöhe usw.) möglich ist.

Beobachtungsgruppe
Um den Ablauf der Produktion zu dokumentieren, ist es von Vorteil, wenn eine Beobachtungsgruppe die Fertigungsgruppe bei der Produktion beobachtet.
Beobachtungspunkte:
- Sind die Arbeitsschritte folgerichtig geplant?
- Wie arbeiten die Personen hinsichtlich der Qualität, Handhabung der Werkzeuge und Maschinen, Überforderung ...
- Kommt es am „Fließband" zu Leerlauf oder zum Stau?
- Wie lässt sich die Produktion optimieren?

Fertigungsgruppe
Aufbau der Reihenfertigung
Nachdem die Vorplanung abgeschlossen ist, werden auf der Grundlage des Fertigungsplanes die Arbeitsplätze in Reihe angeordnet. Jeder Arbeitsplatz bekommt sein Werkzeug, sein benötigtes Material, Bau- und Fertigungsplan sowie seinen Arbeitsauftrag.

Die Anzahl der Arbeitsplätze
- Betrachtet die einzelnen Arbeitsschritte der Herstellung.
- Entscheidet, wie viele Stationen ihr für die Reihenfertigung aufbaut.
- Überlegt, wie viele Personen an den einzelnen Stationen arbeiten (hängt vom Arbeitsaufwand des Arbeitsprozesses ab).
- Besprecht noch einmal die Arbeitsaufgaben für die einzelnen Stationen.

Station 3 mit zwei „Arbeitern" besetzt

Projektreflexion
Nach der Produktion erfolgt die Auswertung. Beobachtungsgruppe und Arbeiter informieren. Erfahrungen, Kritikpunkte und Verbesserungsvorschläge werden diskutiert, analysiert und bewertet. Die im Leittext gestellten Fragen sollen beantwortet werden.

Mögliche Anordnung der Arbeitsplätze für eine Reihenfertigung

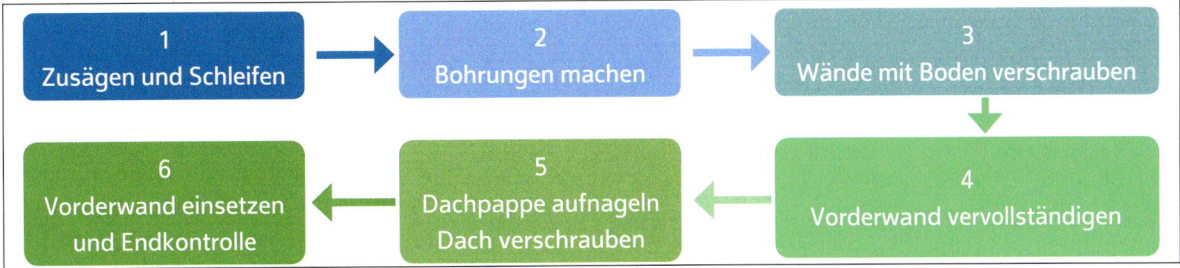

Wie baut ihr die Reihenfertigung für euer Projekt auf? (Anzahl der Arbeitsplätze, Bearbeitungsschritte, Anzahl der Arbeiter ...). Erstellt dazu eine Skizze mit Erläuterungen.

Lernbilanz

Am Ende dieses Kapitel kannst du ...
- technische Verfahren bei der Produktion von Gütern beschreiben und erklären,
- erklären, wie sich Produktionsverfahren und Fertigungsarten unterscheiden,
- das Prinzip der Einzelfertigung, Werkstattfertigung u. a. beschreiben und erklären,
- die Ziele der Produktionsverfahren im technischen Produktionsprozess aufzählen und deren Bedeutung begründen,
- beschreiben, wie eine Schwerpunkterkundung zum Thema „Technische Verfahren bei der Produktion" in einem Betrieb vorbereitet und durchgeführt wird,
- erklären, welchen Einfluss die Technik auf den Arbeitsprozess und auf den Menschen hat,
- erforschen, welche Bedeutung Ergonomie auf die Arbeitnehmer hat,
- begründen, welchen hohen Stellenwert Arbeitsschutz und Arbeitssicherheit am Arbeitsplatz für die Arbeitnehmer haben und dies an Beispielen erläutern,
- gesetzliche Regelungen für Arbeitsschutz und Arbeitssicherheit nennen und deren Bedeutung an Beispielen erklären,
- begründen, welche Vor- und Nachteile der Technikeinsatz am Arbeitsplatz für die Arbeitnehmer hat.

Mit folgenden Aufgaben kannst du überprüfen, ob du diese Kompetenzen erworben hast:

1. Was versteht man unter „technischen Verfahren" bei der Produktion?
2. Wie unterscheiden sich Produktionsverfahren und Fertigungsarten? Erkläre sie anhand von Beispielen.
3. Was sind Produktionsmittel? Erkläre sie und nenne Beispiele.
4. Nenne Beispiele für „Technische Mittel" bei der Produktion von Gütern bzw. Dienstleistungen und erkläre ihre Bedeutung.
5. Erkläre die Vor- bzw. Nachteile der Einzelfertigung. Beschreibe an einem Beispiel, wie sie abläuft.
6. Was versteht man unter Werkstattfertigung? Nenne Vor- bzw. Nachteile.
7. Was bedeutet „Fließfertigung"? Beschreibe sie stichpunktartig.
8. Welche Ziele haben die Produktionsverfahren im technischen Produktionsprozess? Nenne sie und erkläre ihre Bedeutung.
9. Was versteht man unter Arbeitsprozess in der Industrie bzw. im Handwerk? Erkläre dies stichpunktartig an einem Beispiel.
10. Die heutige Technik verändert Qualifikationen und erfordert neue. Welche Qualifikationen werden von den Arbeitnehmern verlangt bzw. vorausgesetzt? Nenne sie und begründe einige von ihnen anhand eines Beispiels.
11. Was bedeutet „Ergonomie am Arbeitsplatz", was „Humanisierung"? (Definitionen)
12. Erkläre, was man unter humaner Arbeit versteht. Nenne dazu sechs Kriterien, beschreibe und erkläre sie in Stichpunkten.

13. Menschengerecht gestaltete Arbeit verlangt einen ergonomisch gestalteten Arbeitsplatz. Welche acht Faktoren sind für diesen Arbeitsplatz wichtig und warum?

14. Warum ist für einen Bus- oder Lkw-Fahrer ein ergonomischer Fahrersitz wichtig? Welche Möglichkeiten der Ergonomie sollte dieser Sitz aufweisen und warum?

15. Welche grundlegenden Voraussetzungen gelten für einen Büroarbeitsplatz? Ergänze die folgenden Kriterien und begründe ihre Bedeutung.

    – Lärmpegel und Luftfeuchtigkeit
    – Breite und Höhe des Sitzes
    – Beleuchtung und optimale Temperatur
    – Größe und Höhe des Arbeitsplatzes

16. Was versteht man unter Arbeitsschutz und Arbeitssicherheit am Arbeitsplatz? (Definition)

17. Die Aufgaben für den Arbeitsschutz in Deutschland teilen sich der Staat und die Deutsche Gesetzliche Unfallversicherung. Welche Aufgaben haben sie?

18. Welche Pflichten haben Arbeitgeber und Arbeitnehmer im Rahmen des Arbeitsschutzes und der Arbeitssicherheit? Nenne einige und begründe sie.

19. Warum kommt es trotz guter Sicherheitsvorkehrungen immer wieder zu Arbeitsunfällen? Nenne einige Beispiele.

20. Erkläre in Stichpunkten, was „Sozialer Arbeitsschutz" bedeutet.

M 21. Welche Vor- bzw. Nachteile kann der Technikeinsatz für den Menschen an seinem Arbeitsplatz haben? Erkläre jeweils fünf anhand eines Beispiels.

22. Erstelle für eine Lernkartei Karteikarten, auf denen du folgende Begriffe an einem Beispiel erklärst:

Produktionsverfahren	Werkstattfertigung	Fließfertigung
Fertigungsarten	Just in time	Humanisierung
Arbeitsprozess	ergonomischer Arbeitsplatz	Arbeitsschutz
Produktionsmittel	Berufsgenossenschaft	technische Verfahren
Ergonomie	Arbeitssicherheit	

LERNBILANZ ✓

Glossar

Akkord (S. 104): Für die Herstellung eines Werkstücks wird eine bestimmte Zeit festgelegt. Wenn der Arbeitnehmer schneller ist als diese festgelegte Zeit, dann erzielt er mehr Lohn.

Akkordarbeit (S. 52) bedeutet, dass man eine bestimmte Arbeitsmenge in einer bestimmten Zeit schaffen muss. Für Personen unter 18 Jahren ist Akkordarbeit noch verboten.

Arbeitsprozess (S. 134 und 148) beschreibt das arbeitsteilige Zusammenwirken bzw. Verfahren z. B. Mensch-Maschine bei der Produktion von Gütern oder Dienstleistungen.

Arbeitsschutz (S. 142): Unter Arbeitsschutz und Arbeitssicherheit fallen alle Maßnahmen, die geeignet sind, die Gesundheit des Arbeitnehmers vor Gefährdungen durch die Arbeit am Arbeitsplatz zu schützen und zu erhalten.

atypisch (S. 48): Atypisch heißt so viel wie nicht normal; eine atypische Beschäftigung unterscheidet sich vom Normalarbeitsverhältnis in mindestens einem der folgenden Punkte: unbefristet – befristet, festes Arbeitsverhältnis – Leiharbeitsverhältnis; Vollzeit - Teilzeit

Berufsberater (S. 90) kommen regelmäßig an die Schule und stehen den Schülern der vorletzten und letzten Jahrgangsstufen für Beratung zur Verfügung. Sie laden die Schüler immer zu bestimmten Terminen rechtzeitig ein, damit sie sich auf das Gespräch vorbereiten können. Die Eltern können ihre Kinder zur Beratung begleiten.

Berufsgenossenschaften (S. 143) sind Körperschaften des Öffentlichen Rechts als Träger der gesetzlichen Unfallversicherungen innerhalb eines Gewerbezweiges z. B. chemische Industrie, Landwirtschaft, Bauwirtschaft. Sie sind für die Verhütung, Rehabilitation und Entschädigung von Arbeitsunfällen, Wegeunfällen, und Berufskrankheiten zuständig. Gesetzliche Grundlage ist das Sozialgesetzbuch VII.

Betriebsmittel (S. 132) gehören zu den Produktionsfaktoren. Darunter fallen Maschinen, Werkzeuge, Fahrzeuge, Transportanlagen, Produktions- und Verwaltungsgebäude usw.

Bibliothek (S. 57): Das Wort Bibliothek bedeutet so viel wie Büchersammlung. Ein anderes Wort ist auch Bücherei. Die Bücher sind dort in einer bestimmten Ordnung aufbewahrt.

Bundesagentur für Arbeit (S. 86): Die Bundesagentur für Arbeit in Nürnberg ist für die Berufsberatung zuständig. In den Agenturen für Arbeit vor Ort gibt es Berufsberaterinnen und Berufsberater. Für die Mittelschulen gibt es jeweils einen festen Ansprechpartner für die Berufsberatung.

Digitalisierung (S. 136): Digitalisierung in diesem Zusammenhang bedeutet, analoge Werte, z. B. Schnittmaße (analog cm) eines Möbelteils in digitale Daten umzuwandeln, die dann informationstechnisch verarbeitet werden können.

dual (S. 71): von Lateinisch: duo = zwei; Dies bedeutet hier, dass zwei Ausbildungsorte an der Ausbildung beteiligt sind: der Betrieb und die Berufsschule.

effektiv (S. 138): Dies heißt in diesem Zusammenhang, dass die Arbeit kostengünstig und in hoher Qualität ausgeführt wird.

effizient (S. 10): Unter effizient versteht man, mit möglichst wenig Aufwand ein möglichst großes Ergebnis zu erzielen.

energetisch (S. 75): (Physik) die Energie betreffend; hier insbesondere: Energie sparend

Energie- und Solartechnik (S. 75): Fotovoltaik: Direkte Umwandlung von Sonnenenergie in elektrische Energie mithilfe von Solarzellen auf dem Dach; Solarthermie: Umwandlung der Sonnenenergie in nutzbare Wärmeenergie

Ergonomie am Arbeitsplatz (S. 138) bedeutet, den Arbeitsplatz an den Menschen körperlich und psychisch anzupassen, um gesundheitliche Beeinträchtigungen zu vermeiden

erkunden (S. 20): Unter erkunden versteht man, dass du etwas beobachtest und Menschen befragst, um Informationen einzuholen. Dazu bereitest du dich möglichst selbstständig vor.

Faktoren (S. 39): Dies bedeutet in diesem Zusammenhang so viel wie Kennzeichen bzw. Einflüsse, die sich auf die Höhe des Lohns oder Gehalts auswirken.

Filiale (S. 11): Eine Filiale ist eine weitere Verkaufsstelle des Betriebs.

Fließfertigung (S. 10): Bei der Fließfertigung sind die Arbeitsplätze und Maschinen so hintereinander angeordnet, dass das Produkt von Arbeitsplatz zu Arbeitsplatz wandert und immer weiter bearbeitet wird, bis es fertig ist.

Gender-Pay-Gap (S. 42): Dieser Ausdruck beschreibt den geschlechtsspezifischen prozentualen Lohnunterschied beim Stundenlohn.

GLOSSAR

Gewinnmaximierung (S. 129): Unter Gewinnmaximierung versteht man in diesem Zusammenhang die Steigerung des Gewinns durch moderne Produktionsmethoden wie Einsatz von Robotern und modernster Technik z.B. Automatisierung.

global (S. 39): lat.: globus = die Kugel; In diesem Zusammenhang bedeutet global die weltweit umfassende Wirtschaftslage auf dem Globus; gemeint ist die Erdkugel als Wirtschaftsraum mit all seinen wirtschaftlichen Verflechtungen.

Gruppenberatung (S. 87): entspricht einem Expertengespräch.

Herstellungsprozess (S. 148): Dies beschreibt den Verlauf bzw. Ablauf der Herstellungsschritte bei der Fertigung des Nistkastens.

Humanisierung (S. 138): Humanisierung bedeutet die menschengerechte Gestaltung der Arbeit und des Arbeitsplatzes.

innovativ (S. 136): lat.: innovare = erneuern; In diesem Zusammenhang bedeutet dies, Ideen für neue Verfahren oder Produkte zu entwickeln, die dann im Arbeitsprozess angewendet oder hergestellt werden können.

just in time (S. 134): bedeutet, dass die Anzahl der benötigten Teile zeitmäßig so produziert und angeliefert werden, dass sie in den Produktionsablauf zur richtigen Zeit eingebunden werden können.

Kalkulation (S. 11): Eine Kalkulation ist eine Vorausberechnung von Kosten und Preisen.

Kleinserien (S. 124): Unter Kleinserie versteht man die Produktion gleicher (identischer) Produkte in einer Anzahl von 10 bis 40 Stück.

kommunikativ (S. 68): ist abgeleitet vom Wort Kommunikation; es meint, geduldig zuhören können, auf Argumente des Gesprächspartners eingehen, Verständnis zeigen.

Kompromiss (S. 35): Ein Kompromiss ist eine Lösung zwischen zwei oder mehreren Personen, bei der jeder Beteiligte ein Zugeständnis machen muss.

Konsum (S. 37) ist ein anderes Wort für Verbrauch. Wenn du etwas einkaufst, willst du es verbrauchen.

koordinieren (S. 128): bedeutet, verschiedene Tätigkeiten oder Vorgänge so aufeinander abzustimmen, dass sie nacheinander geregelt ablaufen können.

Kredit (S. 34): Ein Kredit ist ein Geldbetrag, den man sich meist von einer Bank oder Sparkasse gegen Zinsen leiht.

Leittextmethode (S. 20): Die Leittextmethode ist bereits aus den Klassen 5–7 bekannt. Es geht darum, mithilfe eines Textes etwas durchzuführen. Der Text leitet dich dabei.

Marketing (S. 11) meint alle Maßnahmen die dazu dienen, Produkte und Dienstleistungen bekannt zu machen und zu verkaufen.

Markt (S. 24): wirtschaftlicher Fachbegriff: hier treffen sich Angebot und Nachfrage. Für euer Projekt kann der Markt eure Klasse, eure Schule, euer Schulort, ein Schulfest, der Weihnachtsmarkt o. Ä. sein. Ihr bietet etwas an und die Kunden fragen danach.

Montagelinie (S. 132): In einer Montagelinie werden verschiedene Montagetätigkeiten nacheinander ausgeführt.

papierlos (S. 136): Dies bedeutet in diesem Zusammenhang, dass der Schreiner in der Werkstatt seine Arbeitsaufträge mit Maßen und Daten digital an die Maschine oder den Automaten übermittelt bekommt.

Personal (S. 135) bedeutet in diesem Zusammenhang den Menschen als Person betreffende Kompetenzen wie Flexibilität, Mobilität, Eigeninitiative, Problemlösungsverhalten usw.

Prämie (S. 52): Eine Prämie ist ein Geldbetrag den man bezahlt bekommt, weil man etwas besonders gut gemacht hat.

Prävention (S. 144): lat.: praevenire = verhüten, zuvorkommen; bedeutet Vorbeugung bzw. Verhinderung, in diesem Zusammenhang von Arbeitsunfällen; präventive Maßnahmen sind z.B. Schutzbekleidung, gute Ausbildung.

Produktionsmittel (S. 121): Unter Produktionsmittel versteht man alle zur Produktion erforderlichen Arbeits- und Betriebsmittel.

rationell (S. 127): bei der Fließfertigung bedeutet, viele Produkte in möglichst kurzer Zeit möglichst kostengünstig zu produzieren.

Recycling (S. 12) ist die Aufbereitung und Wiederverwendung von bereits gebrauchten Rohstoffen.

Reflektieren (S. 21 und 24): Das Wort „reflektieren" bedeutet, dass man nochmals über etwas nachdenkt. Man überlegt und prüft etwas, was man getan hat. Was war gut, was war schlecht, was kann ich daraus lernen?

Reihenfertigung (S. 148): Bei der Reihenfertigung ist die Anzahl der Arbeitsplätze nach dem Fertigungsablauf angeordnet. An seinem Arbeitsplatz erledigt der Schüler nur bestimmte Teilarbeiten im Fertigungsprozess (keine Zeitvorgabe).

Rüstzeit (S. 127): Rüstzeit ist die Zeit, die benötigt wird, eine Maschine für die Fertigung bereit zu machen.

sozial (S. 145): bedeutet in diesem Zusammenhang, die Belange der Arbeitnehmer am Arbeitsplatz als Mensch und Person wahrzunehmen, sich einzufühlen und deren persönliche Interessen zu schützen.

Spedition (S. 15): Eine Spedition ist ein Betrieb, welcher Güter mit Fahrzeugen befördert.

Staat (S. 34): Der Staat sind alle Bürger des Landes und seine Einrichtungen (z.B. Ämter).

Taktzeit (S. 127): Die Taktzeit ist die Zeitspanne, in der eine Tätigkeit, z.B. der Einbau eines Teiles abgeschlossen sein muss. Die Taktzeit bestimmt die Fließgeschwindigkeit des Fließbandes.

Tarifvertrag (S. 52 und 56): Ein Tarifvertrag ist ein Vertrag zwischen Arbeitgebern (Firmen) und Arbeitnehmern (Gewerkschaften). In diesem Vertrag stehen alle Rechte und Pflichten zwischen den beiden. Zum Beispiel wie lange gearbeitet werden muss, wer wie viel verdient und wie lange man Urlaub bekommt.

technische Mittel (S. 121): Unter technischen Mitteln versteht man alle zur Produktion erforderlichen technischen Anlagen und Arbeitsmittel.

technische Verfahren (S. 120): Bezeichnung von Produktionsarten bzw. Produktionsverfahren von Gütern.

technischer Produktionsprozess (S. 129): Unter technischem Produktionsprozess (= Ablauf der Fertigung) versteht man alle am Produktionsverfahren beteiligten Komponenten wie z.B. Maschinen, Werkzeuge, Arbeitsplanung, Zulieferungen von Bauteilen, arbeitsteilige Verfahren, Arbeitskräfte usw.

Textil (S. 8): bedeutet so viel wie gewebt, aus Stoff bestehend. Kleidung ist aus Stoff. In einer Textilfabrik wird also Kleidung hergestellt.

Universalmaschinen (S. 125): Maschinen, die vielseitig z.B. für Drehen, Fräsen, Schleifen oder Zuschneiden einsetzbar sind. Die Arbeitsvorgänge werden dabei über ein Computerprogramm gesteuert.

Werkbankfertigung (S. 148): Das heißt in diesem Zusammenhang, jeder Schüler stellt den Nistkasten an seinem Einzelarbeitsplatz komplett her.

Stichwortverzeichnis

Absatz 11
Akkord 104
Akkordlohn 46
Arbeitsbewertung 40
Arbeitsprozess 134
Arbeitsschutz 142
Arbeitssicherheit 142
atypische Beschäftigung 48
Auftragslohn 47
Ausbildungsmesse 94
Ausbildungsplatzsuche 77

Berufsanforderungen 69, 73
Berufsberatung 86
Berufsfelder 71
Berufsinformationsveranstaltung 92
Berufsinformationszentrum (BIZ) 82
Berufswahl 62
Berufswahlportfolio 67
Betrieb 8
Betriebserkundung 14, 20
Betriebspraktikum 96, 97, 98, 99, 100, 106
Bewerbung 110
Bewerbungsschreiben 110
Brutto 53

Digitalisierung Arbeitsplatz 136

einfacher Wirtschaftskreislauf 34, 36
Einzelberatung 90
Einzelfertigung 123
Ergonomie 138, 140
Erkundung Technik 130
Expertengespräch 88

Fantasiereise 109
Fließfertigung 126

Gehalt 38
Gehaltshöhe 39

Jugendarbeitsschutzgesetz 104, 105

Kompetenzstern 66

Lebenslauf 113

Lohn 38

Lohnabrechnung 52, 54, 56

Lohnformen 44

Lohnhöhe 39

Lohnunterschied 42

Markt 24

Netto 53

Ökologie 12

Praktikumsausstellung 108

Praktikumsbericht 107

Prämienlohn 47

Präsentation 22

Preiskalkulation 32

Produktion 10

Produktionsmittel 121

Produktionsverfahren 120, 132

Projektmappe 33

Recherche 57

Sicherheitsvorschriften 102

Sozialabgaben 51

sozialer Arbeitsschutz 145

Steuern 50

Tätigkeitsfelder 72

technische Verfahren 120

technischer Produktionsprozess 129

Unfallvermeidung 144

Vorstellungsgespräch 114

Weiterbildung 78

Werkstattfertigung 124

Wirtschaftssektoren 15

Bildquellenverzeichnis

action press, Hamburg: XINHUA 129 o. li.

alamy images, Abingdon/Oxfordshire: Budkevics, Arturs 21 u. re.; Cultura Creative 56 u. li.

Baaske Cartoons, Müllheim: H.-J. Bundfuss 103 li., 103 re. o., 103 re. u.

Bengen, Harm, Norden: 129 o. re.

Berufsgenossenschaft für Gesundheitsdienst und Wohlfahrtspflege (BGW), Hamburg: 144 re. o.

Bundesagentur für Arbeit, Nürnberg: 74 re. u., 77 o., 81, 83 u. o., 83 u. u., 86 o. re.; entdecker.biz-medien.de 84, 84, 84 o. li.; www.planet-beruf.de 80 R. o., 80 R. u., 81 o. Mi., 81 o. li., 81 o. re., 85, 85, 85, 111.

Bundesagentur für Arbeit, BERUFENET / www.berufenet.arbeitsagentur.de, Nürnberg: Stand 12/18 71, 72, 75 u.; Stand 12/2018 72.

Bundesarbeitsgemeinschaft Berufswahlpass, Hamburg: 74 re. o.

CLOUD SCIENCE, Bonn: 129 o. Mi.

Dägling, Andreas, Wardenburg: 11 o. li.

ddp images GmbH, Hamburg: Schlüter, Jens 116 o. li.

Deutsche Gesetzliche Unfallversicherung (DGUV), Berlin: 143 u.

DIHK Deutscher Industrie- und Handelskammertag e.V., Berlin: 77 li. o.

Dörfler, Roland, Bayreuth: 93 li.

Drescher, Heinrich, Münster: 18 u., 25, 26, 27, 28, 29, 30, 31, 32, 33, 53 o., 87 o., 114 o. re.

Druwe & Polastri, Cremlingen/Weddel: 17 o. 3, 108 u., 131 o, Mi.

Forest Stewardship Council (FSC) Deutschland, Freiburg: 12 R. u.

fotolia.com, New York: 98 o. re., 117, 122 o. li., 143 u. li.; 3star 99; Alterfalter 121 o. Mi.; Anton Balazh 16 Mi. 4; beermedia.de 78 o. li.; Brad Pict 22 li.; branex 135 o. li.; Christian Müller 17 o. 2; contrastwerkstatt 37 u.u.re., 141 o. re.; detailblick 83 o. re.; Esther Hildebrandt 104 o. li.; fotogestoeber 33 u.; industrieblick 41 o. li., 128 o. li.; Industrieblick 130 4, 131 o. li.; Ingo Bartussek 51 o. 2; IrisArt 148 o. re.; Kneschke, Robert 6 u., 109 o. 2 u.; KonstantinosKokkinis 135 o. re.; Kybele 121 o. li.; Luftbildfotograf 29 o. re., 31; M S 107 u.; meailleluc.com 121 li.; michaeljung 138 o. Mi.; Nagel's Blickwinkel 140 re. u.; pdesign 33 u. li. li., 33 u. li. re.; Pixxs 62 o. re.; RTimages 107 o. re.; Schwier, Christian 88; sester1848 30 re.; Simsek, Emir 16 Mi. 2, 35, 37; Täubel, Frank 99; Teteline 146 o. li.; Thaut Images 31 u. re. u.; wildworx 62 o.li.; Woodapple 78 o. Mi.; Wylezich, B. 60 o. li.; © Gina Sanders 123 o. li.

Getty Images, München: Kazuhiro Nogi/ AFP 5, 118 u.

GFW Dach, Eslohe: 76 u.

Handwerkskammer für Mittelfranken, Nürnberg: 77 li. u.

Handwerkskammer für Oberfranken, Bayreuth: 136 u. re., 137 o. Mi., 137 o. li.

Heimrich, Heike, Berlin: 16 Mi. 1.

Helga Lade Fotoagenturen GmbH, Frankfurt/M.: Klaus Baier 39 o. li.

Henzler, J., Nürtingen: 89 re.

Image & Design - Agentur für Kommunikation, Braunschweig: Bettina Kumpe 99.

Imago, Berlin: masterpress 94 li.

iStockphoto.com, Calgary: 63 o. li., 84 o. re., 86 u., 107 o. re. re.; Debenport, Steve 82 o. re.; Demarczyk, Thomas 36 o. li.; fotografixx 133 o. re.; Gutjahr, Manuel 29 o. re.; Ikonoklast_Fotografie 16 Mi. 3; JacobH 31 u. re. o.; kadmy 134 o. li.; kevinjeon00 36 o. Mi.; ozgurdonmaz 109 o. 4; PeopleImages 84 re.; philipimage 37 o. re; sturti Titel, 106 R. o.; Tanriover, Bahadir 36 o. re.; track5 57; vgajic 133 o. Mi.; Wavebreakmedia 37 o. li.

Kracke, Burkhard, Hannover: 17, 131.

mauritius images GmbH, Mittenwald: 85 o. li., 120 o. li.; Umstätter, Uwe 109 o. 1.

Moser, Josef, Amberg: 24 o. li., 118 o. li., 148 o. li., 149, 150, 151, 152, 153.

OKAPIA KG - Michael Grzimek & Co., Frankfurt/M.: Zack Burris Inc. 29.

PantherMedia GmbH (panthermedia.net), München: 17 o. li.; 3DDock 8 o. re.; Dolgachov, Lev 22 re. u.; fiphoto 11 o. re.; JohanH 62 u.; KostyaKlimenko 48 u.; matze112 39 o. re.; Trautmann, Arne 69 o. re.

Peter Wirtz Fotografie, Dormagen: 14 o. li., 18 o. li., 18 o. re., 19 u. li., 20 li., 20 re., 21, 21, 21 o., 29 o. li., 29 o. re., 29 u., 33 o. Mi., 33 o. re., 57 re. o., 64 li. o.,

64 li. u., 65 re. o., 80, 80, 87 li., 87 re. o., 87 re. u., 89 li., 90 u., 91, 97 o. li., 97 o. re., 99 u. li., 106, 114 o. li., 115.

Picture-Alliance GmbH, Frankfurt/M.: 82 o. li., 122 o. re.; Bachmeier, Werner 38 o. re., 42 o. re.; Becker&Bredel 60 o. re.; Büttner, Jens 51 o. 4; CHROMORANGE/C. Kircher 121 re. u.; dpa Themendienst 141 o. Mi.; dpa-Infografik 12; dpa-infografik 42 u., 43 li., 43 re., 47 o. re, 51 u., 53 u., 69 u., 139 re., 144 re. u.; dpa-Zentralbild 125 o. li.; dpa/Carmen Jaspersen 134 o. re.; dpa/J. Wolf 141 o. li.; dpa/Langefeld, W. 132 o. li.; dpa/Peter Steffen 127 o. re.; Nietfeld, Kay 10 o. re.; S.Füsslel 6 o. li.; Schutt, Martin 94 li.; Steinberg, Wolfram 142 re. o.; Sven Simon 140 o. li.; Ulrich Baumgarten 10, 82 o. Mi.; Weigel, Armin 125 o. re.; Westend61 147 re. Mi.; ZB 126 o. re.; ZB/ Büttner, J. 104 o. li.; ZB/Burgi, Arno 140 re. Mi.; ZB/Förster, Peter 127 o. li.; ZB/Heinz, Volkmar 131 o. re.; ZB/J. Büttner 109 o. 3 o.; ZB/P. Pleul 48, 51 o. 3.

Pitopia, Karlsruhe: Ewe Degiampietro 138 re. o.

RAL gGmbH, Bonn: 12 R. o.

Shutterstock.com, New York: Adzic, Natasa 117 li.; Africa Studio 47 o. li.; ASDF_MEDIA 44 o. re.; donatas1205 108 o. re.; dotshock 124 o. re.; hayabusapatto 140 li. u.; Kzenon 135 u.; Lapina 24 o. Mi.; Luiscar74 96; Maksimova, Marina 122 re. o.; mavo 124 o. li.; MikeDotta 135 o. Mi.; Olson, Tyler 121 o. re.; Pavel L Photo and Video 34 o. li.; Photographee.eu 52 o. li.; Photology1971 10; Photoroyalty 99; PointImages 123 o. re.; Rudy, George 34 o. Mi.; sirtravelalot 106 R. u., 116; Stamatova, Maryna 47 u., 59; stockfour 107 o. li., 110; storonka 99; Syda Productions 128 o. Mi.; TRAIMAK 130 1, 133; Tyler Olson 100 o. li.; Undrey 140 li. o.; xieyuliang 130 3; YanLev Titel.

stock.adobe.com, Dublin: 9 o. Mi., 9 o. re., 19 o. li., 23, 23, 23, 44 u. Mi., 44 u. u., 54 o., 79 u., 141 u. re.; 3dddcharacter 91 re.; Adagio 31 o. li.; Africa Studio 70 o. re.; ag visuell 16 Mi. 5; Aleksey 64 re. u.; alekseyvanin 19 o. Mi., 23; andrey gonchar 108 o. li.; Animaflora PicsStock 50 o. re.; Antonio 34 o. re.; arbalest 26 o. re.; ArTo 35 re. o., 37; auremar 145 o. li.; Baillou 56; Bartussek, Ingo 75 o. li., 126 re. u.; Berkmann, Daniel 17 R. 4; bofotolux 31 o. re.; Bognat, Alexandr 67 o. li.; Böttcher, Sven 105 o. re.; by-studio 123 u.; Caro S. 74 o. Mi.; Chamberlin, Michael 22 re. o.; chelle129 74 o. re.; CHW 76 o. li.; cineberg 41; coco 75 o. re.; contrastwerkstatt 145 o. re.; Davies, Stephen 65 li. u.; davooda 23, 23; Deminos 75 o. Mi.; denisismagilov 56 o. li., 121 re. o.; discogarden 74 o. li.; dizfoto1973 46 o. re.; DNY3D 30 li.; DOC RABE Media 3, 6 u., 55 o., 118 o. re.; dp@pic 138 o. li.; Dreadlock 86 o. li.; dth48 9; ehrenbergbilder 61, 98 re. u.; Eichinger, Julien 17 o. 4; Elnur 46 o. li.; emieldelange 126 li.; endostock 40 u.; fireofheart 9, 12, 24, 59; Firma V 139 o. li.; fotoman1962 142 o. li.; Gelpi 7; goodluz 79 o. li., 119; Gorodenkoff 44 o. Mi.; grafikplusfoto 35 re., 64 re. o., 65 li. o., 80, 80, 101, 110, 115, 115; Graul, Mirko 50 o. Mi.; HaDeVau 38 o. li.; hakinmhan 29 o. re.; Herrndorff 136 o. re.; ii-graphics 35, 35 li.; industrieblick 8 o. Mi., 50 o. li., 52 o. Mi., 70 o. li., 78 o. re., 122 re. u., 128 o. re., 132 o. re., 140 o. re.; ink drop Titel, 42 o. li.; JackF 79 o. Mi.; Jackson, Brian 113 o. li.; Janni 98 re. o., 120 o. re.; johnmerlin 52 o. re.; Kabakou, Maksim 17 R. 2, 17 R. 3, 131; Kadmy 16 o., 138 o. re.; Kalina, Alexander 45 o. re.; kamasigns 83 o. li.; Kellerkind 102, 103, 130, 142; kinwun 40 o. re., 134 u.; Kneschke, Robert 13, 35 re. u., 37, 109 o. 2 o.; kulkann 26 u.; Kzenon 41 li. u.; lichtmeister 123 o. Mi.; Light Impression 55 o. li.; LIGHTFIELD STUDIOS 136 li.; Ljupco Smokovski 104 o. re.; magele-picture 4, 60 u., 67 u., 139 li. o.; Mahnke, Uwe 78 u.; mangostock 79 o. re.; Marco2811 41; Marem 139 o. re.; Maurin, Bernard 142 re. u.; Menzl, Günter 145 o. Mi.; mirkomedia 112 o. re.; Monet 44 o. li.; naypong 28 o. Mi.; nenetus 15 o. re.; Nivens, Sergey 41 o. Mi.; Nomad_Sou 69 o. li.; nukies1234 40 o. li.; Olson, Tyler 56 u. re.; pattilabelle 109 o. 3 o.; Pereiras, David 48 o. re.; pfluegler photo 31 o. Mi.; Photographee.eu 28 o. re., 104 u., 105 o. Mi.; picoStudio 76 o. re.; pikselstock 136 o. li.; pressmaster 26 o. li.; Pro Vector Stock 19 o. re.; Rawpixel.com 65 re. u., 144 li.; Robert Kneschke 41 re. u.; romaset 138 re. u.; Salivanchuk, Semen 141; Sanders, Gina 130 6; scarface 130 2; scharfsinn86 140 re. o.; Schmitt, Henry 45 o. li.; Schwier, Christian 24 o. re.; Seybert, Gerhard 114 o. Mi., 116; Shevtsov, Konstantin 15 o. Mi.; Sinuswelle 98 li., 107; sirisakboakaew 38 u. re.; spotmatikphoto 51 o. 1; stokkete 38 u. li.; subhanbaghirov 44 u.o.; textograf.de 10 u.; trekandphoto 148 o. Mi.; Trueffelpix 143 o.; tum2282 122 o. Mi.; Viacheslav Iakobchuk 146 o. re.; WavebreakmediaMicro 8 o. li.; Wayhome Studio 113 o. Mi., 113 o. re.; Westend61 14 o. re.; Wollwerth Imagery 15 o. li.; Woodapple 28 o. li., 98 o. li.; Yang, Stefan 56 o. re.; zapp2photo 130 5; Zerbor 57 o. li., 112 o. li.

toonpool.com, Berlin, Castrop-Rauxel: Rovey 127 u.; Wallbaum 147 re. o.

ullstein bild, Berlin: 126 o. li.

vario images, Bonn: 41 re. o.